他山之石

国外百年政党研究

熊亮华　王　瑾　主编

人民东方出版传媒
People's Oriental Publishing & Media
東方出版社
The Oriental Press

图书在版编目（CIP）数据

他山之石：国外百年政党研究 / 熊亮华，王瑾主编 . —北京：东方出版社，2023.8
ISBN 978-7-5207-2673-3

Ⅰ . ①他… Ⅱ . ①熊… ②王… Ⅲ . ①政党—世界—文集 Ⅳ . ① D564-53

中国国家版本馆 CIP 数据核字（2023）第 127178 号

他山之石：国外百年政党研究
（TASHANZHISHI：GUOWAI BAINIAN ZHENGDANG YANJIU）

主　　编： 熊亮华　王　瑾
责任编辑： 胡孝文
责任校对： 金学勇
出　　版： 东方出版社
发　　行： 人民东方出版传媒有限公司
地　　址： 北京市东城区朝阳门内大街 166 号
邮　　编： 100010
印　　刷： 三河市龙大印装有限公司
版　　次： 2023 年 8 月第 1 版
印　　次： 2023 年 8 月北京第 1 次印刷
开　　本： 710 毫米 ×1000 毫米　1/16
印　　张： 19
字　　数： 280 千字
书　　号： ISBN 978-7-5207-2673-3
定　　价： 78.00 元
发行电话：（010）85924663　85924644　85924641

如有印装质量问题，我社负责调换，请拨打电话：（010）85924725

前 言

政党是当代国家政治行为的主体，政党掌握政权并在社会政治生活、国家事务和政治体制运作中处于中心地位，发挥着社会整合、政治引领、思想传播等作用。人类历史现代意义上的政党，最早出现在17世纪中后叶的英国。历经300余年演变，目前世界上大约90%的国家存在政党，政党政治已经成为当今世界政治的普遍现象。伴随着社会经济基础的变化和经济发展方式的进步，政党的阶级基础、运作机制、政策主张、执政方式等也发生着相应的变化。

中国共产党是世界上最大的政党，自1921年建党至今已走过百余年奋斗历程。100多年来，中国共产党始终把为中国人民谋幸福、为中华民族谋复兴作为自己的初心使命，始终坚持共产主义理想和社会主义信念，团结带领全国各族人民为争取民族独立、人民解放和实现国家富强、人民幸福而不懈奋斗，书写了中华民族几千年历史上最恢宏的史诗。党的百年奋斗从根本上改变了中国人民的前途命运，开辟了实现中华民族伟大复兴的正确道路，展示了马克思主义的强大生命力，深刻影响了世界历史进程，锻造了走在时代前列的中国共产党。党的十九届六中全会通过《中共中央关于党的百年奋斗重大成就和历史经验的决议》，号召全党要坚持唯物史观和正确党史观，从党的百年奋斗中看清楚过去我们为什么能够成功、弄明白未来我们怎样才能继续成功，从而更加坚定、更加自觉地践行初心使命，在新时代更好坚持和发展中国特色社会主义。

与此同时，世界上还有许多马克思主义政党，在奋斗中对于坚持和发展马克思主义，从理论到实践进行了极为艰巨、极具挑战性的努力。此外，还有其他形形色色的政党，或是发展壮大或是受挫消亡，各政党间的兼并、分化、组合等，构成了一幅五彩斑斓的政治图景。政党的兴衰成败往往折射出一个国家和地区，乃至世界政治格局的演变历程。研究这些政党的奋斗历程与沧桑变迁，可以获得很多有益的启示。

《当代世界与社会主义》长期关注世界政党研究，刊载了一批研究世界马克思主义政党和其他政党的文章。本书主要从这些研究文章中精选了一批较有代表性的文章，汇集成册，呈现给读者。这些文章，有的研究马克思主义政党的经验教训，如《苏联共产党解散与脱离人民的教训》；有的研究社会主义国家的马克思主义政党，如《革新以来越南共产党对社会主义建设的理论探索》《古巴共产党党的建设实践与经验探析》；有的研究发达资本主义国家的马克思主义政党，如《美国共产党百年发展的经验教训》《西班牙共产党百年历程及其当代启示》《意大利共产党百年社会主义探索：历史嬗变与现实挑战》《百年历程：日本共产党的发展困境及启示》《芬兰共产党百年社会主义探索特点及评析》；有的研究发展中国家的马克思主义政党，如《百年政治变迁下南非共产党的政策调适与实践探索》《智利共产党百年社会主义探索历程与兴衰浅析》；有的研究各种形态的大党老党，如《德国社会民主党的历史变迁与现实困境》《印度国大党的历史转型与现实危机》《瑞典左翼党百年社会主义理论与实践探索的特点分析》。此外，还选取一篇综述性的研究文章，即《国外百年政党面临的主要挑战、经验教训及启示》。

“他山之石，可以攻玉。”希望我们选用的这些文章，能够让读者更广泛了解世界马克思主义政党和其他各种形式的政党的发展历程和发展经验，更为深刻地理解和把握政党发展规律特别是无产阶级政党的执政规律，为全面建成社会主义现代化强国和中华民族伟大复兴提供有益的镜鉴。

目 录

CONTENTS

李瑞琴　中国社会科学院马克思主义研究院

苏联共产党解散与脱离人民的教训

“布尔什维主义作为一种政治思潮，作为一个政党而存在，是从1903年开始的。”[1]1903年7月，俄国社会民主工党二大制定了党纲、党章，完成了党的重建工作，标志着俄国新型无产阶级政党的诞生。在苏联革命和建设的历史时期，苏联共产党经历了列宁、斯大林、赫鲁晓夫、勃列日涅夫、戈尔巴乔夫（安德罗波夫、契尔年科曾于戈氏前短暂在位）领导时期。至1991年8月，时任苏联共产党总书记的戈尔巴乔夫宣布苏联共产党解散时，苏联共产党存在了88年。曾经钢铁洪流般的苏联共产党，没能走过百年，给马克思主义政党留下深重的警醒和启示。

一、苏联共产党曾经创造了伟大的历史成就

列宁缔造、领导的布尔什维克党在1917年11月7日成功领导了十月社会主义革命，在俄国各地建立起苏维埃政权，选举成立了以列宁为人民委员会主席的工农临时政府。这是人类历史上无产阶级第一次摆脱压迫和剥削、无产者的利益和需求首次被置于国家政策中心的划时代的伟大历史事件。十月革命开

[1]《列宁专题文集·论无产阶级政党》，人民出版社2009年版，第245页。

辟的人类历史新纪元，推动人类社会进入了无产阶级革命时代，深刻影响了人类社会发展的方向。

十月革命前，俄国人均国民财富落后于英美等国。1870 年，俄国的工业产量是美国的 1/6，1913 年仅为 1/8。沙皇专制政府 1914 年参加第一次世界大战后，屡打败仗，内外交困。国内矛盾重重，危机四伏，无产阶级与资产阶级、人民大众与沙皇专制制度、农民阶级与地主阶级、各民族人民与大俄罗斯主义统治等多种矛盾异常激烈。濒临破产的俄国各族人民别无他途。十月革命的胜利为年轻的苏维埃国家打开了广阔的发展前景。人民接管了主要的生产资料，土地实行国有化，农民免费获得超过 15 亿公顷土地。[1] 布尔什维克党领导人民于 1918 年创建了人民军队红军，1919 年发布人类历史上第一个消灭文盲的法令，1923 年通过第一部社会主义宪法。党领导人民成功建立世界上第一个社会主义国家，使马克思列宁主义由此获得更广泛的世界意义，人类社会由此进入社会主义和资本主义两种社会制度并存的历史时期。

斯大林时期，苏联在 1925 年通过国家工业化纲领，1928 年开始执行社会主义第一个"五年计划"，1936 年通过苏联新宪法。为了适应以战争与革命为主题的时代要求，苏联共产党领导国家通过高度集中的计划和经常性的社会动员及政治思想工作，于特定时期推动了国民经济高速增长，在社会主义建设和反法西斯卫国战争中建立了不可磨灭的历史功勋。

苏联共产党是在极其困难的条件下领导人民进行社会主义建设的。至卫国战争开始前，通过三个五年计划，苏联在新的技术基础上建造并恢复了 112 万家大型工业企业。社会主义极大地解放了生产力，并赋予其强大的发展动力。与 1913 年相比，1940 年苏联国民收入增长了 53 倍，工业生产量增长了 77 倍。1921 年至 1939 年，苏联的工业生产增加了 246 倍，增长率是美国的 19 倍、英国的 17 倍、法国的 20 倍、德国的 22 倍，大大超过同期主要资本主义国家。

---

[1] А.В. Денисюк, Советский Союз-великая социалистическая держава. Цифры и факты, 13.11.2017.http://www.great-country.ru.

1928年至1940年，苏联农业技术设备增加了20倍，谷物收割机达182万辆，卡车达228万辆。苏联成为工业强国和先进的农业大国。

劳动人民普遍为文盲的状况彻底结束，苏联成为世界上阅读量最多的国家。1897年，国家成人文盲比例为71.6%，1926年减至43.4%，1939年减为12.6%。卫国战争后，苏联彻底消灭了文盲。1913年，只有约29万人接受了高等教育和专业中等教育，工人农民几乎没有受过教育。到1987年，苏联每1000名农民中就有861人接受过高等教育，全国脑力劳动者达4300万。

苏联共产党领导人民成为第二次世界大战反法西斯战争的中流砥柱，取得了苏联卫国战争的重大胜利。第二次世界大战是人类历史上的一场空前浩劫，几千万人死于战火。在第二次世界大战中，法国在44天之内、波兰在35天之内、丹麦在1天之内被击败。苏联卫国战争进行了1418天，以2500万军民的英勇牺牲，打败了法西斯主义。在最短时间内，苏联1500家企业、145所大学和数十个研究机构从德占领区撤出，很快投入军工生产、研学中。苏联共产党领导的社会主义制度优势，在战争时期发挥了极为关键的作用。

卫国战争结束后，苏联迅速医治了战争创伤，经济发展很快处于世界领先地位。斯大林时期创造的强大经济潜力使苏联在未来几十年持续保持着发展动力。1966—1985年，苏联国民收入、工业生产、农业、对外贸易、消费品生产分别增长3.8倍、4.3倍、1.8倍、4.7倍、3倍，人民实际收入增长2.6倍。1985年，苏联工农业、运输、通信、航空航天、军工武器等主要产品的生产水平，苏联大学学生人数、电影院数量、报纸和书籍发行量多项位于世界第一。[1] 苏联建设社会主义的宏伟计划，实现了巨大而复杂、具有世界历史意义的革命性转变。

苏联共产党几乎帮助了世界上所有的社会主义国家。“十月革命一声炮响，给中国送来了马克思列宁主义。这犹如黑暗中的一道霞光，给正在苦苦探求救

[1] А.В. Денисюк，Советский Союз-великая социалистическая держава. Цифры и факты，13.11.2017.http://www.great-country.ru.

国救民道路的中国先进分子指明了方向，中国共产党应运而生。”[1]尽管由于苏联共产党长期执政后指导思想走向停滞、进入僵化，并导致苏联解体，使世界社会主义运动遭遇极大挫折，但我们并不能因此就贬低甚至否认苏联共产党对各国共产主义和工人政党，为推动社会的革命性变革，为和平、民主与社会主义事业，所提供的指引作用。

从十月社会主义革命到伟大的卫国战争，从扶犁的俄国到世界强国，苏联取得的重大成就，无一不是在苏联共产党的领导下取得的。苏联共产党始终是国家的中流砥柱、坚强领导核心。

二、导致苏联共产党走向覆亡的“蝼蚁之穴”

共产党人是唯物论者。人类认识和改造世界的过程，伴随着探索与前进、挫折与失误。共产党的执政权威并不仅仅体现在执政绩效上。马克思主义政党的人民性决定了其“立党为公，执政为民”的价值取向，这是其构筑能够经受各种风浪和险恶环境考验的阶级基础、群众基础的现实要求。只要遵循执政绩效与价值追求相结合，即使党在领导经济社会发展中遇到一些困难和挫折，人民也不会因此而放弃对党的信任和支持。一旦执政党忘却了人民立场，忘记了党的初心使命，与人民群众离心离德、不能代表人民利益，即使经济有所发展，生活水平有所提高，党也会逐渐失去人民的信任和支持。经历过严酷的革命和战争的考验，领导人民在极其困难的条件下建成世界上第一个社会主义强国的苏联共产党，倒在建党近百年、世界超级大国的位置上，其中深重、深刻、深远的警示，不能忘却。

（一）共产党脱离人民的隐患没有从制度上、根本上加以消除

苏联共产党在很长一个时期里都能够代表人民的意愿和利益，得到了人民

---

[1] 习近平:《在党史学习教育动员大会上的讲话》,《求是》2021 年第 7 期。

的高度信赖，曾极大地激发了人民忘我的革命和社会主义建设热情。在俄国历史上，“布尔什维克党最先着手由人民制定工资水平，让从事体力劳动的人有机会进行思想辩论，尽管他们拙嘴笨舌，不那么老练，但具有健全的思想政治意志和实践特点，善于行动。布尔什维克发展党员，不是在学生和教授之中，而主要是在工人和士兵中间进行，其中许多人昨天还是农民。从 1917 年开始，布尔什维克党的成员不断增加，多数来自人民。布尔什维克党变成了真正人民的党”[1]。在那个年代，生活物资都是计划分配，人民生活非常困难，但是却表现出了空前高涨的建设热情。这是因为，布尔什维克能够给予人民最宝贵的、其他非马克思主义政党所不可能给予的财富，即让最普通的劳动人民成为社会的主人。黝黑、“卑贱”的人民代表，是红军战士的父亲和祖父，是受到国家保护和尊重的党的依靠力量。在苏联共产党的领导下，扫除了文盲，建立了工人学校，普及了七年义务教育，工农子女可以入读著名的大学。和任何一个偏远城镇的出租车司机、马车夫交谈，他们的判断力和对各种问题的了解，都令人感到惊讶并获益匪浅。而在 19 世纪，他们和其他劳苦大众就是“会说话的牛”[2]。布尔什维克党的人民性、与人民群众的血肉联系，是党能够无畏于艰苦卓绝的革命和战争、敢于胜利的强大力量。

千里之堤，毁于蚁穴。十月革命后建立的苏维埃政权，按党纲规定，是通过劳动者来实行管理的机关，而在实际工作中，是通过共产党来代为管理的。当布尔什维克党中农民和小资产阶级党员占到相当比例时，党抵制各种腐朽落后思想就成为艰巨而重要的任务。在社会普遍贫穷和物质生活资料匮乏的情况下，“全部陈旧的东西又要死灰复燃”的严峻现实威胁着党的健康发展。为防止党内出现官僚主义、脱离人民群众，1918 年苏俄成立了国家监察部（1920 年改为工农检察院），1920 年俄共（布）九大后成立了党的中央监察委员会（1923

[1] Рустем Вахитов. Большевики как строители Великой России//Советская Россия.2007.11.7.

[2] Сергей Андреевич Дзюба. Тирания именем справедливости Авторитет Сталина связан в сознании людей сгуманитарными достижениями его эпохи//Независимая.2008.3.18.

年中央监察委员会和工农检察院合并），1921年俄共（布）十大通过了《关于监察委员会的决议》，1922年俄共（布）十一大通过了《关于监察委员会的任务和目的的决议》等，力求从组织机制建设上着手，加强对执政党的检查和监督。列宁一再告诫党员干部："共产党员成了官僚主义者。如果说有什么东西会把我们毁掉的话，那就是这个。"[1]"只有当全体居民都参加管理工作时，才能把反官僚主义的斗争进行到底，直到取得完全的胜利。"[2]斯大林认识到，"共产党员官僚主义分子是最危险的一种官僚主义分子"，"它在我们的一切组织里，不论是党组织里、共青团组织里，不论是工会组织里、经济组织里都存在"。[3]党的领导人认识到了官僚主义的危险性，党也采取了必要的措施，但根本消除共产党脱离人民的隐患，是异常艰巨的时代课题，列宁斯大林时期的探索，只是初步阶段。

马克思主义政党科学有效的党风廉政建设制度的确立、施行，是一个庞大系统复杂的历史工程，艰巨而繁重，需要根据革命和建设不同时期的各项任务，持之以恒，毫不松懈，不断完善、充实、加强，以能够切实保障防止共产党脱离人民群众的危险。斯大林时期，领导干部中已经出现主要靠听汇报、看文件、作指示、发命令来了解和解决问题的消极现象，深入实际、到群众中去的作风弱化。由于当时国内外各种复杂环境因素制约，苏联共产党脱离人民的制度隐患始终没有得到有效、有力、根本改变，在经历赫鲁晓夫、勃列日涅夫时期后，犹如逆水行舟，隐患不断加剧，直至戈尔巴乔夫时期，千里之堤终溃于蝼蚁之穴。

（二）苏联共产党失去人民的拥护，丧失马克思主义政党的先进性

赫鲁晓夫、勃列日涅夫时期，苏联高度集中的政治经济体制弊端逐渐显

---

[1]《列宁全集》第52卷，人民出版社2017年版，第300页。

[2]《列宁全集》第36卷，人民出版社2017年版，第154—155页。

[3]《斯大林选集》（下卷），人民出版社1979年版，第36、37页。

露，国家亟须通过改革来消除弊端，解放和发展社会生产力。苏联共产党迫切需要加强和改善领导方式方法，进一步完善党的民主集中制，赋予党以崭新的时代特色，承担新的历史使命。赫鲁晓夫也试图采取措施解决社会中存在的问题。但是他的改革浅尝辄止且缺乏章法，不仅没有解决原有的问题，反而使苏联的各级行政机构更加臃肿、混乱无序，为日后勃列日涅夫时期党内权力阶层刻意求稳、腐败膨胀，客观上创造了实践基础。赫鲁晓夫作为苏联共产党的领袖，其鲁莽突兀、主观臆断的国家发展思想及其在国际舞台上粗俗狡黠的思维举止，使广大党员群众深感不妥与反感。这与列宁斯大林时期苏联共产党的领袖形象形成较大反差。20 世纪 70 年代前后，苏联共产党内思想理论僵化，保守主义盛行，不思进取；干部制度上任人唯亲、党和国家高级干部职务形成实际上的终身制且不思改革。党内形成既得利益集团，并逐渐成为国家和民族发展的障碍。

既得利益集团占据着党内重要的领导岗位，在国家及各级政府中能够起决策作用，拥有优越的社会地位和权力资源，他们的最大愿望是保持、维护现状。社会存在决定社会意识，苏联共产党内既得利益集团的追求反映在党的思想理论方面，则体现为对马列主义的实用主义、机会主义和教条主义的追捧。在勃列日涅夫执政后期，既得利益集团为维护自身的利益，置党、国家、人民的利益于不顾，专权保守，贪婪腐化。人民群众对社会主义制度优越性、对共产党的正确性产生迷茫怀疑，党内外信仰危机日益严重。马克思主义理论、苏联共产党的合法性受到严重挑战。苏联共产党丧失人民群众支持和信服的巨大危险已然成势。

树立人民群众利益至上的观点、以人民群众为价值标准的观点和人民群众是社会主人的观点，是马克思主义政党先进性的重要体现。列宁曾多次教导广大布尔什维克党员，“具有优秀精神品质的是少数人，而决定历史结局的却是广大群众，如果这些少数人不中群众的意，群众有时就会对他们不太客气”。“对于一个人数不多的共产党来说，对于一个作为工人阶级的先锋队来领导一个大国……向社会主义过渡的共产党来说，最严重最可怕的危险之一，就是脱离群众”[1]。和平年代，执政党脱离群众对于其执政地位的威胁是间接的、渐进式的，正因为这种威胁是在一点一滴地侵蚀党和人民群众关系的基石和大厦，其危险性往往更容易被忽视。但一旦量变达到质变，党的性质就发生了根本的变化，人民群众也就自然而然地将其视为异己力量。赫鲁晓夫、勃列日涅夫时期，苏联共产党对于党内日益严重的党风廉政建设的巨大漏洞，有可能导致失去人民群众的信任和支持，始终没有足够警觉；对其危险性、危害程度及可能导致被人民抛弃的严重后果，始终没有准确估量。

（三）苏联共产党的领导人背离马克思主义，党最终被总书记宣布解散，成为马克思主义政党史上的沉痛悲剧

2013年1月5日，习近平在新进中央委员会委员、候补委员学习贯彻党的十八大精神研讨班开班式上发表重要讲话，振聋发聩地指出，“重大政治问题处理不好，就会产生严重政治后果”，“苏联为什么解体？苏共为什么垮台？一个重要原因就是意识形态领域的斗争十分激烈，全面否定苏联历史、苏共历史，否定列宁，否定斯大林，搞历史虚无主义，思想搞乱了，各级党组织几乎没任何作用了，军队都不在党的领导之下了。最后，苏联共产党偌大一个党就作鸟兽散了，苏联偌大一个社会主义国家就分崩离析了”。[2] 习近平所指非常明确，苏联解体，苏联共产党垮台，是苏联共产党在意识形态领域十分激烈的斗争中，自我否定历史及党的领袖，导致苏联共产党各级党组织思想混乱、软弱涣散，各级党组织战斗力和作用丧失殆尽的必然结果。而极其悲剧性的是，倡导和宣扬历史虚无主义的是苏联共产党的总书记。

20世纪七八十年代，不断受到各种非马克思主义思潮侵蚀的苏联共产党，党内生态极不健康，滋生和豢养了背离马克思主义的高级领导。像戈尔巴乔夫、雅科夫列夫、叶利钦等人，世界观、价值观已经蜕变，却走上党和国家领导人

---

[1]《列宁选集》第4卷，人民出版社2012年版，第679、626页。

[2] 习近平：《关于坚持和发展中国特色社会主义的几个问题》，《求是》2019年第7期。

重要岗位。

1985年戈尔巴乔夫上任后，以“改革和新思维”为名，背离马列主义，妖魔化苏联共产党的历史，推行“人道的民主的社会主义”。在戈尔巴乔夫改革“新思维”的引领下，尤其是在1987年戈尔巴乔夫提出“重新评价苏联历史”后，苏联共产党内思想发生严重混乱，一批蜕化变质的领导干部和西化知识分子乘势而起，从世界观上背离、背叛了马克思列宁主义，成为历史虚无主义的急先锋、排头兵。他们的思想动机和目的非常明确，就是要通过抹黑历史，否定苏联共产党，否定列宁、斯大林，将苏联社会主义变成一部“不光彩的历史”，让人民群众无路可走，只能与之“一刀两断”“彻底决裂”。而“彻底决裂”只是第一步，重要的是决裂之后的步骤，即建立西式民主和政治制度。历史虚无主义是他们推行其制度目标的重要手段和途径。

历史遗留、积累下来的苏联共产党党内问题，成为戈尔巴乔夫等人毁灭苏联共产党、走资本主义道路的口实和机会。从前拒绝改革的既得利益集团，很快捕捉到这一使不法财富合法化的完美时机，即刻成为走资本主义道路的积极拥护者。“在客观的社会规律作用的基础上产生的可能性能否实现，在很大程度上取决于主观因素。社会中的主观因素就是人们的有意识的活动，人们的意志、毅力、政治成熟性、组织性。”戈尔巴乔夫以党和国家领导人的身份，打压苏联共产党内的健康力量，操纵广大党员和人民群众的意志，并调动国家、政府、军事、政治、经济、文化等上层建筑的一切力量实施其目标计划。戈尔巴乔夫担任苏联党和国家领导人七年时间，以历史虚无主义为武器，成功“摧毁”了苏联共产党和苏维埃联盟。1991年8月，当他辞去苏联共产党中央总书记职务时，同时宣布一个具有近90年历史的马克思主义大党自行解散；1991年12月，他宣布辞去苏联总统职务时，同时宣布有70年历史的、世界上第一个社会主义国家苏联解体。而这一切，都发生在和平时期。如白俄罗斯共产党人在总结历史教训时发出的追问：在苏维埃共和国最高权力机构中，绝大多数是苏联共产党员，由数百万共产党员组成的苏联社会领导力量，取消了共产党在国家中的领导地位；苏联共产党1900万成员中的大多数没有出来抗议这种愚蠢的决定，而是默认了公然的不公正和任意性，这怎么可能？[1]戈尔巴乔夫违背人民意志，违背历史发展趋势，将苏联共产党引向背离马克思主义的不归路，直至其消亡，将苏维埃社会主义联盟引向解体并直接导致了东欧社会主义的失败。

久加诺夫在谈及苏联解体的根本原因时认为，是戈尔巴乔夫背叛了列宁主义，破坏了列宁缔造的布尔什维克党，使所有破坏苏联社会主义、毁灭苏联共产党的力量得以成功。叶利钦等人查封苏联共产党，戈尔巴乔夫作为总书记，不是努力保卫列宁、斯大林缔造的苏联共产党，而是始终推动毁灭苏联共产党。2018 年，俄共在总结历史的经验教训时，再一次强调，斯大林去世后，苏联领导层开始犯越来越多的错误。到 20 世纪 80 年代，国家一些地区宗派主义、地方主义和各种团团伙伙、拉帮结派盛行，其中的纽带，就是官僚特权阶层的规模性、普遍性、渗透性的腐败。因此，最高权力阶层的贪婪和腐败，是破坏苏联的主要因素之一。可以说，部分官僚机构直接参与了资本主义的复辟。这些腐败分子转变为推动苏联剧变的最得力的骨干。正是这些腐败分子背叛了自己的国家。他们不惜推动国家改变颜色来使自己贪污、腐败得来的资金合法化。[2]

苏联共产党在历史上曾经犯过严重错误，但如果苏联共产党的总书记是坚定的马克思主义者，能够带领党勇于直面错误和教训，接受人民群众的批评，找准前进的方向和道路，依靠广大党员和人民群众的力量，是可以通过深刻吸取经验教训，摆脱危机，重新出发的。久加诺夫之所以认为戈尔巴乔夫的背叛是导致苏联解体的根本原因，也是从这个逻辑关系中推出来的。

---

[1] АВГУСТ1991Г.-ТРАГИЧЕСКАЯСУДЬБАКПСС，《Правда》34(870)23.08.2013.

[2] Коррупция-угроза обществу и меры по ее преодолению. Доклад Председателя ЦК КПРФГ.А. Зюганова на Пленуме ЦК КПРФ，Пресс-служба ЦК КПРФ2018-01-27.https://kprf.ru.

三、苏联共产党覆亡殷鉴与警示

2021 年，中国共产党迎来了百年华诞，苏联共产党覆亡、苏联解体也已 30 年。在中国共产党跨越百年之际，回溯苏联共产党兴亡的历史，可以引为镜鉴，警钟长鸣。

（一）必须以制度为屏障根本消除共产党脱离人民的隐患

马克思主义执政党面临的脱离群众的风险，主要依靠党员干部的主观素质、觉悟程度来应对是不切实际，不符合历史唯物主义的。党必须根据时代要求，根据党的建设的新任务，建立健全科学合理、切实可行、行之有效的监督保障体制机制，以制度约束规范党内生活，以科学制度防止、避免党脱离群众。

苏联共产党没有建立健全一套完整、科学的廉政建设监督体制，以致党风廉政建设出现重大失误、党内特权阶层长期发展蔓延，最终被戈尔巴乔夫、叶利钦等人利用。“党由于盲从，或者支持、放纵自己的最高领导，毁掉了它最积极的那部分成员。然后时过不久，在苏联共产党的意识形态领袖作出榜样之后，成千上万的党员也离党而去。由于这种骇人听闻的叛卖，党终于垮台了。”[1] 党的各级领导干部尤其是高级领导干部，长期处于不受监督与约束的环境下，势必松懈了意志，放松了自律，在金钱、权力和物质利益的诱惑下，逐渐发生质变，丧失了先进性和生命力，无以担当领导国家民族发展进步的伟大使命。要避免因时代条件和环境发生变化，党有可能脱离群众、腐化堕落的潜在危险，就要依靠民主和法治来确保党的领导、国家机构清正廉明，确保人民群众的政治权利；就需要以制度为保障，使马克思主义政党在任何时代背景下都能秉持“江山就是人民，人民就是江山”的根本立场和价值依

---

[1] [俄] 尼古拉 · 伊万诺维奇 · 雷日科夫:《大国悲剧：苏联解体的前因后果》，徐昌翰等译，新华出版社 2008 年版，第 314 页。

归不偏离。

站在时代前沿的中国共产党，始终就如何坚持和完善人民当家作主制度体系，健全为人民执政、靠人民执政的各项制度，持续、深刻地进行实践探索，不断深化对共产党执政规律、社会主义建设规律、人类社会发展规律的认识，作出坚持和完善党和国家监督体系、强化对权力运行的制约和监督等重大制度安排。中国共产党出色解答了时代课题，并在共产党百年征程、世界百年未有之大变局中继续迎接挑战和检验。这是马克思主义政党拥有强大感召力、深得人民拥戴的物质力量。

（二）以人民性保证党的先进性是马克思主义政党永久的历史使命

党的先进性和人民性相辅相成、不可或缺。党之所以能够始终站在时代的前沿，是因为人民性是马克思主义政党的理论品格。“过去的一切运动都是少数人的或者为少数人谋利益的运动。无产阶级的运动是绝大多数人的、为绝大多数人谋利益的独立的运动。”[1] 在人类思想史上，只有马克思主义是为人类求解放、为人民谋幸福的人民的理论。决定马克思主义政党精神面貌的，是使命的力量，是科学和真理的力量，是“把人民立场作为根本立场，把为人民谋幸福作为根本使命，坚持全心全意为人民服务的根本宗旨”[2] 的鲜明的人民性。

党的生命力、感召力、领导力的不竭活力在于创新，创新的动力与源泉在于始终站在历史发展正确的一边，代表着最广大人民的利益。苏联共产党从弱到强，是科学和真理相伴的过程，是紧紧依靠人民，一切为了人民，与人民群众同风雨、共患难的波澜壮阔的旅程。与其衰亡如影随形的，则是与人民群众渐行渐远、党的理论落后于时代发展要求直至背弃共产主义理想信念的悲剧过程。苏东地区有许多马克思主义大党老党，其成立时间早于中国共产党，有过

---

[1]《马克思恩格斯选集》第 1 卷，人民出版社 1995 年版，第 283 页。

[2] 习近平:《在纪念马克思诞辰 200 周年大会上的讲话》，人民出版社 2018 年版，第 17 页。

辉煌的历史，但脱离最广大人民群众，脱离社会实践，必然由于僵化老化而失去创新力、创造力、先进性，必然毁灭政党的生命力。

新时代中国特色社会主义思想发轫于中华民族复兴征程的战略思维、历史思维之巅，又寓于人类历史长河的永恒发展、创新思维之中，是立足当代世界客观实际、尊重历史规律、勇立世界潮头的21世纪马克思主义的思想旗帜。“马克思主义不仅深刻改变了世界，也深刻改变了中国。”[1] 这个深刻的改变，就在于中国有了“一个以马克思主义为指导、一个勇担民族复兴历史大任、一个必将带领中国人民创造人间奇迹的马克思主义政党”[2]。中国共产党能够跨越百年、继往开来，源自党在理论上的清醒与成熟、自信与自觉，源自新时代新思想深远、辽阔的时代意义、理论意义、实践意义和世界意义。

（三）马克思主义政党的领导人必须是“最有威信、最有影响、最有经验、被选出担任最重要职务而称为领袖的人们”

马克思主义政党的领导人，必须是“最有威信、最有影响、最有经验、被选出担任最重要职务而称为领袖的人们”[3]，需要具备高瞻远瞩的政治理论远见，坚定非凡、无所畏惧的革命理想信念，勇于开拓创新、善于驾驭复杂局势的高超领导能力。更为重要的是，他们能够代表党和人民事业进步、胜利的方向，能够始终站在世界历史发展的正确一边。“历史必然性的思想也丝毫不损害个人在历史上的作用：全部历史正是由那些无疑是活动家的个人的行动构成的。在评价个人的社会活动时会发生的真正问题是：在什么条件下可以保证这种活动得到成功？有什么保证能使这种活动不致成为孤立的行动而沉没在相反行动的

---

[1] 习近平:《在纪念马克思诞辰200周年大会上的讲话》，人民出版社2018年版，第11页。

[2] 习近平:《在纪念马克思诞辰200周年大会上的讲话》，人民出版社2018年版，第12—13页。

[3]《列宁专题文集·论无产阶级政党》，人民出版社2009年版，第249页。

汪洋大海里？”[1] 苏联共产党覆亡 30 年来，许多左翼学者探讨“苏联之死”的关键点，认为它就在于苏联最高领导层为将权力转化为财产，因而恢复资本主义以实现这一愿望。因此，在戈尔巴乔夫时期，苏联领导层是用自己的双手将党内存在的严重问题从危机转变成了灾难。后苏联时代的资本主义并不是在 1991 年“偶然”出现的，它的出现是苏联共产党部分领导的有意准备，其重点是恢复苏联的资本主义。[2] 戈尔巴乔夫执政之初，就以国家利益为代价取悦西方国家。为了改善与美国的关系，放任东欧社会主义国家丧失政权。苏联共产党的权威不断下降，直至国家所有进程失控，大量反对派运动滋生并发展起来，各加盟共和国开始脱离联盟。1977 年《宪法》也被废除。1990 年 7 月，苏联共产党二十八大通过的《走向人道的民主的社会主义》的纲领性声明和新党章，明确放弃马克思主义为指导，标志着苏联社会主义制度和苏联共产党发生本质变化。覆巢之下，安有完卵？曾经最强大的马克思主义政党，最终被党的总书记以“新思维”“革新”而亡。在中国共产党百年诞辰之际，这一马克思主义政党史上的沉痛悲剧，尤为触目惊心。

当前，世界百年未有之大变局加速演进，世界之变、时代之变、历史之变的特征更加明显。作为一个有着 14 亿多人口的大国、一个有着 9800 多万名党员的大党，要如期完成第二个百年奋斗目标，我们党担负历史任务的艰巨性和繁重性世所罕见。没有一个坚强的领导核心是不可想象的。全党有核心，党中央才有权威，党才有力量。一个马克思主义执政党领袖成为全党的核心，成为全国人民衷心爱戴的领袖，不是自封的，更不是在其位便可自然而成的。党的十八大以来，习近平总书记以 21 世纪马克思主义政治家、思想家、战略家的坚定品质，赢得了党和人民的衷心拥护和爱戴，领导党和人民开辟了中国特色社会主义新时代，迎来了实现中华民族伟大复兴的光明前景。习近平

---

[1]《列宁专题文集 · 论辩证唯物主义和历史唯物主义》，人民出版社 2009 年版，第 179—180 页。

[2] Как зарождался и стабилизировался капитализм в СССР，7.6.2020.

总书记党中央的核心、全党的核心地位，是在新时代具有许多新的历史特点的伟大斗争实践中形成的。党的十八大以来党和国家事业取得历史性成就、发生历史性变革，最根本的原因就在于有习近平总书记作为党中央的核心、全党的核心掌舵领航，在于有习近平新时代中国特色社会主义思想科学指引。党确立习近平同志党中央的核心、全党的核心地位，确立习近平新时代中国特色社会主义思想的指导地位，是历史和时代的选择；是体现全党共同意志、反映人民共同心声的重大政治判断；是我们应对前进道路上一切不确定性的最大确定性；是全面建设社会主义现代化国家、全面推进中华民族伟大复兴最可靠的保证。

（原文刊载于《马克思主义与现实》2021 年第 3 期）

闫杰花 | 陕西师范大学马克思主义学院

革新以来越南共产党对社会主义建设的理论探索[1]

革新35年，越南共产党（以下简称“越共”）在带领越南人民进行社会主义建设事业的实践中，不断推进社会主义建设的理论探索。在长期的理论探索中，社会主义过渡时期发展阶段理论为越南社会主义革新事业确定了历史方位，为制定革新政策提供了基本依据，是革新以来越南社会主义建设的理论起点。建设越南社会主义民主既是推动越南社会主义建设发展的动力，也是越南社会主义建设的奋斗目标，越南社会主义民主建设理论为革新以来越南社会主义建设设定了价值导向与发展目标。坚持越共的领导是越南社会主义建设的基本原则与根本保证，坚持越共的领导就要不断加强党的建设，而不断完善越共党的建设理论正是越共不断加强党的建设、不断认识党的建设规律的重要内容。因此，本文通过对越南社会主义过渡时期发展阶段理论、越南社会主义民主建设理论、越共党的建设理论的分析，来考察越共在将马克思主义基本原理与越南国情相结合过程中所进行的理论探索，分析其经验教训，以期给其他社会主义国家的理论探索提供一定的借鉴。

---

[1] 本文系2018年度教育部人文社会科学研究项目“当代越南社会思潮研究”（项目编号：18YJC710084）和2019年度国家社会科学基金项目“革新以来越南共产党意识形态建设的经验与特色研究”（项目编号：19XKS001）的阶段性成果。

一、逐步深化对越南社会主义过渡时期发展阶段理论的认识

“提出2021年至2025年五年的社会经济发展方向和任务；确定到2030年的目标和方向以及到2045年的国家发展远景规划。这些将是我们党、我们民族、我们国家发展进程中的重要里程碑，具有给新时期国家的远景发展确定战略方向的作用。”[1] 阮富仲在越共十三大上的这一表述不仅制定了本届任期（2021—2025年[2]）的具体发展目标，还展望了2030年[3]、2045年[4]两个重要发展阶段的目标。这是越共第一次明确提出未来分阶段的发展目标。这不仅与以往政治报告有了重要区别，而且越共对越南社会主义过渡时期发展阶段理论有了新的认识，重新制定了越南社会主义过渡时期发展阶段划分的标准，确定了过渡时期几个重要的发展阶段。这一新认识凝结了越共对自身发展阶段的思考与定位，是越共将马克思主义基本原理创造性应用于本国实践的基础上对越南社会主义发展阶段问题的回答。而对于如何认识清楚自身所处的发展阶段和历史方位，越共经历了一个较长的过程。

（一）越共六大确立了社会主义过渡时期理论

越共依据马列主义过渡时期学说，确定了越南处于社会主义过渡时期。越共三大、四大、五大已经指出了越南过渡时期的基本特点和主要任务，但是由

---

[1] Nguyễn Phú Trọng：Báo cáo của Ban Chấp hành Trung ương Đảng khóa XII về các văn kiện Đại hội XIII của Đảng, https://tulieuvankien.dangcongsan.vn/ban-chap-hanh-trung-uong-dang/dai-hoi-dang/lan-thu-xiii/bao-cao-cua-ban-chap-hanh-trung-uong-dang-khoa-xii-ve-cac-van-kien-trinh-dai-hoi-xiii-cua-dang-3670.

[2] 1975年南越伪政权被打垮，越南南北方实现统一，2025年是越南南北统一50周年。

[3] 1930年2月越南共产党成立，2030年是越南共产党成立100周年。

[4] 1945年9月越南民主共和国成立，2045年是越南民主共和国成立100周年。

于指导思想上的急躁，想越过一些必要的步骤，结果犯了主观主义错误，导致社会经济发展面临诸多困难。越共六大在总结以往经验教训的基础上，深刻认识到“从资本主义到社会主义必须经过一段过渡时期，这是客观必然的，而这个过渡时期的长短，取决于各国的政治、经济和社会条件。由于我国是从小生产起步，跨越资本主义发展阶段直接走上社会主义的，因此，我国的过渡时期必定是长期而且充满困难的”[1]。同时，越共还认识到，越南的社会主义过渡时期还必须经过多个阶段，越南现在处在社会主义过渡时期的初级阶段，基本任务是为继续推进社会主义工业化奠定必要的基础。如果说，越共三大、四大、五大对社会主义过渡时期理论认识尚不成熟，那么越共六大一系列肯定性表述则标志着越南社会主义过渡时期理论的初步形成，越共基本认清了所处的发展阶段。1986 年革新正是立足于越南处在社会主义过渡时期的历史方位上展开的。

（二）越共七大到十二大逐渐具体化了过渡时期的几个阶段

越共自七大开始对社会主义过渡时期理论的认识逐渐深化。七大通过的《社会主义过渡时期国家建设纲领》指出：“我们国家的社会主义过渡时期是一个长期的过程，将经过许多阶段。初级阶段的目标是：通过全面革新，社会达到牢固稳定的状态，为下一阶段快速发展奠定基础。”[2] 越共六大确定了越南社会主义处于过渡时期的历史方位。越共七大在六大基础上进一步确定了越南社会主义处于过渡时期的初级阶段，初级阶段是过渡时期多个阶段的一个小阶段。越共八大在总结革新十年成就时评价道：“过渡时期为工业化奠定基础的第一阶段任务已经基本完成，具备条件进入促进国家工业化和现代化的新时期。”[3] 这一

[1] Đảng cộng sản Việt Nam: Văn kiện đại hội Đảng thời kỳ đổi mới và hội nhập (Đại hội VI, VII, VIII, IX, X, XI), Hà Nội: Nhà Xuất Bản Chính Trị Quốc Gia-Sự Thật, năm 2013, Trang 31.

[2] Đảng cộng sản Việt Nam: Văn kiện đại hội Đảng thời kỳ đổi mới và hội nhập (Đại hội VI, VII, VIII, IX, X, XI), Hà Nội: Nhà Xuất Bản Chính Trị Quốc Gia-Sự Thật, năm 2013, Trang 230.

[3] Đảng cộng sản Việt Nam: Văn kiện đại hội Đảng thời kỳ đổi mới và hội nhập (Đại hội VI, VII, VIII, IX, X, XI), Hà Nội: Nhà Xuất Bản Chính Trị Quốc Gia-Sự Thật, năm 2013, Trang 329.

评价意味着到1996年越共八大，越南社会主义过渡时期的初级阶段已经结束，进入到过渡时期的第二阶段，即促进国家工业化和现代化的新阶段。新阶段的目标是到2020年越南基本达到工业化国家的水平。2011年越共十一大对1991年的《社会主义过渡时期国家建设纲领》进行了补充修订，制定了越南社会主义过渡时期需要完成的总目标，明确了为实现总目标需要贯彻的八个基本方向以及为落实八个基本方向需要处理好的八组关系。2016年越共十二大进一步确定了实现国家工业化、现代化的具体步骤，指出"国家工业化、现代化分三步走：为工业化、现代化创造前提条件；促进工业化、现代化；提高工业化、现代化质量"[1]。结合越共历次党代会的表述，可以理解为为工业化、现代化创造前提条件的阶段是过渡时期的初级阶段，1996—2020年是促进国家工业化、现代化的阶段。由此可见，从七大到十二大，越共在对马列主义过渡时期理论继承与坚守的同时，依据越南国情进行了发展，把过渡时期的多个阶段的某几个阶段具体化为"国家工业化、现代化"的几个阶段，不再是"多个阶段"的笼统称谓。但是，"国家工业化、现代化"的几个阶段是否就是过渡时期的所有阶段？这个问题，几次大会均没有涉及。

（三）越共十三大制定了过渡时期发展阶段划分的标准，确定了过渡时期几个重要发展阶段

按照原定步骤，2020年是越南结束促进国家工业化、现代化的阶段，那么，实际是否结束该阶段，进入提高工业化、现代化质量的阶段？越共十三大没有给出明确答案。阮富仲在谈到十三届任期的方向与任务时的表述是"发挥全民族的意志、力量、'党意、民心'的统一，我们决心切实履行好第十三届大会

[1] Đảng cộng sản Việt Nam: Văn kiện đại hội đại biểu toàn quốc Lần thứ XII, Hà Nội: Nhà Xuất Bản Chính Trị Quốc Gia-Sự Thật, năm 2016, Trang 90.

文件提出的各项任务和解决方案，使我们的国家进入一个新发展阶段”[1]。此外，2020 年 8 月 31 日，阮富仲发表了题为《做好党的第十三次党代会的筹备工作，推动国家进入新发展阶段》的文章。从这些表述中可以看到，新发展阶段对于越南而言还是未来时态，并非正在进行时态。

越共十三大没有再沿用过渡时期国家工业化、现代化这一发展阶段标准，而是“本着保证科学与实践的原则；根据国家每个发展阶段的变化进行继承和补充；同时，在参考其他国家的经验和世界共同发展标准的基础上”[2]，重新确定了发展阶段划分的标准，即通过综合发展水平、工业水平和收入水平来确定过渡时期若干重要发展阶段。依据此标准，越共把 2025 年、2030 年、2045 年作为三个重要的发展阶段，到 2025 年越南成为拥有现代工业的超越中低收入水平的发展中国家，到 2030 年成为拥有现代工业和中高收入水平的发展中国家，到 2045 年成为高收入水平的发达国家。这一标准具有浓郁的越南特色，按照越共中央理论委员会秘书长阮曰通的说法：“人均年收入低于 4045 美元属于低于中低收入水平；人均年收入在 4045 美元到 12535 美元之间属于中高收入水平；人均年收入超过 12535 美元属于高收入水平。预计到 2025 年，人均 GDP 将达到 4700—5000 美元。因此，到 2025 年，我们的收入将超过中低收入水平。到 2030 年，人均 GDP 将达到 7500 美元。也即到 2030 年，我们将达到中高收入水平。到 2045 年，达到高收入水平是完全可能的。”[3] 如果按照这一标准，阮富

[1] Nguyễn Phú Trọng: Báo cáo của Ban Chấp hành Trung ương Đảng khóa XII về các văn kiện Đại hội XIII của Đảng, https://tulieuvankien.dangcongsan.vn/ban-chap-hanh-trung-uong-dang/dai-hoi-dang/lan-thu-xiii/bao-cao-cua-ban-chap-hanh-trung-uong-dang-khoa-xii-ve-cac-van-kien-trinh-dai-hoi-xiii-cua-dang-3670.

[2] Nguyễn Phú Trọng: Báo cáo của Ban Chấp hành Trung ương Đảng khóa XII về các văn kiện Đại hội XIII của Đảng, https://tulieuvankien.dangcongsan.vn/ban-chap-hanh-trung-uong-dang/dai-hoi-dang/lan-thu-xiii/bao-cao-cua-ban-chap-hanh-trung-uong-dang-khoa-xii-ve-cac-van-kien-trinh-dai-hoi-xiii-cua-dang-3670.

[3] Nguyễn Viết Thông: Một số điểm mới nổi bật trong Dự thảo các văn kiện trình Đại hội XIII của Đảng, http://hdll.vn/vi/nghien-cuu---trao-doi/mot-so-diem-moi-noi-bat-trong-du-thao-cac-van-kien-trinh-dai-hoi-xiii-cua-dang.html.

仲所述“使我们的国家进入一个新发展阶段”“推动国家进入新发展阶段”，这一新发展阶段更侧重于到2025年，越南人均收入将超过4045美元，成为拥有现代工业的超越中低收入水平的发展中国家，这时越南将进入社会主义过渡时期的一个新发展阶段。

越共十三大依据“综合发展水平、工业水平和收入水平”的标准重新确定了越南未来三个重要的发展阶段，越共认为这一标准更为科学，也更符合越南实际。这一标准和未来三个发展阶段的确定给越南人民指明了奋斗的方向，激发了越南人民发展国家的渴望。但是，越共十三大没有提及这三个阶段是否就是整个过渡时期的所有阶段，三个阶段结束后是否意味着过渡时期的结束。这涉及越南社会主义过渡时期到底有多长的问题。对于这一问题，越共中央理论委员会副主席冯有富认为，“过渡时期有多长、还有多少阶段还没有弄清楚，这是未来我们将要努力集中弄清楚的问题”[1]。

二、不断推动越南社会主义民主建设理论的发展

建设越南社会主义民主是推动越南社会主义建设事业的重要动力和目标，关系着越南社会稳定和国家长治久安。革新35年来，从越共六大的“民知、民议、民为、民检”到十三大的“民知、民议、民为、民检、民监、民享”方针，从掌握和处理好八组重大关系到九组重大关系，再到十三大增加“实现民主、增强法制、保证社会纪纲”，成为十组重大关系。越共在把“以民为本”的观点贯穿于属于人民、来自人民、为了人民的社会主义法权国家建设的过程中，不断强化人民是革新事业、建设和保卫祖国事业的中心和主体的思想；不断实践越共社会主义民主建设制度化的追求；不断形成保障和扩大人民的知情权、参

[1] Lê Hiệp：Quá độ lên chủ nghĩa xã hội bao lâu, có mấy chặng đường cần tiếp tục làm rõ, https://thanhnien.vn/thoi-su/qua-do-len-chu-nghia-xa-hoi-bao-lau-co-may-chang-duong-can-tiep-tuc-lam-ro-1235976.html.

与权、表达权、监督权、享受权的理念，推动越南社会主义民主建设理论的发展。

（一）不断强化人民是革新事业、建设和保卫祖国事业的中心和主体的思想

重视人民群众的地位、发挥人民群众的重要作用是越共的一贯主张。革命时期，越共提出“民是主”“民做主”的思想来强调人民群众的崇高地位和重要作用。胡志明曾经指出：“我们国家是民主国家，最高地位的是民，因为民是主人。”[1]

1945 年越南民主共和国成立后，越共把党、人民和抗战建国事业紧密联系在一起，提出“一切利益都是为了人民，一切权利都属于人民”的主张。1986 年，越共六大提出“以民为本”的思想和“民知、民议、民为、民检”的口号。这是越共对革新前“主观主义、唯意志论、急于求成错误”的总结，是对人民地位和作用的新认识。“以民为本”就是“党的全部活动中，党必须贯彻‘以民为本’的思想，建设和发扬劳动人民的做主权。党除了为人民的幸福奋斗之外，没有别的目的。”[2] 它肯定了人民群众在越南国家建设和发展中的主人翁地位和重要作用，把人民知道、人民参与和人民检查作为人民参与社会经济管理的基本手段和要求。这是革新初期越共尝试建立劳动人民自己管理自己国家的制度的表现，也体现了越共“以民为本”的人民观。2021 年，越共十三大提出“人民是革新事业、建设和保卫祖国事业的中心和主体”[3] 思想，要求有效落实“民知、民议、民为、民检、民监、民享”方针，这契合了越南社会发展需要。因

---

[1] Hồ Chí Minh: Toàn tập, tập 7, Nxb. Chính trị quốc gia-Sự Thật, Hà Nội, 2011, tr. 434.

[2] Đảng cộng sản Việt Nam: Văn kiện đại hội Đảng thời kỳ đổi mới và hội nhập (Đại hội VI, VII, VIII, IX, X, XI), Hà Nội: Nhà Xuất Bản Chính Trị Quốc Gia-Sự Thật, năm 2013, Trang 22.

[3] Báo cáo chính trị của Ban Chấp hành Trung ương Đảng khoá XII tại Đại hội đại biểu toàn quốc lần thứ XIII của Đảng, https://tulieuvankien.dangcongsan.vn/ban-chap-hanh-trung-uong-dang/dai-hoi-dang/lan-thu-xiii/bao-cao-chinh-tri-cua-ban-chap-hanh-trung-uong-dang-khoa-xii-tai-dai-hoi-dai-bieu-toan-quoc-lan-thu-xiii-cua-3669.

为革新 35 年，越南经济社会快速发展，取得的巨大成就是在越共的领导下由越南人民创造的。人民是革新事业的创造主体，同时也应该是越南经济社会发展成果的享受主体。增加“民享”方针，就是让发展成果更多更公平惠及全体越南人民，形成人人参与建设、全民共享成果的格局。

（二）不断实践越南社会主义民主建设制度化的追求

1986 年，越共六大强调了“党的领导、人民做主、国家管理”的机制，并第一次提出了“民知、民议、民为、民检”的口号。但是，这一口号长期停留在纸面上，直到 1996 年越共八大把“口号”改为“方针”，提出“建设落实‘民知、民议、民为、民检’方针为具体机制”[1]，这一方针才逐渐得到落实。如越共中央政治局颁布了《关于在基层建立和实施民主制度》的第 30–CT/TW 号指示；政府颁布了《关于在乡一级实施民主的条例》的第 79/2003/NĐ–CP 号议定，《关于在机关活动中实施民主的条例》的第 71/1998/NĐ–CP 号议定，《关于颁布在股份公司、有限责任公司实施民主的条例》的第 87/2007/NĐ–CP 号议定和一些关于其他类型基层单位实施民主的议定；国会常务委员会颁布了《关于在乡、坊、城镇实施民主》的第 34/2007/PL/UBTVQH 11 号法令。从中央政治局的指示到政府的议定，再到国会的法令，明确规定了在乡、坊、城镇等基层机构，哪些事项需要向人民公开，哪些事项人民可以直接参与讨论、检查和决定等内容，这就形成了一系列基层民主制度，保障了人民直接行使民主权利，基本实现了越共六大提出的“民知、民议、民为、民检”成为“新社会的日常模式”的要求。2011 年越共十一大后，随着国会监督制度改革的深化，各社会团体和人民的监督机制也快速推进。越共中央书记处先后颁布了《关于基层党组织及其直接上级党部党的活动工作制度规定》的第 99–QĐ–/TW 决定，《关于越南祖国阵线、社会政治组织和人民对带头人、主要干部和党员、干部的

[1] Đảng cộng sản Việt Nam: Văn kiện đại hội Đảng thời kỳ đổi mới và hội nhập (Đại hội VI, VII, VIII, IX, X, XI), Hà Nội: Nhà Xuất Bản Chính Trị Quốc Gia-Sự Thật, năm 2013, Trang 367.

修养、道德修为和生活方式进行监督的规定》的第124-QĐ-/TW决定；政治局颁布了《关于越南祖国阵线、社会政治团体监督和社会反辩条例》的第217-QĐ-/TW决定，《关于越南祖国阵线、各社会政治团体和人民为党建和政权建设进言的规定》的第218-QĐ-/TW决定等规定。2021年越共十三大把"民监"加入"民知、民议、民为、民检"方针中，把"实现民主、增强法制、保证社会纪纲"增加为第十组重大关系，正是对人民监督制度不断完善的总结与肯定。可以预见，越共在十三大后还会出台一系列加强人民监督、保证人民各项利益与权利的相关制度与规定。

（三）不断形成保障和扩大人民的知情权、参与权、表达权、监督权和享受权的理念

越南宪法明确规定："越南社会主义共和国是属于人民、来自人民、为了人民的社会主义法权国家。"[1]越南社会主义法权国家的"法权"不是三权分立的法权，而是集中统一地属于人民、来自人民、为了人民的权力。其中"来自人民"意即人民是赋权的主体，人民将权力赋予由人民建立、检查和监督的国家。国家机构根据职能和任务，既有分工也有配合地实施属于人民、来自人民、为了人民的权力。被人民赋予权力的国家机构，本着为人民服务，受人民监督，对人民负责的精神，以代议制民主的方式保障民主并日益扩大直接民主，以便人民参与国家管理和对权力进行检查、监督，预防和阻止权力的变质。这就为保障和扩大人民的知情权、参与权、表达权、监督权和享受权奠定了坚实的基础。经过30多年融入生活的实践，"民知、民议、民为、民检"方针已经在越南国家建设和革新过程中产生了积极的影响，人民的知情权、参与权、表达权得到有效保障。而国家保障人民当家作主的权利，不仅包括知情权、参与权、表达权，还包括监督权和享受权。按照《越南语词典》的解释，检查是对实际情况的了解、评价和认识；监督是指跟踪和检查是否按照规定进行，因此，检查和

[1]《越南社会主义共和国宪法（2013）》，米良译，《南洋资料译丛》2014年第1期。

监察在内涵上有重合的部分，但又不完全一致，所以，十三大增加“民监”来进一步保障人民的监督权，让“民监”成为越南人民参与国家管理和对权力进行检查、监督的有效方式。

三、逐渐完善党的建设理论的内容

党的建设问题不仅是越共政治生活的主题之一，而且事关越南社会主义建设事业全局。革新 35 年来，越共经过不断探索，制定了党的建设的若干举措，并凝结成了党的建设的相关理论。

（一）提升政治系统建设在党的建设中的地位，把政治系统建设作为党的建设理论的重要内容

越南政治系统包括越南共产党，国会、政府、最高人民检察院和最高人民法院，越南祖国阵线三大部分。在政治系统中越共处于领导地位；国家实施管理、指挥职能；越南祖国阵线是最广泛的社会政治组织的联合，代表全民族的大团结，由党领导、国家管理，并参与党的建设和国家管理。越共对政治系统的领导主要通过纲领、战略、主张、大政方针进行。从十大开始，越共开始把政治系统的革新纳入到党的领导方式的革新中，提出革新党的领导方式必须同步革新政治系统的组织和活动的思想。越共十一大、十二大继续强调在革新党对政治系统的领导方式、保证党的领导地位的同时，发挥政治系统内各组织的主动性、创造性。十三大进一步提升了政治系统建设在党的建设中的地位。政治系统建设在党的建设中的地位提升主要体现在：第一，政治系统建设首次列为越共党代会政治报告主题，以往党代会主题中主要强调加强党的建设，而此次大会把“加强党的建设和整顿，建设廉洁、强大的政治系统”一并写入大会主题，作为一个整体内容，成为政治报告的重点，贯穿政治报告始终。第二，把政治系统建设作为保卫越南事业成功的决定性因素之一，也把“建设廉洁、全面强大政治系统”作为未来总体发展目标，为未来越共党的建设指明了革新

方向和建设任务，是 21 世纪中叶越南成为社会主义发达国家的主要内容和应有之义。第三，把“建设廉洁、强大的政治系统”作为党建的重要内容之一，提出“新条件下，继续大力革新党对政治系统的领导方式”[1]的明确要求。越共提升政治系统建设在党的建设中的地位，是对自身领导能力与执政能力存在不足深刻反思的结果，是在借鉴其他社会主义国家党建经验的基础上全面加强党的建设的写照，是越共全面领导越南国家建设的历史逻辑与实践逻辑的必然要求，明晰了越共党的建设的价值导向，确定了其制度安排，但也对未来越南的政治系统创新提出了更艰巨的挑战。

（二）把干部建设作为党的建设的“关键的关键”，逐步形成五位一体的党建格局

近年来，越共把干部建设作为党的建设“关键的关键”，逐步形成“政治、思想、道德、组织、干部”五位一体的党建格局理念。第一，提出“干部工作必须是真正的‘关键的关键’”[2]，突出干部建设在党的建设中的关键地位和作用。越共十三大重新界定了干部建设的内涵与要求，不仅指一般的干部建设，还特别包括战略级干部和带头人建设。要求“战略级干部和带头人要具有足够品德、能力和信誉，按照职务越高越要起到模范作用的方针，负责人履行职责为干部、

[1] Báo cáo chính trị của Ban Chấp hành Trung ương Đảng khoá XII tại Đại hội đại biểu toàn quốc lần thứ XIII của Đảng, https://tulieuvankien.dangcongsan.vn/ban-chap-hanh-trung-uong-dang/dai-hoi-dang/lan-thu-xiii/bao-cao-chinh-tri-cua-ban-chap-hanh-trung-uong-dang-khoa-xii-tai-dai-hoi-dai-bieu-toan-quoc-lan-thu-xiii-cua-3669.

[2] Báo cáo chính trị của Ban Chấp hành Trung ương Đảng khoá XII tại Đại hội đại biểu toàn quốc lần thứ XIII của Đảng, https://tulieuvankien.dangcongsan.vn/ban-chap-hanh-trung-uong-dang/dai-hoi-dang/lan-thu-xiii/bao-cao-chinh-tri-cua-ban-chap-hanh-trung-uong-dang-khoa-xii-tai-dai-hoi-dai-bieu-toan-quoc-lan-thu-xiii-cua-3669.

党员树立榜样”[1]。此外，还提出从制度层面加强领导干部工作管理的权限、职责，落实好干部工作中的权力监察等理念。越共把干部建设当作一项事关越共和越南社会主义前途命运的战略性任务，开启了越共干部建设的新时代。第二，强调“在政治、思想、道德、组织和干部方面建设整顿廉洁强大的党”[2]，逐步形成“政治、思想、道德、组织、干部”五位一体的党建格局理念。以往历届党代会主要强调党的政治、思想、干部三方面建设理念，越共十二大提出“集中实现‘建设政治、思想、组织和道德上纯洁、强大的党’的目标”[3]，十三大提升干部建设地位，形成五位一体的党建格局理念。首先，在政治建设层面继续加强五个坚持，即坚持马克思、列宁主义和胡志明思想，坚持民族独立和社会主义目标，坚持革新路线，坚持党的建设的基本原则，坚持党的工人阶级本质。其次，在思想建设层面提出“创造性发展马列主义胡志明思想”，进一步加大理论创新，为越南党和国家制定发展路线、政策、法律提供科学理论依据。同时，还特别强调“正确引导、及时处理党和社会中的思想问题”，以引导好社会舆论，保证党内思想统一与达到较高社会认同。再次，在道德建设层面，提出“补充和完善革命道德价值观”“建立党员干部的道德标准”“推动道德教育革命”等一些新提法，为党员干部道德建设树立新观念。最后，在组织建设层面，按照精简高效的原则，提出总结政治系统组织机构试点模式的经验，革新政治

[1] Báo cáo chính trị của Ban Chấp hành Trung ương Đảng khoá XII tại Đại hội đại biểu toàn quốc lần thứ XIII của Đảng, https://tulieuvankien.dangcongsan.vn/ban-chap-hanh-trung-uong-dang/dai-hoi-dang/lan-thu-xiii/bao-cao-chinh-tri-cua-ban-chap-hanh-trung-uong-dang-khoa-xii-tai-dai-hoi-dai-bieu-toan-quoc-lan-thu-xiii-cua-3669.

[2] Báo cáo chính trị của Ban Chấp hành Trung ương Đảng khoá XII tại Đại hội đại biểu toàn quốc lần thứ XIII của Đảng, https://tulieuvankien.dangcongsan.vn/ban-chap-hanh-trung-uong-dang/dai-hoi-dang/lan-thu-xiii/bao-cao-chinh-tri-cua-ban-chap-hanh-trung-uong-dang-khoa-xii-tai-dai-hoi-dai-bieu-toan-quoc-lan-thu-xiii-cua-3669.

[3] Báo cáo chính trị của Ban Chấp hành Trung ương Đảng khoá XII tại Đại hội đại biểu toàn quốc lần thứ XIII của Đảng, https://tulieuvankien.dangcongsan.vn/ban-chap-hanh-trung-uong-dang/dai-hoi-dang/lan-thu-xiii/bao-cao-chinh-tri-cua-ban-chap-hanh-trung-uong-dang-khoa-xii-tai-dai-hoi-dai-bieu-toan-quoc-lan-thu-xiii-cua-3669.

系统中不合理和重叠的组织机构，不断扩大精简高效的政治系统组织机构试点模式，以减少政治系统组织机构的重叠，使政治系统精简高效，进而加强越共领导能力和治国理政能力建设。

经过 35 年的探索，越共逐步认识清楚自身所处的历史方位，回答了越南社会主义过渡时期处于什么发展阶段的问题。但越南社会主义过渡时期到底有多长？2045 年越南民主共和国建国 100 周年时，越南成为高收入水平的发达国家，是否意味着过渡时期就已经结束？如果没有结束，越南社会主义过渡时期又要经历多少个阶段？对于这些问题，越南理论界还没有统一的答案。越共中央理论委员会副主席冯有富认为："这是一个尖锐的问题，是一个长期以来一直困扰着我们又无法解决的问题。"[1] 针对越共十三大重新制定的发展目标，也有越南学者提出质疑，认为越共过高估计了国内的经济发展形势和发展阶段，进而制定了比较高的目标，这些发展目标能否如期完成很难确定。因为此前越共提出的"2020 年越南基本成为一个面向现代化的工业国"这一目标，并未如期完成。经过 35 年的革新，越共不断加强民主建设，解答了越南社会主义民主制度建设的若干理论问题，社会主义民主建设理论有了一定发展，但在社会主义民主建设理论的探索过程中，仍然有不少理论问题没有弄清楚。越共中央理论委员会委员阮世忠就曾指出，民主集中制中民主与纪律的关系问题是目前越南社会主义民主建设理论需要进一步弄清楚的问题之一，在民主与纪律的关系问题上，依然"有人认为党内民主就是党员可以自由地在大众媒体上发表言论和宣传他们自己的观点……探讨和争论任何问题，不尊重民主集中制原则"[2]。经过 35 年的建设，越共党的建设的理论内容不断丰富，加强了越共党的领导能力、

---

[1] Lê Hiệp：Quá độ lên chủ nghĩa xã hội bao lâu, có mấy chặng đường cần tiếp tục làm rõ, https://thanhnien.vn/thoi-su/qua-do-len-chu-nghia-xa-hoi-bao-lau-co-may-chang-duong-can-tiep-tuc-lam-ro-1235976.html.

[2] Nguyễn Thế Trung：Thực hiện phát huy dân chủ ở nước ta hiện nay: Thực trạng và giải pháp, http://www.danvan.vn/Home/Quy-che-dan-chu/10917/Thuc-hien-phat-huy-dan-chu-o-nuoc-ta-hien-nay-Thuc-trang-va-giai-phap.

执政能力和党的建设整体格局的问题，初步形成了五位一体的党建格局，但政治、思想、道德、干部、组织五个层面依然需要不断完善，正如越共十三大中提到的“思想工作，有些地方、有些时候没有得到党委真正的重视，既不及时、也缺乏说服力。实践总结、理论研究没得到足够的关心，既不同步、也不能满足需要，一些新的、困难的、复杂问题没有搞清楚。党的主张、路线、国家政策、法律的信息宣传工作，形式内容不丰富，不经常、不及时，不能满足人民的关心需要”[1]。这些问题都需要继续进行探索。

（原文刊载于《当代世界与社会主义》2021 年第 3 期）

[1] Báo cáo chính trị của Ban Chấp hành Trung ương Đảng khoá XII tại Đại hội đại biểu toàn quốc lần thứ XIII của Đảng, https://tulieuvankien.dangcongsan.vn/ban-chap-hanh-trung-uong-dang/dai-hoi-dang/lan-thu-xiii/bao-cao-chinh-tri-cua-ban-chap-hanh-trung-uong-dang-khoa-xii-tai-dai-hoi-dai-bieu-toan-quoc-lan-thu-xiii-cua-3669.

袁东振 | 中国社会科学院大学、拉丁美洲研究所

古巴共产党党的建设实践与经验探析

古巴第一个共产党成立于1925年。目前的古巴共产党（以下简称“古共”）是古巴唯一合法政党，已连续执政近60年，是拉美地区连续执政时间最长的政党之一。古共在党的建设方面进行了不懈探索，积累了丰富的经验。

一、古共不同时期党的建设的阶段性特征

在长期执政过程中，古共党建的目标基本是连续的。该党一直坚持以马列主义为指导，坚持社会主义和共产主义理想，坚持党对国家和社会的领导，坚持党的先锋队性质。但在不同时期，古共面临的形势、任务和工作重点不同，党的建设侧重点和着重点不尽相同，呈现出阶段性特征。

（一）20世纪60年代古共重点解决的问题是消除宗派主义影响

1925年8月16日，古巴各共产主义小组的17名代表聚会于首都哈瓦那，成立古共。该党是古巴第一个马列主义政党。[1] 当时，该党多数成员还没有坚

[1] Redacción Digital, “Aniversario 95 de la fundación del Primer Partido Comunista de Cuba: continuidad de la historia revolucionaria nacional”, http://www.granma.cu/cuba/2020-08-16/.

实的共产主义理论知识，但提出了维护工农利益的纲领，积极参与建立工会、组织工农、维护妇女和青年权利的斗争。该党建党后长期处于非法状态，直到1938年才获得合法地位，1944年更名为人民社会党。在反对巴蒂斯塔独裁统治的斗争中，人民社会党起初主张用和平方式解决政治冲突，直到1957年12月才决定支持菲德·尔·卡·斯特罗和“七二六运动”的武装斗争。

“七二六运动”成立于1955年6月，是以菲德尔为代表的爱国青年为纪念1953年7月26日攻打蒙卡达兵营而建立的多阶级政治军事组织，代表农民、工人阶级以及小资产阶级中进步和革命的力量。“七二六运动”自1956年12月起开展游击战，是古巴武装斗争的主要力量。1959年1月1日，该组织领导的起义军进入哈瓦那，宣告革命胜利。

“三一三革命指导委员会”成立于1957年，是在同年3月13日40多名爱国青年攻打总统府失败后建立的，成员多是大学生，也在工农和知识分子中吸收力量。起初该组织主要在城市地区特别是在哈瓦那开展斗争，后转入山区从事游击战，并同“七二六运动”的一支部队会合。

1959年古巴革命胜利后，上述三个组织在巩固革命政权和重建国家方面达成共识并密切合作，经充分酝酿后决定合并。1961年6月，三个组织各自决定解散，同年7月建立统一政党——古巴革命统一组织。三个组织合并后，思想上并未达到高度一致，宗派主义特别是高层领导人间的派系问题并未得到完全解决。合并后的党务基本由党的组织书记、原人民社会党领导人阿尼瓦尔·埃斯卡兰特把控，这引起原“七二六运动”成员的不满。

1962年3月，菲德尔揭露革命统一组织内存在宗派主义，谴责埃斯卡兰特搞“宗派主义”。革命统一组织进行大改组，埃斯卡兰特被撤销书记职务，约一半成员被开除，其中多是原人民社会党成员。此后，革命统一组织组建党的全国领导机构，菲德尔任第一书记。1962年5月，革命统一组织更名为社会主义革命统一党，1965年10月改名为古共。

不过，埃斯卡兰特被撤职以及党的机构改组并未完全根除宗派主义残余。1967年末，党内又出现了所谓“小宗派”。这个主要由前人民社会党党员组成的“小宗派”同苏东国家党政官员建立了联系，并凭借与苏共的关系，指责古共和政府的内外政策完全错误。[1]“小宗派”被揭发后，古共领导机构重组，属于“小宗派”的人被赶出中央委员会，许多人被开除党籍。1968 年 1 月，“亲苏宗派小集团”35 名成员被判刑。[2] 至此，古共党内宗派主义问题基本得到解决。

（二）20 世纪 70 年代古共主要致力于自身的制度化建设

20 世纪 60 年代，古共在组织方面存在不少缺陷。例如，党同政府、军队的职能混淆不清，重政轻党和党政不分现象较普遍，党员队伍未有重大发展，党在政治经济方面的作用和影响相对有限等。进入 70 年代后，古共逐渐认识到自身的组织缺陷，连续提出党的制度化建设措施。例如，在党内成立若干工作部和委员会，政治局和书记处建立定期会议制度；注重协调党政关系，规定党对政府部门的领导是发挥协调和监督作用，而不是取代其工作；注意发展新党员，壮大党的队伍。1975 年古共一大通过了党纲和党章，提出古巴新宪法草案，标志着古共的制度化建设取得巨大成果。一大之后，古共“进行一系列体制和结构改革”，“在体制方面进展显著”。[3]

（三）20 世纪 80 年代古共主要围绕“纠正错误和不良倾向”开展党的建设

古巴从 20 世纪 80 年代全面推行“经济领导和计划体制”，实行一系列“新经济政策”，如开设农民自由市场和农副产品贸易市场，改革物价制度和工资制

---

[1] 参见 [英] 莱斯利 · 贝瑟尔主编:《剑桥拉丁美洲史》第 7 卷，江时学等译，经济管理出版社 1996 年版，第 515—517 页。

[2] 参见 [古] 菲德尔 · 卡斯特罗、[法] 伊格纳西奥 · 拉莫内:《卡斯特罗访谈传记: 我的一生》，中国社会科学院拉丁美洲研究所译，中国社会科学出版社 2008 年版，第 565 页。

[3] [古] 菲德尔 · 卡斯特罗:《在古巴共产党第一、二、三次全国代表大会上的中心报告》，人民出版社 1990 年版，第 219—220 页。

度，重视利润和价值等机制的作用等。新经济政策实行过程中出现的一些负面问题如政治思想工作减弱，党的领导作用淡化，贫富不均和非法致富现象抬头，机关干部和企业领导人贪污受贿等不法活动增多，引起古巴领导人的不安。菲德尔认为新经济政策的执行已偏离正确道路，产生了资本主义倾向，古共“犯了经济主义和重商主义的错误”。他提出要“纠正错误和不良倾向”（又称“纠偏运动”），批判资本主义倾向，反对官僚主义和腐败行为。在“纠偏运动”中，一些腐化堕落的干部和企业领导人受到处罚。

（四）20 世纪 90 年代古共党建的重点是增强社会主义和共产主义理想信念，加强党的领导

苏东剧变使古巴遭受了政治、军事、经济三重打击。1990 年 9 月，古巴宣布进入“和平时期的特殊阶段”，实行生存战略，把维持社会主义的生存作为首要任务。1991 年，古共四大提出“拯救祖国、革命和社会主义”的原则和口号，强调古巴革命的最高目标是建设社会主义，重申古共坚持共产主义理想，是马列主义政党和古巴社会的领导力量。1997 年，古共五大制定的方针要点是坚持党的领导和社会主义，强调这是维护独立、主权和生存的保障，是古巴唯一的选择。

（五）进入 21 世纪，古共致力于完善党内政治生活，解决领导层新老更替，推动干部队伍年轻化专业化

古共五大之后，中央领导层老龄化愈发严重。2006 年 7 月，菲德尔因健康原因将国家最高权力移交给胞弟劳尔・卡斯特罗。劳尔接掌国家最高权力后，着手解决领导层新老更替问题。2011 年古共六大提出要推动党政领导层“年轻化”、推行领导人任期制。经过近十年准备筹划，古共领导层新老更替最终得以实现，干部年轻化专业化也取得显著进展。2021 年 4 月古共召开八大，评估国家发展规划，讨论新形势下党的工作和指导方针，重点分析党的运转情况、党

与群众的联系、党的思想工作和干部政策。[1] 劳尔卸任古共第一书记，古共将在新一代领导人领导下继续社会主义模式更新进程，党的建设也将随之进入新时期。

二、古共在党的建设方面的主要做法

（一）坚定马列主义为指导，突出党的本土性和民族性根基

古共一直明确地将马列主义作为指导思想，注重夯实党的理论和思想根基。古共一大通过的党纲和党章指出，党以马克思、恩格斯和列宁的思想为指导，从事建设共产主义社会的历史任务。此后，古共历次党代会通过的党纲都规定，党的指导思想是马列主义。2012 年古共第一次全国代表会议 [2] 通过的《古巴共产党工作目标》文件指出，古共是马克思主义、列宁主义、马蒂思想的党，将为在古巴和全人类实现公正的理想而继续斗争。[3]2016 年七大通过的《古巴社会主义经济社会模式的理论》规定，古共是由马克思主义、列宁主义、马蒂思想和菲德尔思想武装起来的……古巴社会主义模式的指导思想是马克思主义、列宁主义、马蒂思想和菲德尔思想。[4]2020 年 12 月，古共在召开八大的通知中重申，古共“是马蒂思想、菲德尔思想、马克思主义、列宁主义的政党”。马列

---

[1] Raúl Castro, "Informe Central al 8vo.Congreso del Partido Comunista de Cuba(+PDF)", https://www.pcc.cu/noticias/informe-central-al-8vo-congreso-del-partido-comunista-de-cuba-pdf.

[2] 古共第一次全国代表会议于 2012 年 1 月 28—29 日举行。古共党章第四十八条规定，在党的两次代表大会（Congreso）之间，中央委员会可以召开全国代表会议（Conferencia Nacional），讨论党的政策的重要问题。参见 https://www.pcc.cu/estatutos。

[3] "Objetivos de trabajo del PCC aprobados en la Conferencia Nacional", http://www.cubadebate.cu/especiales/2012/02/01/objetivos-de-trabajo-del-pcc-aprobados-en-la-conferencia-nacional-pdf.

[4] "Conceptualización del Modelo Económico y Social Cubano de Desarrollo Socialista", http://media.cubadebate.cu/wp-content/uploads/2017/07/PDF-510-kb.pdf.

主义的指导地位不仅在古共党章党纲中得以体现，还以国家根本大法形式被确立下来。1976 年宪法是古巴第一部社会主义宪法，规定古共是“工人阶级和马列主义的先锋队”。2019 年宪法规定古巴以“马克思、恩格斯、列宁的社会解放思想为指导”[1]。

古共一直坚持社会主义、共产主义理想和前进方向，突出国家的社会主义性质，确保古共执政的合法性根基。1961 年 4 月，菲德尔宣布，古巴革命是“由贫困人进行的、为了贫困人的社会主义民主革命”；同年 12 月宣布“信仰马列主义”。古共一大通过的党纲和党章规定，党的最高纲领性目标是建设共产主义社会，建设一个人人平等、友爱以及人们之间建立起同志式关系的自由社会；指出古巴处于社会主义建设初期，要逐渐扩大和发展社会主义生产关系，使之成为唯一的生产关系；社会主义和共产主义的基本差别是“生产力的发展水平和生产关系的成熟程度”[2]。1976 年宪法规定了古巴社会制度和经济制度的社会主义性质，指出古巴是工人阶级领导的、以工农和其他劳动者联盟为基础的社会主义国家。在苏东剧变后世界社会主义步入低潮之际，古共召开四大，提出现实的中心任务是拯救革命和社会主义。古共五大强调坚持社会主义和反对资本主义，重申古巴的政治制度是由人民广泛参与的、真正的社会主义民主制度。2003 年古巴修改宪法，宣布社会主义具有“不可更改性”。2011 年，古共六大强调古巴坚持社会主义方向，经济社会模式“更新”的目的是继续实现社会主义。[3] 劳尔在六大讲话中强调社会主义不可逆，表示不允许恢复资本主义制度。古共七大强调，古巴模式的战略目标是建设繁荣、持续的社会主义社会，在一个社会主义的民主国家，巩固革命的道德、文化和政治价值。劳尔在七大报告

[1] “Constitución de la República de Cuba, proclamada el 10 de abril de 2019”, https://www.gacetaoficial.gob.cu/es/constitucion-de-la-republica-de-cuba-proclamada-el-10-de-abril-de-2019.

[2] 康学同主编:《当代拉美政党简史》，当代世界出版社 2011 年版，第 279 页。

[3] “Los Lineamientos de la Política Económica y Social del Partido y la Revolución para el Periodo 2016-2021”, https://www.siteal.iiep.unesco.org/sites/default/files/sit_accion_files/11169.pdf.

和讲话中强调，古巴将坚定不移地在社会主义旗帜下深化“更新”进程，不搞私有化，不实行资本主义。[1] 古共在召开八大的通知中指出，资本主义及新自由主义的捍卫者们面对人类的基本问题束手无策，社会主义是解决发展问题的唯一选择，要应对资本主义和新自由主义复辟。2019 年古巴宪法规定，古巴是法治、独立、主权、统一、民主的社会主义国家，突出了国家的社会主义性质。

古共重视党的民族性和本土化根基，不断巩固党的社会基础。古共把本民族思想的代表马蒂思想以及本土化马列主义的成果菲德尔思想作为指导思想，突出古共的民族性和本土性特色。在古巴近现代史上，何塞·马蒂和菲德尔·卡斯特罗是民族形象的重要标志。马蒂是古巴民族英雄，团结和共享、勤劳和智慧被认为是马蒂思想的本质。马蒂思想的社会根基深厚，影响深远，成为古巴人民反对外来压迫、维护民族独立、争取社会进步、开展正义斗争的长期动力。古共一大通过的党章对马蒂思想给予高度评价，强调马蒂思想是“后来革命者的旗帜”，“古共继承了马蒂思想”，[2] 但并没有把马蒂思想与马列主义并列。古共四大修改党章，正式把马蒂思想同马列主义一并作为指导思想，这是古共首次明确将马蒂思想作为指导思想。1992 年修改后的宪法确认古共“以马蒂思想和马列主义为指导”，马蒂思想的指导地位以国家根本大法形式被确认。

菲德尔是古巴革命领袖，在古巴人民中享有崇高威望。在领导古巴革命和社会主义建设进程中，菲德尔思想成为古巴民族的宝贵精神财富和社会主义实践的重要指针。古共五大提出以“马列主义、马蒂思想和菲德尔思想为指导”，这是古共首次明确把菲德尔思想作为指导思想。2019 年宪法提出，古巴“以古巴、拉美和世界的革命思想、反帝思想和马克思主义思想中的最先进思想为指

[1] Raúl Castro Ruz, “Informe Central al VII Congreso del Partido Comunista Cuba”, http://www.cubadebate.cu/noticias/2016/04/17/informe-central-al-vii-congreso-del-partido-comunista-cuba/.

[2] 中共中央党校党建教研部课题组:《古巴共产党密切党群关系的基本做法和经验》,《当代世界与社会主义》2006 年第 4 期。

导，特别是马蒂和菲德尔的思想和榜样，马克思、恩格斯、列宁的社会解放思想为指导”[1]，把马蒂思想、菲德尔思想和马列主义并列为党和国家的指导思想。

（二）加强党对国家和社会的领导，改进政治领导方式

古共强调党是古巴人民的先锋队，是社会和国家的最高领导力量，以巩固古共的执政地位。古共一大通过的党章规定，古共是古巴社会主义革命和建设的领导力量。此后古共虽多次修改党章，但党在国家政治经济和社会生活中的领导作用这一条从未动摇。在 20 世纪 90 年代世界社会主义步入低潮的形势下，古共特别强调坚持和加强党的领导。古共四大关于修改党章和党纲的决议指出，党是古巴社会的领导力量。1992 年修改后的宪法规定，古共是“古巴民族有组织的先锋队，是社会和国家的最高领导力量”。古共五大强调党是国家可靠的捍卫者和中流砥柱，党的领导是古巴的唯一选择。2012 年，古共第一次全国代表会议主要研究党的工作，以确保党能起到社会和国家领导者的作用。会议通过的《古巴共产党工作目标》指出，古共是古巴社会和国家的最高领导力量；其主要使命是团结所有爱国者建设社会主义，保卫革命成果。劳尔在会议上强调永不放弃党的领导。古巴宪法也明确党在国家政治和社会中的领导地位。2019 年宪法重申古共是“古巴社会和国家的最高领导力量”。

古共一直坚决抵制多党制，与国际反古势力在古巴进行和平演变的企图作斗争。一党制和一党执政是古巴在社会主义革命和建设实践中形成的独特制度，有其历史必然性。苏东剧变后，国际反共力量期盼古巴发生剧变，改行东欧国家那样的多党民主制度。古共顶住国内外巨大压力，坚决抵制多党制。古共四大、五大都强调古共是全民族唯一政党，重申不搞多党制。劳尔在古共第一次全国代表会议上表示：“放弃一党制意味着使帝国主义在古巴的一个或多个政党合法化，从而牺牲古巴人民团结的战略武器”；“根据古巴为独立和民族主权长

---

[1] “Constitución de la República de Cuba, proclamada el 10 de abril de 2019”, https://www.gacetaoficial.gob.cu/es/constitucion-de-la-republica-de-cuba-proclamada-el-10-de-abril-de-2019.

期斗争的经验……我们捍卫一党制”。[1] 古共七大重申，古共是古巴唯一政党。

古共注重改进领导方式，提高执政效能。第一，注重发挥各级党组织的作用。《古巴共产党工作目标》提出，要使各级党组织和党员在讨论重要问题和进行重要决策时发挥决定性作用；各级党组织要把贯彻落实党中央重要决策部署、完成经济计划和政府任务作为工作重点。第二，强调党政合理分工。《古巴共产党工作目标》提出，要消除党干预政府决定、取代行政机构职能的现象。劳尔在古共第一次全国代表会议上指出：“党应有能力领导国家和政府，监督其运转和对其方针的执行，鼓励、推动、协助政府机构更好地工作，但不是取代它。”[2] 第三，强调党员的模范作用。菲德尔强调：“我们的党不是为获得特权而建立的，只要出现应尽的义务，那么第一个有责任去做的就是党员。”[3] 第四，反对形式主义。劳尔在古共六大报告中提出，要少开会，开短会，不在上班时间开会；反对搞形式主义的纪念活动，反对空洞的讲话，反对没有实质内容的义务劳动和竞赛活动；要求党员干部克服形式主义，抛弃以教条和空洞口号为基础的因循守旧和墨守成规。[4] 他多次提出要做好政治思想工作，但强调政治思想工作不是空喊口号。

古共强调从自己的错误中学习，不断推进社会主义革命和建设事业。在经历 20 世纪 70 年代之前“理想主义”的错误后，古共强调要根据本国国情建设社会主义。古共根据国内外形势变化，在 70 年代实施“经济领导和计划体制”，从 80 年代开始推行“新经济政策”，在意识到犯了“经济主义和重商主义”错误后，开展“纠偏运动”。1997 年古共五大提出，在不改变社会性质的前提下继续稳步进行经济改革。但是，在随后的改革进程中出现了收入分配差距加大、

---

[1] “Discurso de Raúl Castro: El rumbo ya ha sido trazado”, http://www.cubadebate.cu/opinion/2012/01/29/discurso-de-raul-castro-en-la-primera-conferencia-nacional-del-pcc/.

[2] “Discurso de Raúl Castro: El rumbo ya ha sido trazado”, http://www.cubadebate.cu/opinion/2012/01/29/discurso-de-raul-castro-en-la-primera-conferencia-nacional-del-pcc/.

[3] [古] 菲德尔 · 卡斯特罗、[法] 伊格纳西奥 · 拉莫内:《卡斯特罗访谈传记：我的一生》，中国社会科学院拉丁美洲研究所译，中国社会科学出版社 2008 年版，第 537 页。

[4] 参见徐世澄:《古巴模式的“更新”与拉美左派的崛起》，中国社会科学出版社 2013 年版，第 46 页。

卖淫、腐败等负面现象。从 2003 年下半年起，古共开始纠正经济改革造成的扭曲和失误，试图消除改革过程中产生的与革命原则不相容的负面现象。2012 年，劳尔在古共第一次全国代表会议讲话中指出，古共能够纠正自己所犯的错误，这是古巴社会主义革命和建设取得伟大成就的必备条件；如果不能改正过去所犯的错误以及将来可能会犯的错误，就有可能导致革命和社会主义失败。

（三）重视党员和干部队伍建设，不断完善党内政治生活

古共在严格入党条件的前提下，重视壮大党员队伍。古共在接收党员和预备党员前要征询群众意见，包括以民主方式听取发展对象所在单位全体群众的意见。古共四大《关于古巴共产党党章的决议》规定，党员发展对象应是由基层劳动者大会推选的劳动模范，或由基层共青团组织推荐的超龄团员。20 世纪 70 年代古共制度化建设完成后，新党员数量明显增加。“革命统一组织”在 1962 年更名为社会主义革命统一党时，有约 1.5 万名党员，1965 年改名为共产党时，有 5 万名党员。1970 年党员人数超过 10 万，一大前夕超过 20 万，二大前夕达到 43.4 万，三大前夕达到 52.3 万，1990 年以后党员数量有较大增加，2016 年超过 67 万；2021 年八大召开时党员人数超过 70 万。[1]

古共根据新形势，适时改变干部选拔模式。古共传统上是从党团员中提拔各级干部，突出政治标准，却在一定程度上忽视了对提拔对象真才实学的考察。对此，劳尔在古共六大上提出改变干部选拔机制，坚决抛弃过去的习惯性做法，提出领导干部不应来自学友或亲友，而应来自基层，要推动党和政府领导层“系统性的年轻化”。《古巴共产党工作目标》强调干部应具有坚实专业基础、模范性表现、优秀的道德和政治思想品质；注重业绩标准，选拔那些与群众联系密切、实际工作经验丰富的干部；加强对干部的培养，制定干部选拔政策，确保选拔、培养、提拔后备干部的客观性；以渐进方式把干部提拔到高级领导岗位；重视

[1] Raúl Castro Ruz, "Informe Central al 8vo Congreso del Partido Comunista de Cuba", http://www.cubadebate.cu/especiales/2021/04/17/informe-central-al-8vo-congreso-del-partido-comunista-de-cuba/.

提拔女性、黑人、混血种人和青年干部。

古共不断完善党内政治生活。建党初期，古共党内政治生活不够正常。古共建党十几年后才于 1975 年召开第一次全国代表大会，此后基本按党章规定于 1980 年、1986 年、1991 年和 1997 年举行了四次全国代表大会。但是，在 1997 年古共五大后的 14 年间没召开全国代表大会，党内政治生活仍不正常，中央领导层老龄化问题愈发严重。2011 年古共六大提出要实现党内政治生活正常化。2012 年古共第一次全国代表会议强调，定期召开党的全国代表大会，每年至少召开两次中央委员会全会。此后古共党内政治生活基本回归正常轨道。

古共平稳解决了领导干部任期制和年轻化问题。1959 年古巴革命胜利时，领导人都非常年轻。在特殊的历史条件下，古巴形成了这些革命领导人长期担任党和国家主要领导人的局面。菲德尔连续担任党和政府最高领导人近 50 年。2006 年以后，菲德尔因病将党、国家和政府最高职务暂时移交给劳尔。劳尔接任后加快推进最高领导人任期制和新老交替。他在古共六大讲话中提出限制干部任期。《古巴共产党工作目标》提出党政主要职务任期最长两届，每届五年。古共七大提出加快干部年轻化，建议今后进入党领导层的年龄不超过 70 岁，五年内完成领导层新老交替。2018 年，劳尔卸任国家和政府最高领导人职务，由 1960 年出生的卡内尔接任。2019 年古巴新宪法确定领导人任期制。2021 年 4 月，古共召开八大，卡内尔接任古共第一书记，最高领导层新老交替最终完成。

（四）重视党团和党群关系，加大制度、纪律和道德的约束力

古共注重群众路线，重视党团和党群关系。古共把群众路线作为党的重要生命线。菲德尔一直主张使工会组织和其他群众组织恢复活力和民主化，允许群众参加决策和对国家职能进行监督，强调“党从意识形态上领导，党制定战略，党与共和国的议会、群众组织，与全体人民一起承担责任”[1]。2012 年古共第一

[1] [古] 菲德尔 · 卡斯特罗、[法] 伊格纳西奥 · 拉莫内:《卡斯特罗访谈传记：我的一生》，中国社会科学院拉丁美洲研究所译，中国社会科学出版社 2008 年版，第 537 页。

次全国代表会议强调，在党组织、共青团组织、群众组织和其他机构间营造适宜的工作气氛，开展对话、讨论、批评，确保决策民主；党的机构应听取民众诉求，并认真迅速地予以回应。会议提出，要摆脱党与群众组织关系上的形式主义；加强和完善民主集中制、集体领导和个人责任的原则，保持党群密切联系和行动一致；创新党的工作方法和政治思想工作，密切和改进党与共青团及其他群众组织的关系；强调党的基本路线是鼓励人民积极参与决策。

古共强调要超越批评与自我批评的局限性。菲德尔指出："我们过去相信批评与自我批评。但是这种方法已经不灵了。像过去运用的那种方法实际上已经不起作用。"他指出，批评往往用于一个小集体内部，而不是运用于大的公开场合，致使批评和自我批评逐渐失去应有的效果。因为有些党员干部在犯了错误或给国家造成损失后，往往会做自我批评，做完自我批评之后依然我行我素，他们给党和国家造成的损失无从追究，自我批评失去效力。因此，他强调应扩大批评和自我批评的范围，先"在核心层进行批评和自我批评，然后发展到核心层外，发展到市镇乃至全国"[1]；除开展批评自我批评外，还要开展反对各种恶习、反对滥用资源、反对那些扩散开来的坏习惯的战斗；对任何人都不留情，对任何坏人坏事都直呼其名，在媒体上报道其所作所为，使他们羞愧难当，使每个革命者都把严格要求自己作为首要责任。

古共重视加强党规和制度的约束力。为加强纪律约束，古共早在1996年就颁布《国家干部道德法规》，对国家干部提出具体要求。其中包括：诚实，不撒谎，反对欺骗、蛊惑和舞弊；自觉遵守纪律，忠于党，尊重宪法；自觉开展批评和自我批评；联系、尊重和信任人民和劳动群众，及时了解其诉求；正确使用权力，正确掌管国家财物；反对腐败和姑息腐败的行为；正确履职。古共设立了中央、省和市三级纪律监察委员会，负责受理对党员和党员干部违纪行为的举报，以及对违纪党员和党员干部的申诉和审理。古共制定国家机关工作

---

[1] ［古］菲德尔·卡斯特罗、［法］伊格纳西奥·拉莫内:《卡斯特罗访谈传记：我的一生》，中国社会科学院拉丁美洲研究所译，中国社会科学出版社2008年版，第528页。

人员廉政规定，对党政干部特别是高级干部提出严格要求，高级干部及其配偶不得担任企业领导或名誉领导;企业领导不得将家属或亲戚安排在本企业工作。[1]

古共注重加强道德的约束力，努力营造良好的政治生态。菲德尔在古共二大报告中就提出，“向一切腐败现象挑战”。他在三大报告中强调：“在腐败未侵蚀党的肌体之前，就必须把毒瘤切除。”2005 年，他号召对腐蚀国家的坏现象进行“殊死斗争”，强调不允许领导干部和国家干部出现腐败。2011 年，劳尔在古共中央全会上强调：“腐败等于反革命”，“党在反腐斗争中要做主角，反腐败斗争不容留情”。此次会议决定，无论腐败分子职务高低，一律开除党籍。2012 年，劳尔在古共第一次全国代表会议上呼吁全党与腐败现象作斗争，坚信能赢得反腐斗争胜利。《古巴共产党工作目标》提出，各级党组织要加强与违法乱纪、腐败等罪行的斗争。2020 年 12 月，古共在召开八大的通知中重申，持续不断地与腐败、犯罪、违反社会纪律及其他消极现象作斗争。

三、古共加强党的建设取得的经验

古共在领导本国社会主义革命和建设进程中，不断完善党的建设，积累了独具特色的党建经验。

（一）只有巩固党的民族性和本土化根基，才能使党获得源源动力、党的事业获得勃勃生机

古共领导人坦言，在建设社会主义的初期或特定阶段，党对形势的分析和对国情的认识有主观主义偏差，党在工作的指导方针上有过严重失误。古共曾照搬苏联模式，犯过“理想主义”错误，社会主义建设走了弯路。在总结历史经验的基础上，古共注重把马列主义与本国国情相结合，把本民族的最优秀思

[1] 参见徐世澄:《卡斯特罗评传：从马蒂主义者到马克思主义者》，人民出版社 2008 年版，第 215—217 页。

想以及本土化马列主义成果作为指导思想，极大增强了党的凝聚力和号召力，稳固了党的社会基础和执政根基。

（二）党的建设不能脱离本国独特的政治、社会和人文环境

受历史和文化传统影响，古巴信教人口比重大，其中天主教徒居多。革命胜利后，古巴一些天主教徒反对革命政府，政府与教会处于对立状态。古共一大和二大号召党员“对宗教迷信和其他旧思想遗迹开展有力的斗争”[1]。20世纪70年代后，古巴天主教会对政府的态度发生变化，表示拥护政府，谴责美国的封锁和制裁。政府对此给予积极回应，呼吁“马克思主义者和宗教信徒联合起来，共同推动革命”。90年代初，古共就是否应向教徒中的优秀分子敞开大门，将其吸收到党内展开多次研究讨论。古共四大修改党章，规定在接受党纲、赞同党的原则、拥护社会主义的前提下，符合条件的宗教人士可申请入党。这些人入党后，在不影响党的工作的前提下可继续参加宗教活动。允许教徒入党，把“所有爱国者、革命者、希望人民进步的人、捍卫革命正义思想的人”吸收到党内来，是古共根据当时的特殊国情作出的决定。

（三）党的建设是一个不间断的过程，必须坚持不懈

在长期执政过程中，古巴党和政府在一定时期存在不同程度的体制僵化、监督机制不健全、党政关系不明晰等弊端。长期的计划经济体制造成人浮于事、效率不高，形成过度集权和垂直化管理，加剧了官僚主义和形式主义习气。为实现党的发展目标，肃清官僚主义、形式主义和腐败作风的危害，是古共必须直面的挑战。对此，古共强调必须进一步加强党的建设，使党员干部在面对各种问题时始终保持革命的态度，提高分析问题和解决问题的能力，促进坦诚对话，在日常工作中遵守道德操守。

（原文刊载于《当代世界与社会主义》2021年第4期）

---

[1] 毛相麟:《古巴社会主义研究》，社会科学文献出版社2005年版，第56页。

金　伟　|　武汉大学马克思主义学院、武汉大学马克思主义理论与中国实践协同创新中心

万蕊嘉　|　武汉大学马克思主义学院

西班牙共产党百年历程及其当代启示[1]

西班牙共产党（以下简称“西共”）作为西欧地区变革幅度较大的共产主义政党、“欧洲共产主义”三大创始党之一，是西班牙影响最大、历史最悠久的共产主义党派，在社会主义的道路上已探索前行百年。自 20 世纪 50 年代以来，西共坚持致力于把马克思主义理论和其他共产党、革命党的经验相结合，创造性地运用于西班牙的具体实际。从反帝反法西斯的民族民主革命到在苏共指导下进行的暴力革命，从逐步转向“欧洲共产主义”并争取民主进步的议会斗争到现阶段以左翼联合形式争取和平民主自由的斗争，在对社会主义道路的艰辛探索中，西共始终坚持马克思列宁主义的指导思想，注重联合民众和左翼进步力量，重视对工人阶级的影响力，形成了一些不乏现实启示意义的建党经验。

[1] 本文系教育部人文社会科学一般规划项目“习近平关于马克思主义‘五观’重要论述基本问题研究”（项目编号：20YJA710017）的阶段性研究成果。

一、西班牙共产党百年发展历程经验

西共发轫于1920年4月15日，早期是西班牙“社会主义青年联盟”，1920年7月加入共产国际。1921年11月14日，西共的早期组织与从西班牙工人社会党中分裂出来的西班牙工人共产党合并，正式成立西共。1936年，西班牙内战爆发，国际纵队成为世界反法西斯力量中最强有力的象征，西共在复杂险恶的形势下积极团结群众，并迅速崛起，成为西班牙左翼政治势力中的大党。但与此同时，西共也经历了数次挫折与危机。无论是同独裁统治进行的长达38年的斗争，还是历经欧洲社会主义运动的低潮，西共始终坚持马克思主义指导思想，坚定社会主义发展方向，并在实践中积极探寻与国内外左翼力量的合作，这使西共在东欧剧变、苏联解体之后西方各国一时甚嚣尘上的反共浪潮中得以坚持下来。通过研究梳理西共的百年发展历程，我们可以总结出以下几个方面的经验。

（一）思想建设上，坚持以“革命的马克思主义”和列宁主义为指导

1920年至1940年末，西共在思想建设上坚定遵循列宁主义范式。这一时期，建党之初的西共在党的组建和政策策略制定等方面主要依托于共产国际和苏联的指导，特别是1931年西班牙资产阶级革命爆发后，西共被共产国际列入优先考虑的范围，根据当时国际共运中的主导思想，共产国际开始给予西共以最大限度的支持与援助。共产国际直接介入西共内部事务，通过自己的代表监督西共各项活动，由此导致该时期的西共被打上了“列宁派无产阶级政党”的鲜明印记。

20世纪50年代到21世纪西共第二十次全国代表大会前，西共不断探索“欧洲共产主义”。1953年，伴随着斯大林的去世，西共开始寻求独立发展的道路。以卡里略为首的领导人提出了“民族和解”。1978年4月，西共在九大上明确

提出自身是民主和革命的马克思主义政党。1981年西共十大通过的《党章》再次指出，要在革命的马克思主义基础上批判地学习“十月革命”引领下的社会主义革命实践以及工人运动和解放运动的经验。[1]至20世纪80年代后期，苏东剧变影响下的西班牙社会主义运动陷入低迷。为探寻前路，西共内部进行了一场关于共产主义发展方向、共产党的理论战略以及与其他左翼政党关系的激烈讨论。在许多欧洲无产阶级政党中马克思主义的领导地位出现摇摆的情况下，西共主要领导人强调仍然坚持马克思主义。在此后30多年的实践中，西共致力于摆脱困境和危机，并根据环境的变化不断进行适应性调整，提出了许多新战略。1991年12月西共十三大召开，经过党内不同意见的激烈碰撞，大会最终宣布“西共继续坚持马克思主义思想和共产主义理想，坚持共产主义理论作为指导方针，不改变党的名称”[2]。这一决定对西共的继续生存至关重要，有效避免了西共的崩离瓦解。2009年，西共第十八次全国代表大会提议建设“民主的21世纪社会主义”，推行在平等互利的基础上保持共产党之间的国际联系，促进党的民主建设。在这一时期，西共的意识形态和理论战略整体缺少了斗争性，愈加趋向温和。

近年来，西方共产主义运动持续了“左”倾态势，恢复列宁主义是西共最重大的意识形态调整。2017年，西共在第二十次全国代表大会上正式重提列宁主义，倡议西班牙退出欧盟组织，重新确立联盟地位。作为“欧洲共产主义”的主要创始党，西共从对列宁主义的动摇转向重新确立列宁主义的影响不言而喻，很有可能成为一个推动西共重新转向激进政治、推动当前西方共产主义运动在理论与实践上发生根本性转变的突破口。

[1] 参见《西班牙共产党第十次全国代表大会文件集》，人民出版社1983年版，第195页。

[2] 王建、程晓辰、李春霞:《西班牙共产党的历史演进》,《法制与社会》2018年第5期。

（二）政治建设上，长期注重在联合民众和左翼进步力量中探索“民主的、多元化的独立自主发展道路”

西共是西欧地区在独裁统治下长期坚持地下斗争的三个主要共产党（其他两个是葡萄牙共产党与希腊共产党）之一。20 世纪 30 年代，以迪亚斯为首的西共中央从国内阶级力量对比的现实出发，决心在组织建设上采取有利于自我壮大的新策略。1934 年 9 月，西共中央作出决定，调整同工人社会党和全国劳工联盟的关系，争取和他们保持行动上的统一，甚至呼吁建立联系委员会。同年 10 月，西共团结社会党、无政府主义者和其他派别的成员进行了共同战斗。20 世纪 50 年代前，在苏共指导下西共致力于同佛朗哥独裁统治进行武装斗争。20 世纪 50 年代中期至 60 年代初，西共提出“民族和解”并进入初步探索政治转型时期。20 世纪 60 年代末，以卡里略为首的西共中央开始探寻“民主多样的独立自主发展道路”，但与此同时，也引发了党内保守反对派（主张坚守传统社会主义理论和模式）的不满，西共一度陷入了分裂状态。最终导致的结果即参加选举时的西共只获得了极低的支持率。面对即将出现的政治边缘化危机，西共试图采取左翼联合的方式寻求突破。在反对加拿大北约运动的共同斗争中，西共于 1986 年 4 月正式与进步联盟、人民共产党、共和左翼、社会主义行动党等左翼组织正式组建了联合左翼，并参加了 1989 年的全国大选。虽然只获得 4.6%的选票，但是这种左翼联合的形式为西共走出谷底、重新振兴带来了希望。

近年来，面对“我们能”党迅速崛起带来的挑战，西共总书记恩里克·圣地亚哥重申了“联合左翼”与“我们能”党合作的重要性。2019 年 11 月 19 日，西共宣布工人社会主义党和左翼政治联盟的联盟协议，就当前政治局势达成了一致。西共表示，“新一届参议院的政治局势复杂，唯一有效的选择是西班牙左翼政治联盟和西班牙工人之间的政府联盟”[1]。同时，作为“联合左翼”的主导者，西共也亟待通过自我革新和积极变革的政治建设，以适应西班牙不断变化发展

[1] EIU,"Country Report:Spain",http://www.eiu.com.

的政治经济形势。在这种新形势下，西共强调，需要加强民众和左翼进步力量之间的合作，促进工人阶级斗争，在后续的工作中积极参与地方选举。西共将继续为建立第三共和国民众之间的团结而奋斗。[1]

（三）组织建设上，从强调“民主运作”原则回归民主集中制原则，重视对工人阶级的“领导权”

建党初期，西共注重对工人阶级的影响力和领导权，为尽快建立国家民主力量的广泛联盟而努力。20世纪60年代末，在转向“欧洲共产主义”后，西共在是否坚持民主集中制原则上发生了动摇。至1970年末，西班牙的独裁统治结束，合法后的西共进一步与社会主义传统分离，不再主张采取无产阶级专政及暴力革命，取消了列宁主义指导思想、民主集中制组织原则等。1991年，西共第十三次全国代表大会正式废除了民主集中制，转向了党内民主原则。之后西共的《党章》均强调，党建立在充分的民主和自由的基础上，党的运行遵循民主原则，所有政策的执行是决策机关意见整合和自由讨论的结果。

2017年12月，西共二十大（第二阶段）重新引入了民主集中制，取代“民主运作”，系统地说明了《党章》第18条的十个要点，强调民主集中制原则应建立在以下基础上：广泛参与集体讨论的言论自由、批评和自我批评、斗争行动的团结等，其目的是确保党的总发展方向和唯一的中央指挥部。“重新确立了上级机关高于下级机关的列宁主义原则、党的定义以及‘联合左翼’的权限分配等”[2]；并将党的权力逐步集中到党的中央委员会。同时，西共二十大强调党的目标是建立社会主义社会，提出要加强对工人阶级的领导权，指出了共产主义的过渡进程与工人阶级有着千丝万缕的联系，其目的在于保障工人阶级的政

---

[1] PCE,“Nuestras alianzas en la nueva fase politica”,https://pce. es.

[2] 王建、程晓辰、李春霞:《西班牙共产党的历史演进》,《法制与社会》2018年第5期。

治和文化领导权。[1]

2018 年，恩里克·圣地亚哥在当选为西共总书记后，在党报《工人世界》上刊文表示，西共大力支持重提民主集中制。作为现实主义分析的工具，马列主义必须适应党的运行结构，而恢复民主集中制是最直接的变革，可提高党内运作的凝聚力和执行力。西共在二十大上所作的一系列调整和变革表明，在经历 40 年的曲折探索，特别是正视金融危机后十余年来西共建设发展的不足之后，西共对党自身进行了重大改革，并以此为起点，“通过团结在社会和文化上具有领导地位的工人阶级和群众，使党能够获得政治权力，控制社会经济活动，超越资本主义制度，从而在西班牙实现社会主义”[2]。

二、西班牙共产党的党建特色

西班牙共产党之所以能够历经百余年的重重磨炼而屹立不倒，迄今仍为西方世界左翼政党谱系中颇具探索精神和改革动能的有影响力的政治力量，除了第一次世界大战以来西班牙的历史发展和特定国情之外，还在于西共自身善于灵活施策、应时而变。但西共在加强自身建设上也存在一些政策策略的偏颇，总结其党建特色和正反两方面的历史经验，可以为世界无产阶级政党自身建设提供有益借鉴。

（一）思想建设上，依据国内外形势的变化适时进行意识形态和理论方略的调整

20 世纪 60 年代后，西共的理论政策逐渐转向以民主的方式独立地、创造性地开展自己的活动。西共九大肯定了党的“欧洲共产主义”政策，努力突破

[1] 参见颜杰峰、祖金玉:《西班牙共产党分裂的历史考察》,《毛泽东邓小平理论研究》2007 年第 6 期。

[2] Enrique Santiago,"XX Congreso del PCE: un Partido para la acción, un Proyecto deRevolución",http://www.mundoobrero. es.

传统共产主义意识形态，把“欧洲共产主义”作为思想核心，并适时加入新的意识形态成分。从意识形态的角度来考察，西共与许多资本主义国家中一直坚守传统社会主义理论和模式的共产党不同，苏东剧变后，西共已经与传统的带有明显激进特征的资本主义国家共产党呈现出显著差异：比如它不再提无产阶级专政、不再强调暴力革命的必要性、反对列宁主义组织原则、用马克思主义取代马克思列宁主义作为党的指导思想等。事实上，对列宁主义的放弃，是西共自主探索符合西班牙国情的社会主义道路实践的呈现，西共试图追求建立一个自由的、民主的、多元化的社会主义社会，而全盘否定列宁的理论主张。但事实证明，由此导致激进斗争精神被极大弱化，甚至导致西共在议会政治中的尴尬处境及其党内的不断分裂。因此，恢复列宁主义成为近十几年来西共最重大的意识形态调整。2017 年西共第二十次全国代表大会通过新党章，对党的指导思想和组织原则作了重大调整，恢复了列宁主义指导思想。

从遵循列宁主义到倡导“欧洲共产主义”再到“恢复列宁主义”，西共始终走在西方共产主义运动变革与创新的潮头，依据国内外形势不断进行意识形态与理论方略调整，寻求多样化社会主义发展道路。

（二）政治建设上，不断寻求以“联合左翼”为主的方式和途径来谋求自我力量的发展壮大

在政治建设上，西共致力于采取广泛合作的联盟政策。当前形势下，虽然已经出现了世界社会主义复兴的提法，但全面复兴的道路目前并不平坦。“强资本、弱劳力”的基本状况在全世界没有被摧毁。鉴于当前的局面，包括西共在内的资本主义国家共产党认识到加强团结、相互借鉴的重要性。他们通过“联合左翼”的方式与其他左翼党派互相帮助、互相支持、互相交流信息，与代表不同阶级利益的政党展开广泛的合作。这也反映了世界无产阶级政党在国际斗争中反对资本主义和资本国际化的客观要求和主观愿望。此外，西共的经费收入主要来源于党费的收集和本支部或领导机构发起的募捐活动，不接受带有附加条件的国际捐赠。此举在西共寻求国际左翼势力团结的同时，保护了其自主

决策和实践活动免受国际势力的干扰。

（三）组织路线和政策选择上，采取民主方案不断探索对工人阶级的影响力和领导权

西班牙是多党制国家，现存政党均可参与到国家政治生活中。在党的方针政策上，西共“传统派”和“革新派”之间存在着斗争，这种分歧势必会造成分裂。在政策的推行上，从历史和现实发展趋向看，拥有“欧洲共产主义”渊源的当代西班牙共产党的方针政策，与带有激进色彩的社会主义革命战略不同，明显更加温和。比如西共在十大上指出，西共坚持党内民主，用民主方法调整党内规章制度，以期最大限度地保障和尊重党员的权利，促使党员积极参加活动。西共注重扩大党内民主，推动党的决策过程和运作程序的民主化，同时也十分强调党内民主和党内生活的多样性。西共在开展政治活动时，强调尊重党内民主，鼓励全体党员发挥积极性和主动性，期望通过民主参与的方式增强党员对党内事务的参与感，由此提高对工人阶级的领导权。但是，在新自由主义风靡、“第三条道路”盛行的情况下，西共等资本主义国家无产阶级政党很少能提出实际有效的政策主张，致使它对工人阶级的影响力大大减弱。

（四）在谋求实现社会主义的政治方略上，主张“超越资本主义”战略

从党的作用定位来看，西共把自己定义为反对资本主义制度的政党，以实现共产主义为奋斗目标，是西方现行体制的“反对党”。在实现社会主义的道路上，西共多次在其政策性文件中提出了不打算用暴力手段改变现行制度的姿态，主张各国“在宪法和法律的范围内活动”，通过自己的努力“渐进地、平和地达到自己的目的”，即“利用议会和非议会等一切手段使国家回到社会主义改造的道路上”。[1] 和平与发展是当今时代的主题，无产阶级暴力革命的形势较难出现。

---

[1] Héctor Sánchez Margalef, “Euroscepticism in Spain: an Everlast-ing Exceptionality?”,http://trulies-europe.de.

当前，包含西共在内的多数资本主义国家共产党认为，应通过竞选进入议会并上台执政。帝国主义是资本主义发展的最高阶段，虽然全球化的发展使当代资本主义出现了一些新变化，但当代资本主义的最基本要素依然是垄断。资本主义由于其自身固有的矛盾而无法摆脱周期性的经济危机，特别在当前，帝国主义体系危机正在深化。西共认为，资本主义虽存在无法调和的矛盾，但仍具有自我更新及调节能力，资本主义力量仍不容小觑，因此，西共主张“超越资本主义”战略。这是西共寻求自我生存的抉择，但同时也是其在鼎盛时期错失壮大自我机遇的最根本原因。

三、西班牙共产党百年历程的当代启示

西班牙共产党的百年历程，构成了一战以后世界社会主义运动史的一个重要方面，总结其所形成的正反两方面的历史经验，有助于我们在掌握历史规律中全面认识资本主义国家政党政治发展轨迹，有利于不断加强中国特色社会主义政党制度发展和完善的时代根据和价值自信，对中国共产党和世界各地的共产党均具有现实性的启发意义。

首先，加强党的政治建设是事关无产阶级政党前途命运和各项事业兴衰成败的重要根基。旗帜鲜明讲政治是马克思主义政党的首要前提。保证党的团结、维护党中央权威、维护党中央集中统一领导对无产阶级政党均发挥着至关重要的作用。西共在政治建设经验上长期注重联合民众和左翼进步力量，注重团结国内和国际上一切可以团结的政治资源，这是西共寻求自我壮大的主要途径，也是其维系自身近百年生存的袖里玄机。特别要强调的是，党内团结不仅要体现在“意识统一”，更要求“行动统一”。20 世纪下半叶，西共意识形态动荡引发了“传统派”和“革新派”之间持续多年的斗争，而这种分裂不可避免地造成了西共的由盛转衰。可以看出，西共虽注重多渠道团结政治力量，但是在维护党的权威和党的集中统一领导方面却显得不尽如人意。维护党的权威和党中央集中领导要求无产阶级政党不断提高政治判断力和执行力，一切政治研判与

政策制定要落脚在以国家发展和以人民为重上。因为国情和民意的自主战略一旦稍有不足，就会导致西共对维护党的权威和党中央集中统一领导的各项制度的设置不够充分。完善的制度是有效执行党的各项方针政策的先决要事。因此，在整饬党内制度的前提下，不断加强无产阶级政党的政治建设，注重思想政治的原则立场和方向，在实践行动中维护党中央权威，保持党中央集中统一领导，才能有效推动无产阶级政党各项事业的兴业长新。

其次，无产阶级政党的坚强领导是完成无产阶级解放事业和社会主义各项事业的根本保证。西共自身建设映射下的国际共产主义运动正反两方面的历史经验表明，在探索和实践的同时，如果丧失无产阶级政党的坚强领导，无产阶级的解放事业就不可能获得胜利。如今的西共，虽然以左翼联盟的形式继续活跃着，但不可否认的是这种形式削弱了西共的参政度与主动性。希腊共产党、葡萄牙共产党等一些无产阶级政党，在各自发展壮大的过程中即便曾达到在其国家党派中盛极一时的状态，但由于动摇或松懈了无产阶级政党的坚强领导，直接导致了社会主义事业的怠缓甚至停滞。反观我国的社会主义建设，正是基于始终坚持中国共产党的坚强领导，才得以获得长期向好的国内外环境，促进我国社会主义事业蓬勃发展。实践证明，无产阶级政党的领导是正确认识和运用社会主义建设规律的导航器，是制定适合国情的社会主义现代化路线、方针和政策的指明灯，是完成无产阶级解放事业和社会主义各项事业的定盘星。

再次，充分发扬党内民主是促进无产阶级政党各项事业兴旺发达的必要准备。西共的建党经验表明，西共努力保卫自由和民主，认为自由和民主是走向社会主义的战略所特有的；争取实现党内团结，左翼的团结（特别是同社会党人的团结）和更加广泛的、民主的和进步的团结，能有效巩固西共的领导地位，促进政党各项事业的顺利开展。党内民主的发展受到所在国家的国情和党的具体情况的制约。民主的实施要受到国情和党情的约束，不能逾越特定的历史阶段。西共发展党内民主，是从工人阶级基层开始的，不断探索新方式，逐步推进，及时总结经验。可以看出，发展党内民主应更加重视党组织的地位、作用和权力，充分听取广大党员的意见，进而实现自上而下规范的民主制度。此外，当今时代，网络已经成为党内民主建设政治参与的途径。西共重视多渠道的政治参与方式，开设了自己的网站，利用互联网这个新平台来反映民意。无产阶级政党应充分利用现代网络技术，扩大党内民主发展领域，发展电子党务，建立以互联网为基础的党内各项事务运行平台，注重通过互联网加强马克思主义意识形态理论的宣传与传播，使党内“电子民主”时代早日到来。

最后，坚持马克思列宁主义指导思想和社会主义方向是永葆无产阶级政党先进性的基本遵循。在探索“符合西班牙国情的社会主义理论与实践”的道路上，西班牙共产党也曾将“马克思主义”与“列宁主义”分裂开来，坚持“马克思主义”而放弃了对“列宁主义”指导思想的遵循，造成的结果是党内意识形态崩离，从而引发了党内斗争和分裂。最终，西共在历经 40 年探索后依然坚持马克思列宁主义指导思想。因此，正确看待马克思列宁主义是世界无产阶级政党亟待正视的一个问题。中国共产党的全部理论和实践表明，马克思列宁主义是完整的、系统的、科学的、不可分割的理论体系。在中国共产党百年的革命、建设和改革历史进程中，正是在马克思列宁主义的指导下，中国共产党才能够领导中国人民取得一个又一个伟大胜利。当前，在全球疫情大考之下，资本主义弊端日益暴露，社会主义优势愈发凸显。两种社会制度导致两种结果，社会主义彰显出巨大的优越性。在新的历史形势下，特别是世界格局多极化趋势日益明朗的前提下，世界各国无产阶级政党面临更多的机遇与更大的挑战。如何永葆无产阶级政党的先进性？坚持马克思列宁主义指导思想和社会主义方向无疑是无产阶级政党稳步有序建设的助推器和压舱石。

（原文刊载于《马克思主义与现实》2021 年第 6 期）

李凯旋　中国社会科学院马克思主义研究院

意大利共产党百年社会主义探索：历史嬗变与现实挑战[1]

1921 年 1 月，以安东尼奥·葛兰西和帕尔米洛·陶里亚蒂等为代表的意大利社会党“新秩序派”创建了意大利共产党（以下简称“意共”）[2]，自此开启共产党人对意大利社会主义道路的探索。这一探索贯穿意大利共产党人的反法西斯斗争、“新党”缔造、“通向社会主义的意大利式道路”实践、“历史性妥协”战略、欧洲共产主义主张及对“21 世纪社会主义”理想的构建中。

作为意大利第一共和时代的第二大党以及苏联解体和东欧剧变后欧洲激进左翼的先锋力量，意共深刻影响了意大利政治经济和社会生活进程。正如意共元老乔治·阿门多拉所言，“意大利共产党的历史就是为了改变国家生活进程、教育意大利人民、培养他们的个性、塑造能够成为自身解放的主要力量的意大利人而展开行动的历史”[3]。

---

[1] 本文系国家社会科学基金项目“葛兰西社会主义思想的时代解析”（项目编号：18BKS049）的阶段性研究成果。

[2] 意大利共产党的百年史是 1921 年成立的意大利共产党与 1991 年后组建的多支共产党前后接续的历史。除意共少数党员在 1992 年建立的意大利重建共产党（以下简称“重建共”）外，意大利还有两支直接或间接从重建共中分裂出来的共产党，即成立于 2009 年的共产党（意大利）和 2016 年在意大利共产党人党基础上重组的意大利共产党（以下简称“新意共”）。

[3] [意] 阿门多拉：《意大利共产党历史（1921—1943）》，人民出版社 1992 年版，第 45 页。

作为第二次世界大战后西欧组织力量最大的共产党，意共的历史嬗变还内嵌于20世纪四五十年代以来波谲云诡的国际政治经济格局演变和波澜壮阔的世界社会主义运动之中。回顾意大利共产党人的百年社会主义探索历程，总结其蜕变与衰落的教训，分析其现实挑战，有利于我们进一步把握发达资本主义国家社会主义运动的规律，更好应对百年未有之大变局下不同社会制度之间关系的挑战。

一、意大利共产党百年探索的成就与挫折

百年来，意大利共产党的命运始终与国家的政治生活、世界社会主义运动的发展及国际格局的演变紧密相连。坚持反法西斯斗争、缔造“新党”、提出国际共运“多中心论”和“通向社会主义的意大利式道路”探索，都是意共值得称道的历史贡献。自20世纪70年代以来，意共进入去激进化的“历史性妥协”和欧洲共产主义时期。在经历了更显著的去马克思主义化的20世纪80年代后，意共主体力量在苏联解体和东欧剧变的浪潮中，组建了左翼民主党。与此同时，少数致力于坚守和革新共产主义传统的意大利共产党人，开启了通向21世纪的社会主义探索之路。

（一）反法西斯斗争的淬炼与“新党”的缔造

意共成立后不久，即遭遇反法西斯斗争的残酷考验。面对法西斯党对工人运动、共产党和社会党的猛烈进攻，波尔迪加领导下的意共不仅没有阻止法西斯暴行，反而认为这将加速国家危机进程，为无产阶级夺取政权创造有利条件。而在法西斯党上台后，意共又幻想自由派与法西斯分子达成妥协，国家的政治生活不会发生任何改变。对此，列宁对消极被动的意共作出指示：“亲爱的同志们，你们将要度过一个非常艰苦和困难的时期。请你们在任何情况下都不要丧

失与意大利工农的联系。”[1] 正如列宁所料，法西斯党很快便取缔一切政党活动。尽管此后意共调整斗争策略，但仍有数千名党员被捕，组织力量严重受损。第二次世界大战爆发后，流亡法国、瑞士的意共党员，历经曲折回到意大利，联合其他进步力量开展反法西斯斗争。1943 年，在纳粹德军占领意大利北部、英美支持的意大利王国政府退守南部时，意共逐步恢复和重建基层组织，并在北部领导反法西斯和争取民族独立的武装斗争——“抵抗运动”。意共在反法西斯斗争中的英勇表现，为其赢得了巨大的声望。

1944 年，时任意共总书记陶里亚蒂从莫斯科返回意大利，在南部港口萨勒诺号召全党联合一切力量建立反法西斯统一战线，进而实现国家统一和独立，同时将意共改造为通过代议民主走向社会主义的群众型政党，史称“萨勒诺转折”。这是意共缔造“新党”的开始。意共领袖清醒地认识到，在经历了一个萧条而非发展的法西斯时期后，意大利南北部的经济发展失衡扩大，产业工人阶级总体尚未成为意大利社会的主体力量。20 世纪三四十年代，意大利西北部工业三角洲人口仅占全国四分之一，但其工业从业人口却达半数以上；而南部西西里、卡拉布里亚和坎帕尼亚三个大区，平均百人中仅有 2—4.5 人从事工业生产。[2] 因此，1945 年，意共五大修改党章，不分民族、性别、宗教信仰大规模地吸收党员。1946 年 6 月，意共在议会选举中赢得 18.9% 的支持率，党员人数达到 170 多万。[3]

在“新党”缔造获得成功、政治声望接近巅峰之时，意共与天民党左派于 1947 年共同主导了《意大利共和国宪法》的制定。意共将其对社会主义制度的追求和设想，尽最大限度地体现在宪法的基本原则之中，如将意大利定义为

---

[1] Camilla Ravera, “L’Illusione di Gramsci e I Consigli di Lenin,”Il Fatto Quotidiano, Giovedì21 Gennaio, 2021.

[2] 参见 [意] 瓦莱里奥 · 卡斯特罗诺沃：《意大利经济史：从统一到今天》，沈珩译，商务印书馆 2000 年版，第 340 页。

[3] Maurizio Franzini e Eugenio Levi, “Exit, Voice e Declino dei Partiti Tradizionali in Italia” in *Parolechiave Voice*, Vol.II, N.60, 2018, p. 194.

建立在劳动基础上的民主共和国，主权属于人民，共和国有责任在经济和社会秩序方面消除一切限制公民自由和平等，以及妨碍人类个体的全面发展和有效参与国家政治、经济和社会组织的一切活动的障碍等内容。这是一部公认的具有鲜明左翼色彩的宪法，也成为意共被排斥出联合政府的重要原因之一。意共在制定宪法中的突出贡献备受赞誉。英国著名历史学家萨松引用《神曲·炼狱篇》诗文，将意共誉为掌灯于身后的夜行者，不为自身照亮前路而做他人之“灯塔”[1]。

（二）国际共运“多中心论”与“通向社会主义的意大利式道路”

进入20世纪50年代后，意共逐步强化了独立探索通向社会主义道路的立场。尤其在苏共二十大认可了迥异于十月革命模式的“通向社会主义的民族道路”的合理性之后，意共提出了立场更为鲜明的主张。1956年5月—6月，陶里亚蒂接受《新观点》采访，表达了其反对成立共产党和工人党情报局，以及应给予各国共产党以充分的自主权，推动国际共运形成有机的“多中心”态势的主张。[2] 陶里亚蒂在意共八大报告中重申了苏联模式不适用于西欧、各国共产党应加强独立性的观点，“苏联在建设社会主义社会中获得的经验，不能包含解决今天对我们和其他国家的共产党人（无论他们是否执政）以及工人阶级和人民先锋党在所有方面可能出现的问题的指示”，意共的政治行为是由本国状况和人民需要决定的，并非取决于任何的外在控制。[3] 因此，国际共运“多中心论”与“通向社会主义的意大利式道路”，本质上是同一理论内核在国际和国内两个层面的不同表达。

---

[1] [英]唐纳德·萨松：《欧洲社会主义百年史：二十世纪的西欧左翼》，姜辉等译，社会科学文献出版社2008年版，第153页。

[2] P. Togliatti, "Intervista a Nuovi Argomenti", 1956, n.20, maggio-giugno, Citato in Paul Ginsborg, Storia d'Italia dal dopoguerra a oggi, Einaudi, 2006, p.276.

[3] "Rapporto al CC del PCI", 24 giugno 1956, in preparazione dell'VIII Congresso, citato in Alexander Höbel eds., "Palmiro Togliatti. La via italiana al socialismo", https://www.marx21.it.

研究意共党史的意大利学者一般认为，缔造“新党”、“结构性改革”和组建政治联盟都是意共根据“本国状况和人民需要”而制定的“通向社会主义的意大利式道路”的组成部分。[1] 所谓“结构改革”，是指通过改变社会生产结构、阶级关系和社会力量比重，扩大社会主义因素在资本主义社会中的比重，最终实现社会制度的转型。从实践层面而言，意共在中部“红区”艾米莉亚罗马涅大区首府博洛尼亚的治理，被视为“结构改革”的典范。凭借广泛扎根于社区的党组织，意共推动社会主义传统在“红区”复苏，恢复了在法西斯时期被破坏的生产与消费合作社，体现了其将工人、农民与城市中间阶层团结在党周围的政治战略。1946—1956 年，在没有出现公共赤字的情况下，意共有力地推动了博洛尼亚“人民之家”的建设，新建了 900 多所学校和幼儿园。20 世纪 60 年代，博洛尼亚投入到社会福利和公共交通建设的资金在“经济与社会住房计划”中的比重，分别是米兰的 2 倍、罗马的近 5 倍。[2] 意共的社会改革措施，使博洛尼亚的“福利社会”建设走在了意大利主要城市的最前列。

在意大利这样一个有着浓郁天主教传统的国家，“本国状况”还意味着意共应实现并维护共产党人与天主教群众和社会党人之间的团结，而非决裂。因此，在被排挤出政府的十余年后，意共在 1960 年的六大上，明确提出与天主教界和解是推动意大利走向社会主义的重要前提条件。在意大利社会党与苏联割席并于 1962—1963 年加入政府后，陷入政治孤立的意共极力避免与天民党和社会党联盟形成势不两立的局面，提出党的目标是“战斗的党和政府党”。在当时的国际政治环境下，西欧左翼政党的自主和中立，往往意味着“不亲苏”，这为 20 世纪 70 年代以后意共的去激进化和欧洲共产主义思潮的出现埋下了伏笔。

[1] Alexander Höbel eds., “Palmiro Togliatti. La via italiana al socialismo”, https://www.marx21.it.

[2] Paul Ginsborg, Storia d’Italia dal dopoguerra a oggi, Einaudi, 2006, p.401.

（三）“历史性妥协”与欧洲共产主义的失败

意共20世纪70年代提出的“历史性妥协”战略及欧洲共产主义主张，是其“通向社会主义的意大利式道路”在特定政治经济背景下进一步演化的结果。在“经济奇迹”结束的20世纪60年代中后期，意大利福利制度建设滞后、南北方发展失衡等经济社会的结构性弊端充分暴露。一直被意共视为资产阶级政府“特洛伊木马”的社会党，已经沦为政治保守势力，无意推动现代化教育和社会福利体制改革。1968—1969年学生运动和工人运动后，天民党遭遇的信任危机、社会党“挺共”的表态以及随处可见的恐怖主义威胁，使意共乐观地认为天民党比1944—1947年的第一次全国联合政府以来的任何时刻，都更愿意与共产党共同执政。因此，1972年，意共十三大正式接受只有共产主义者、社会主义者和天主教民主主义者三种传统力量进行合作，才能应对意大利资本主义危机的主张。意共认为，这种合作有利于自身摆脱自苏共二十大后既不被中右派信任又被其他左翼疏离的孤立处境。1973年，时任意共总书记贝林格宣布开启以支持天民党政府为主要内容的“历史性妥协”战略。但是，直到意共先后取得1975年地方选举和1976年国家议会选举的巨大胜利之后，天民党和社会党才最终不得不接受意共的“妥协”。

在1977—1979年的“历史性妥协”时期，意共不再质疑意大利北约成员国的地位，坚持反对所有极左翼和极右翼的恐怖主义活动。贝林格强调经济衰退的严重性，支持应对经济衰退的财政紧缩政策甚至提出“紧缩”不应被视为对现存体制的支持，而是意味着效率和社会公平。[1]意共领导的工会甚至号召工人放缓提高工资的要求，提高生产率，以推动就业和对意大利南部的投资。而当时天民党和社会党领导的工会，都比意共表现得更加反政府。失望的情绪很快蔓延至许多意共支持者那里——共产党的紧缩与统治者的紧缩竟没有

[1] Enrico Berlinguer, Austerità occasione per trasformare l'Italia, Riuniti, 1977, p.13.

什么区别。[1] 与此同时，意共在天民党的“暗示”下，加速“去苏联化”，不断证明自身进一步与苏联脱离了关系。1978 年底，天民党总理莫罗被暗杀，天民党右派“撕毁”与意共的合作协议。意共的“历史性妥协”归于失败，导致其在没有获得执政党地位和权力的情况下，严重损害了自身作为反对党的声望。

在“历史性妥协”的中后期，意共提出了一种既不同于“社会民主主义”，也不同于“苏联模式”的所谓“第三条道路”，即欧洲共产主义。法国共产党和西班牙共产党也是这一道路的主要倡议者。事实上，欧洲共产主义与社会民主主义内核高度近似且蕴含鲜明的去苏联化倾向。因此，欧洲共产主义被视为削弱苏联在西欧影响的利器，进而遭到苏联的极力反对。[2] 随着西班牙共产党和法国共产党在本国选举中的失利以及意共“历史性妥协”的失败，欧洲共产主义很快陷入沉寂。但是，得到西欧知识分子而非选民追捧的欧洲共产主义，对意共思想观念的影响却是深远的。这进一步推动了意共的社会民主主义转向——甚至早在 1979 年的十五大上，意共就已删去了马列主义的提法，代之以马克思、恩格斯和列宁的思想，且否认这三者属于同一个理论体系。

（四）意共的解散与组织重建

进入 20 世纪 80 年代以后，意共去苏联化和社会民主主义化的趋势更加突出。1983 年召开的十六大，成为意共意识形态演化的重要转折。当时，贝林格称，苏联模式甚至“十月革命”的推动力已经枯竭。1986 年十七大上，意共在纲领中删除了与“十月革命”相关的内容，放弃了列宁主义，将马克思的思想视为批评西方社会的方法，并且仅模糊地提出要取代资本主义。因此，20 世纪 80 年代，意共在经历了去共产主义化、加速弱化科学社会主义传统的进程后，

---

[1] 参见［英］唐纳德 · 萨松:《欧洲社会主义百年史：二十世纪的西欧左翼》，姜辉等译，社会科学文献出版社 2008 年版，第 674 页。

[2] Silvio Pons, La Rivoluzione Globale, Storia del Comunismo Internazionale, Einaudi, 2012,pp.355-366.

更多地表现出了社会民主主义的特点。

1991 年，葛兰西和陶里亚蒂创建的意大利共产党宣布解散，其主体力量组建了左翼民主党，少数主张传承并革新意大利共产主义传统的意共党员组建了意大利重建共产党，开始构建“21 世纪社会主义”理想。然而，重建的共产党组织却频频陷入组织力量分裂与碎片化困境，自 2008 年选举失利后，至今未能获得议会席位。

二、意共蜕变与衰落的多重原因

意共逐步蜕变并走向衰落的原因是多重的。与西方多国共产党一样，意共的命运始终与世界社会主义的发展态势紧密相连。同时在第二次世界大战后资本主义政治经济社会发生巨大变化的背景下，意共“适应性”理论变革中的去马克思主义化、组织制度上民主集中制的缺位，都是不容忽视的重要原因。

（一）世界社会主义运动演变的影响

意共百年兴衰起伏，始终与世界社会主义运动的发展态势密切相连。与世界上所有的共产党一样，意共也是在十月革命成功及第一个社会主义国家苏联诞生的激励下，在共产国际的指导下成立的。意共“新党”的缔造及其组织力量和政治影响力在 20 世纪 40 年代中后期的极速扩展，固然应首先归功于意共领袖陶里亚蒂等人的卓越才干，但也不应忽视苏联、苏共及其他国家共产党在世界反法西斯斗争中赢得的巨大声望及其造就的世界社会主义运动大发展的历史潮流。

第二次世界大战后，尽管意共不断强化独立探索通向社会主义的民族道路立场，但其命运与苏联及东欧的社会主义国家的兴衰始终同频共振。苏联及东欧等社会主义国家的内政外交成就，是意共获得认同的主要来源之一。20 世纪 50 年代，苏联红军撤离奥地利，后者维持其中立国地位并继续实施代议制民主。这巩固了共产主义维护和平的良好形象。此后，由于苏联和中国对西欧共产党支持的和平运动的参与，意共的政治信誉和组织力量达到了第二次世界大战后的巅峰状态。

反之，苏联有损于世界社会主义运动团结的做法，以及共产主义遭遇的污名化，也成为意共声望受损的主要原因之一。苏共二十大对斯大林的批判、波匈事件等，使意大利右翼借机助长疑共排共的政治氛围，意共遭遇了远超其他西方国家共产党所遭遇的危机。不少意共党员陷入困顿迷茫，甚至选择脱党。1956 年至 1966 年的十年间，意共党员人数从 203 万降至 157 万，其中共产主义青年组织成员从 35.8 万降至 15.4 万。[1]

20 世纪 80 年代，苏联及东欧等社会主义国家发展陷入困境，意共在国内的政治动员能力和支持率也逐年下降。1989 年“柏林墙”倒塌，欧洲社会主义运动遭遇重大挫折。1991 年 1 月，意共宣布解散，重建的共产主义组织在意大利政治经济和社会文化生活中，不断走向边缘化。

（二）意共理论革新与探索中的去马克思主义化

意共“通向社会主义的意大利式道路”的主张，更强调意大利的特殊性，而相对忽视对其与世界社会主义运动的有机联系进行马克思主义诠释。尤其在陶里亚蒂逝世后，其后继者中形成了割裂与十月革命以来国际共产主义运动传统的联系才是创新的错觉。1964 年陶里亚蒂去世后，意共党内重量级人物阿门多拉和英格拉奥，表达了对西欧传统共产主义模式的质疑，并就党未来的路线展开了争论。阿门多拉称，共产党与社会民主党的分裂原因已不再重要，应重建一个统一的工人阶级政党，融入 48% 反天民党的更广泛左翼中；意大利应走西欧发达国家的高生产率、充分就业和福利改革道路，苏东社会主义国家经验有其自身的依据，但并不适合意大利。[2] 持有更激进的反斯大林立场的英格拉

[1] Paul Ginsborg, Storia d'Italia dal dopoguerra a oggi, p.393.

[2] Giorgio Amendola, "Il socialismo in occidente", Rinascita, 7 Novembre 1964;Giorgio Amendola, "Ipotesi sulla Riunificazione", Rinascita, 29 Novembre,1964.

奥，支持工人阶级与天民党左翼形成新的历史集团。这有赖于天主教界内部左翼的行动力与决心，但英格拉奥认为，改良资本主义的左翼是没有前途的，应提出替代资本主义的模式。[1] 这两股不容忽视的力量，共同推动意共走向了“历史性妥协”和欧洲共产主义。

意共在割裂共产主义激进传统与走向改良主义之间的徘徊，使其遗憾错失推动马克思主义与现代性社会和新社会运动相结合的历史机遇。在 20 世纪 60 年代，对于刚刚经历了“经济奇迹”年代的意大利民众而言，现代性意味着美式资本主义的市场与瑞典式高效福利国家的结合。意大利之所以不是真正的现代国家，因其仍缺乏所谓“社会市场”中“社会”的部分。[2] 然而，意共党内关于意大利式社会主义道路前景的激烈争论，并未形成超越福利资本主义的新路线，反而强化了党的社会民主主义倾向和反苏立场。此外，日趋官僚化的意共，也未与新的社会运动建立起必要的联络。正如时任意共总书记隆哥不无遗憾地指出，意共显然未能理解 1968 年学生运动的更广泛的政治意义，对学生发起的对意共的坚决批判过于心不在焉而未能给予有效反驳。[3] 意共对待 1969 年“热秋”运动和此后各类后物质主义新兴反资本主义社会运动的态度也是如此。这促使左翼工会、新社会运动等脱离传统政党走向自治，在实际斗争中绕开党去支持大众的抗争和诉求。

意共 20 世纪 70 年代提出的“历史性妥协”和欧洲共产主义主张，暴露了意共理论认识的缺陷。首先，意共从未对“历史性妥协”的目标进行清晰阐释，且天真地以为只要天民党“同意”分享权力，共产党就能通过立法实现社会主

---

[1] 参见 [英] 唐纳德 · 萨松：《欧洲社会主义百年史：二十世纪的西欧左翼》，姜辉等译，社会科学文献出版社 2008 年版，第 348 页。

[2] 参见 [英] 唐纳德 · 萨松：《欧洲社会主义百年史：二十世纪的西欧左翼》，姜辉等译，社会科学文献出版社 2008 年版，第 423 页。

[3] Ligi Lungo, “Il Movimento Studentesco nella Lotta Anticapitalista”, Rinascita, No.8, 3 maggio, 1968.

义的目的；其次，意共认为“石油危机”将导致资本主义陷入毁灭性灾难。[1] 在对新社会矛盾复杂性分析不足的情况下，意共就发出支持“紧缩”，要求工人作出“牺牲”的呼吁，表明意共领导人对刚摆脱绝对物资匮乏、步入丰裕社会的意大利民众的社会权利需求缺乏真正的共情和理解。而欧洲共产主义的昙花一现，并不能完全归咎于外部压力，根本原因在于其将所谓具有去马克思主义传统、去苏联化以及割裂与国际共运优良传统联系的“第三条道路”等同于革新。这极大地曲解了理论革新的真正内涵，导致欧洲共产主义最终演绎为一股去马克思主义化、去苏联化的思潮。因此，新意共青年理论家马林乔认为，先后出现在 20 世纪六七十年代的阿门多拉的“世俗党”和贝林格的“非意识形态党”，本质上都是对意共的社会民主主义化。[2] 到 20 世纪 80 年代，这种理论“革新”进一步演变为对十月革命及列宁主义的否定。这种否定，在苏联解体和东欧剧变的剧烈冲击下，直接导致了意共的分裂和解散。

（三）意共民主集中制的弱化与“缺失”

1926 年，葛兰西和陶里亚蒂在意共三大上提出《里昂提纲》，其中包含按列宁主义原则对意共进行改造，以及在工作场所建立党的基层党小组等内容。自此，民主集中制成为意共的组织原则。即便在反法西斯斗争的困难时期，意共的民主集中制和工厂的基层党小组都始终发挥着重要作用。[3] 在向“新党”转型后，意共遍布意大利工厂、农庄、城市社区和乡村的五万多个基层党小组，在民主集中制原则下保持着强大的凝聚力和战斗力。苏共二十大后，随着马克思主义传统的弱化、去苏联化和党选举主义倾向的强化，基层党组织和民主集

---

[1] 参见 [英] 唐纳德 · 萨松：《欧洲社会主义百年史：二十世纪的西欧左翼》，姜辉等译，社会科学文献出版社 2008 年版，第 676 页。

[2] Francesco Maringiò, “Il Centenario è l’occasione per Discutere e Riflettere, Solo Così Può Riprendere il Cammino”, http://www.marx21.it.

[3] “PCI - Federazione Milanese \ Profilo storico”, https://fondazionefeltrinelli.it/pci-profilo/.

中制原则的作用在意共政治实践中被逐渐削弱。

20世纪五六十年代，意共将党中央权力下放到地方党委和党总支的同时，对党的基层组织也进行了重构。在解散广泛存在的5万多个网络状基层党小组后，意共重建共计1万多个党小组和地域性的党总支，以“更开放的”年轻干部取代抵抗运动中成长起来的斯大林式“英雄传奇人物”。与此同时，由多个党小组构成的地域性党总支的地位提升，逐渐演变为选举委员会，在意共的议会道路中发挥重要作用。这意味着意共原来网状的群众党组织结构，被改造为以选区为基础的选举党组织格局，其马克思主义政党的传统组织特征开始弱化。由此，基层党小组密切联系劳动群众、组织开展斗争的传统和作用大大被削弱。正如英国学者麦金森所言，“没有这样的基层支部组织，就不会有共产党。如果这些基层组织失去其特性，成为同其他政党相似的政党，那么基层支部组织的衰落将标志着这种演变的开始”[1]。

苏共二十大后，意共“民主化进程”加速，党内自由辩论公开化。陶里亚蒂逝世后，意共民主集中制的弱化和扭曲加剧。这最初表现在20世纪60年代意共党内关于未来路线的辩论中。彼时主张与社会党联合组建大左翼的阿门多拉派以及主张革新党以实现资本主义替代的英格拉奥派，始终未能通过有效的“集中”而碰撞出更符合马克思主义政党身份的路线，而仅在驱逐“宣言派”上达成了一致。尽管如此，意共领导人仍将“民主化进程”视为对党的革新，使党形成了一种没有派系的多元特色。事实上，除阿门多拉派和英格拉奥派之外，意共在“历史性妥协”后又形成了贝林格中间派和亲苏的科苏塔派。1983年十六大上，英格拉奥派提出党的决策应更加透明，应将党的决策权从执行机构更改至选举机构。贝林格病逝后，意共领导层不再注重维护党的团结，频繁公开党内分歧；意共的记者也通过在外刊发文的方式对党内“民主化”推波助澜。此后，民主集中制形同虚设，愈发难以约束党内的派系活动。意共最终于1989年取消民主集中制，党内围绕解散共产党和重建新左翼党的分歧所造成的分裂

[1] [英]尼尔·麦金尼斯:《西欧共产党》，上海译文出版社1978年版，第138页。

已难以遏制。在20世纪90年代后重建的多个党组织中，民主集中制缺失、组织分裂依然是意大利共产主义运动的痼疾。

三、当前意大利共产党人的主要挑战

如前所述，意大利共产党人在苏联解体和东欧剧变后陷入了边缘化和组织分裂的困境。除不利的外部环境外，意大利共产党人在主观层面，还面临着如何克服内部思想认识分歧、重建密切联系群众机制以及在政治联盟中有效发挥共产党的作用等挑战。

（一）如何统一思想认识以构建团结的党组织

当前，意大利共产党人的首要挑战，是如何克服内部意识形态分歧和指导思想的多元化问题。由于对20世纪国际共运史的认识分歧，当前意大利各支共产党的指导思想不仅多元，而且存在较大的差异。这也是各党组织分裂和碎片化的根源之一。

以革新意大利共产主义运动传统为己任的意大利共产党重建，高度认可欧洲共产主义，批评十月革命至1968—1969年的国际共运和工人运动传统。重建共党内的政治文化高度异质，存在马克思主义、列宁主义、欧洲共产主义、生态社会主义、社会民主主义、左翼运动主义、宣言派主张和托洛茨基主义等各种意识形态。直接或间接从重建共分离出的共产党（意大利）和新意共，相对而言更认可并致力于传承十月革命以来的国际共运传统和工人运动经验。其中共产党（意大利）明确以马克思列宁主义为指导，更赞赏意共20世纪70年代之前的历史探索，而对欧洲共产主义持强烈批判态度。新意共指导思想也较多元，有马克思列宁主义，葛兰西、陶里亚蒂和贝林格的思想，女权主义和环保主义等，对贝林格的“历史性妥协”战略和欧洲共产主义主张持肯定态度。

正如马克思和恩格斯所言，“共产党人的理论原理，决不是以这个或那个世界改革家所发明或发现的思想、原则为根据的。这些原理不过是现存的阶级斗争、我们眼前的历史运动的真实关系的一般表述”[1]。然而，多年来，以重建共为核心的力量始终未能通过批判地吸收借鉴其党章中列举的各种指导思想，构建出一个适应意大利经济社会现实的、有机的理论体系。因此，意大利著名马克思主义思想家马格里甚至直言，重建共并不具备“重建共产主义”和推进共产主义的思想、意志和力量。[2]

意大利各共产党都声称以马克思的思想为指导，但“马克思的整个世界观不是教义，而是方法。它提供的不是现成的教条，而是进一步研究的出发点和供这种研究使用的方法”[3]。在当前意大利政治经济社会危机加剧的时期——包括政治民粹化且保守化、经济持续负增长、民生恶化等，更需要以共产党为代表的左翼力量在马克思主义指导下奋起作为。但近年来，各共产党针对主流政党的新自由主义改革所进行的批判以及提出的反紧缩、环保与就业并重、维护妇女和儿童权利等主张，湮没于民粹主义更具煽动性的口号之中。意大利共产党人只有对历史问题形成统一认识，并将对马克思主义的坚守和创新与政治实践有机结合起来，才能如新意共所提出的那样，以辩证成熟的方式化身为或代表那些激荡社会的能动的先锋队，构建出团结的党，进而走出共产党人的“失声”危机。[4]

（二）如何重建密切联系群众机制，扩大党的政治影响

意大利共产党人的第二大挑战，是如何扎根意大利社会，重建密切联系群众机制，扩大党的组织力量和政治影响，以走出边缘化困境。20 世纪四五十年代，意共在向群众型“新党”成功转型后，通过分布在全国各地的五万多个党

---

[1]《马克思恩格斯文集》第 2 卷，人民出版社 2009 年版，第 44—45 页。

[2] Lucio Magri, "The Tailor of Ulm", https://newleftreview.org.

[3]《马克思恩格斯文集》第 10 卷，人民出版社 2009 年版，第 691 页。

[4] PCI, "Tesi 14: Linea Politica e Legami di Massa, Forma Partito, Assetto Organizzativo-gestionale", Documento Politico Ricsotruire il PCI per Cambiare L'Italia, Primo Congresso Nazionale 6,7 e 8 Luglio 2018, pp.35-37.

小组，推动大批工人、农民和知识分子成长为活跃的积极分子。但是，自意共八大后，服务于竞选活动的地域性基层党组织逐渐占据主导地位。20 世纪 90 年代组建的重建共等，承袭了意共后期选举主义导向的组织结构，导致党疏离劳动阶层，只有在选举时才“关心选民的疾苦”[1]。

组织结构脱离群众，很大程度上成为意大利各支共产党不断萎缩、陷入边缘化困境的主要原因。重建共在 1996—1997 年拥有党员总数达 13 万，这一数字到 1999—2003 年便降至 9 万左右，2008 年后断崖式下跌，到 2021 年仅剩下 9061 名党员。[2] 而新意共在 2016 年建党时拥有 1.5 万名党员，至今同样仅余寥寥几千人。不过共产党（意大利）的组织力量在缓慢增长，党员人数从建党时的千余人增至 2021 年的四千余人。尽管如此，当前意大利共产党各支力量总共不超过 2 万人，政治影响力也处于非常低迷的状态——支持率由此前的 6% 左右降至 2% 左右。

鉴于此，共产党（意大利）和新意共，在反思近 30 年来意大利共产主义运动陷入低潮的原因时，主张党应坚持民主集中制、加强党的基层组织建设以重建密切联系群众机制，组织广场抗议活动、构建青年和妇女活动平台以扩大党的政治影响。新意共尤其主张推动党的基层支部重新获得组织能力和动员能力，因为这是共产党获得真正自主能力、走出政治边缘化困境的前提。[3] 此外，尽管意大利各共产党都认识到网络社交媒体在政治动员中的强大作用，却因受制于有限的财政和人力资源，重建党密切联系群众的数字化机制进展缓慢。

---

[1] “Crisi del Movimento Comunista in Italia e per Corsi di Unità e Riorganizzazione Nelle Tesi del Pdci”, Marx XXI ,No.3,pp.37-39, 2013.

[2] “Rinaldi/Ilari - Circolare Tesseramento 2021”, http://web.rifondazione.it.

[3] PCI, “Tesi 14: Linea Politica e Legami di Massa, Forma Partito, Assetto Organizzativo-gestionale”, Documento Politico Ricsotruire il PCI per Cambiare L’Italia, Primo Congresso Nazionale, 6,7 e 8 Luglio 2018, pp.35-37.

（三）如何在政治联盟中强化共产党的作用与身份认同

百年来，意大利共产党人一直生存在共产主义被不同程度污名化的不利政治环境中。20 世纪 40 年代，陶里亚蒂的应对之策是构建全国团结政府，实现与天主教力量、社会主义者和农民的广泛联盟，缔造具有广泛群众基础的“新党”，以摆脱边缘化困境。政治联盟因此成为意共探索“通向社会主义的意大利式道路”中长期坚持的重要经验。

东欧剧变、苏联解体后，共产党不再是意大利政治中唯一的反资本主义代表。随着共产主义政党组织力量及其意识形态的衰落，如何在联盟中强化共产党的自主性角色和身份认同，成为意大利共产党人面临的巨大挑战。20 世纪 90 年代，重建共曾与左翼民主党联盟。在中左翼赢得大选后，重建共在具有自主性的“坚定反对派”与依附性的“政府党”之间反复和摇摆，成为党组织分裂和被左翼选民抛弃的直接诱因。

2008 年后，意大利各共产党组织都曾与其他反资本主义激进左翼力量组建联盟，但均不同程度地弱化了自身的身份特征。如前共产党人党在与绿党的联合候选人名单上，删除了党的斧头镰刀标志；重建共在 2018 年组建的“权力归于人民”政治联盟中，没有再强调党的身份特征和主导权，而是突出强调党应发挥协调和黏合作用，但终因反对将“权力归于人民”改组为“权力集中型”政党而退出了联盟。

共产党（意大利）和新意共，主张通过加强党的建设以增强党独立于联盟进行政治活动的能力。前者在 2019 年的欧洲议会选举中获得了巨大突破，支持率达到 0.88%；而后者则因未获得足够的支持签名而未能参选。

在泛欧层面，重建共主张与德国左翼党、北欧红绿性质的绿党组建欧洲左翼党，而共产党（意大利）和新意共则对此持批评态度。后两者认为，这会使共产党沦为性质不明的左翼主体。但共产党（意大利）多次提出的与新意共组建选举联盟的前提——绝不与民主党等资产阶级政党结盟，也被新意共拒斥为宗派主义。

可见，意大利共产党人近年来始终未能妥善解决应组建包含哪些反资本主义主体在内的联盟，以及共产党应如何在联盟中发挥核心作用的问题。而这对意大利社会主义运动的复兴而言，又是一个至为关键的战略战术问题。

（原文刊载于《马克思主义与现实》2021 年第 6 期）

孙喜香 | 西南大学马克思主义学院

章德彪 | 中国劳动关系学院

芬兰共产党百年社会主义探索特点及评析[1]

芬兰共产党（以下简称“芬共”）成立于 1918 年 8 月，是北欧国家一个重要的共产主义政党。作为一个百年老党，芬共对社会主义的理论与实践探索，在西方国家共产党中具有鲜明特色，相当程度上受到其对苏联传统社会主义和中国特色社会主义认知的深刻影响。它曾经通过走议会道路参政多年，甚至一度成为第一大党。但是在主客观原因的作用下，芬共呈现持续走衰趋势，并在 20 世纪 90 年代初停止活动。此后，原芬共党内的少数派力量仍以芬共旗号继续活动，于 1997 年正名为“芬兰共产党”并延续至今。[2] 探索芬共的兴衰历程，对于了解西方国家共产党演进具有一定的参考意义。

[1] 本文系 2019 年度教育部人文社会科学基金青年项目“当代欧洲左翼政党价值观教育思想及其启示”（项目编号：19YJC710063）和北京高校中国特色社会主义理论研究协同创新中心（北京外国语大学）项目的阶段性成果。

[2] 参见钟清清主编：《各国共产党总览》，当代世界出版社 2000 年版，第 302 页。本文所涉及的芬共，是前后两个既有联系又有区别的共产党组织。

一、芬共社会主义理论与实践发展的特点

（一）认为社会主义优越于资本主义

芬共自成立后的很长时期里，由于地下斗争的严酷环境，一直未能制定本党纲领，直到 1957 年的芬共十一大才通过党的“第一个正式纲领”。[1] 该纲领明确党的奋斗目标是联合全国各类劳动组织和进步力量，实现社会主义社会制度。1969 年，芬共十五大纲领也提出，建立社会主义是芬共的根本目标。芬共总书记维勒·培西（Wille Pesi）在党的十二大报告中强调：“社会要由低级阶段向着高级阶段发展已经得到科学证明，由资本主义发展到社会主义是历史的必然性。共产主义在任何方面都代表着最伟大的人道主义，使科学和技术所创造的一切伟大成果用于造福人类。”“共产主义社会是以完全公正、自由、平等和真正尊重人的原则为基础的社会。”[2]1987 年，芬共二十一大进一步表示：“我们共产党人希望芬兰成为社会主义社会，在这样的社会，我国的民族传统和特色能得以保存和发展。”[3] 这是其自主参照欧洲共产主义所作出的一种解释。该党在 21 世纪的新党纲中依然认为：“我们的目标是建设一个民主、福利的芬兰，一个民主、团结的欧洲和一种社会主义和共产主义的新文明。”[4]

芬共长期以来在批评资本主义、反对帝国主义的语境下阐述社会主义。芬共十二大报告指出，芬共的事业是正义的；与代表剥削和压迫的资本主义暴力

---

[1] 参见马文普:《阿尔沃 · 阿尔托——芬兰共产党前主席》,《国际共运史研究》1989 年第 4 期。

[2]《芬共十二大、瑞（典）共十九大、挪共十大文件》，世界知识出版社 1962 年版，第 13、14 页。

[3] 吴彬康等主编:《八十年代世界共产党代表大会重要文件选编》(下卷)，中国广播电视出版社 1989 年版，第 99 页。

[4] 参见芬兰共产党官网 http://www.skp.fi/english.php? juttu=239。

学说相对的共产主义思想，必将在一切地方赢得越来越多的支持者；资产阶级吹嘘资本主义是最有利的社会制度，只有在资本主义下民主和自由才能得到保障，事实证明这完全是一种欺骗。芬共十五大党纲强调，20 世纪是伟大而更急剧变化着的时代。帝国主义为反对各国人民的自由仍在继续挣扎，力图恢复失去的地位。对社会生活进行社会主义改革的必要性已在各个领域日益清晰地显示出来。资本主义不可能解决那些人类亟待解决的紧迫问题和致命矛盾。资本主义这一长期统治世界的社会体系不得不让位于社会主义。进入 21 世纪，芬共提出："我们希望把芬兰、欧洲和世界建设成为一个不受资本力量的侵害、没有失业和不平等现象，免受环境破坏和没有战争的地方。"[1] 不过，芬共主席尤哈·佩卡·瓦萨宁（Juha Peka Vasanen）等也现实地认识到，尽管当前西方资本主义面临困境，带来了在民主、环境、战争等诸多方面的危机与挑战，但资本主义仍具有较强的自我修复能力，社会主义在西方并没有到来。

（二）认为社会主义要通过革命斗争去争取和实现

芬共强调，社会主义不会自行实现，它需要有组织的行动和斗争。芬共自成立至 1944 年的 26 年时间里，基本上处于地下斗争状态，不大可能通过合法的行动去实现党的策略目标，进行革命斗争是该党在第二次世界大战前的主要手段。为此，芬共创始人奥托·维勒·库西宁（Otto Wille Kuusinen）在建党初期就告诫芬共党员不要"被引诱到了议会民主制的幻境之中"[2]。芬共尽管源于芬兰社会民主党，但自成立后，"带着刚刚改换信仰的热情，它拥抱了革命，猛烈地抵制由议会制定的针对老式工人运动的稳健方案，并催促芬兰的无产阶级去抵制 1919 年 3 月进行的议会选举"[3]。芬共在 20 世纪二三十年代发起了一系列全国性大罢工和其他形式的斗争，为此遭到芬兰法西斯势力的迫害和血腥镇压，

---

[1]《芬兰共产党纲领》,《当代世界与社会主义》2010 年第 4 期。

[2] [英] 大卫 · 科尔比:《芬兰史》，纪胜利译，商务印书馆 2013 年版，第 130 页。

[3] [英] 大卫 · 科尔比:《芬兰史》，纪胜利译，商务印书馆 2013 年版，第 141 页。

芬共报刊被捣毁，议会中的23名芬共议员被以叛国罪逮捕。反动政府控制的议会还通过了一项反共产主义的法令，禁止任何被认为会违反公共秩序的集会。

此后，在共产国际的帮助下，芬共重整旗鼓，坚持斗争，将斗争和工作重点转移到工人失业集中的地区，继续组织罢工，并与社会民主党影响的工会建立统一战线，借助工会的合法地位积极开展活动、从事革命斗争，使党的力量逐渐得到恢复和发展。但是，在1939年和1941—1944年的两次芬苏战争期间，芬共又遭到了反动势力的镇压，转入地下活动，一直到1944年芬苏和约签订后，才最终取得合法地位，重新进入公开活动时期。[1]即便在进入和平时期的21世纪后，芬共仍然强调斗争的必要性，认为“社会主义革命意味着工人阶级和广大人民群众开展斗争，以建立一种新的人类文明”[2]。不过，芬共现时所表达的斗争含义、目标与战争和地下活动时期已有差别。

（三）认为议会道路、和平过渡是西方国家走向社会主义的基本路径

自1944年获得合法地位后特别是第二次世界大战后，芬共对社会主义革命方式和策略的立场与认知发生明显变化。芬共十一大党纲表示：“芬共将通过‘民主发展’和‘议会多数’，争取以和平方式在芬兰实现社会主义。”[3]芬共在过渡时期的基本纲领要求：一是资本主义垄断工业企业、自然矿藏、大银行和对外贸易国有化；二是提高农民生活水平，实现彻底的土地改革；三是大力发展工业，迅速提高生产力水平，使芬兰成为高度发展的社会主义工业国；四是在工业和农业方面，发展自愿的合作化运动；五是保障工会组织的合法权利，工人有权管理和监督生产。这些主张主要体现在经济社会领域。在政治领域，芬共主张，为了建设社会主义，工人阶级必须把国家政权夺到自己手里。这种“夺”，是指

[1] 参见钟清清主编：《各国共产党总览》，当代世界出版社2000年版，第864、865页。

[2]《芬兰共产党纲领》，《当代世界与社会主义》2010年第4期。

[3] 钟清清主编：《各国共产党总览》，当代世界出版社2000年版，第866页。

和平取得，即通过民主选举获得议会多数来组建属于自己的政府。芬共十五大纲领进一步重申争取通过和平和民主的道路在本国实现社会主义革命，通过彻底改变经济生活和社会生活结构、改革权力关系和所有制关系，来实现芬兰向社会主义过渡；强调芬共将为使社会主义的支持者在议会中拥有足够强大的多数，并组成受到这一多数信任和工人群众支持与捍卫的政府而努力。为何能走和平过渡的道路？芬共的解释是：十月革命使世界力量对比发生的变化和芬兰社会、经济与政治的发展已为实现通向社会主义的改革创造了比以前更为良好的条件；随着科学技术发展，战争已经不是不可避免的了；通过议会斗争和平地过渡到社会主义已经成为可能。芬共对在芬兰实现和平过渡的"信心很大"，认为芬兰将会是最先和平进入社会主义的国家之一。

基于此，到20世纪七八十年代，随着芬共党内坚持独立自主的"多数派"逐渐占据优势，芬共领导人阿尔沃·阿尔托（Arvo Aalto）于1979年在党刊《共产党人》上发表《历史性妥协——芬兰的可能性》一文，强调随着国内外形势的发展变化，在芬兰没有马上实现社会主义革命的条件，还不能立即过渡到社会主义，资产阶级仍在议会中占多数，工人运动各派并不团结，为此，"在工人阶级与资产阶级力量之间进行某种妥协是必要的"，而"妥协"是一种"政治纲领或重大政治决策"，它是"以某种方式将工人阶级的利益和目标同民族资产阶级（或其主要部分）的利益和目标结合起来"，从而实现"本质上的变革"，强调"妥协不意味着工人运动对资产阶级的屈服"。[1] 尽管该党当时慑于苏共压力表面上不提"欧洲共产主义"，但从某种意义上说，芬共的"历史性妥协"其实就是"欧洲共产主义"相关思想在芬兰的现实翻版。

（四）认为推行并实现社会主义需要左翼进步力量之间的合作与联合

与西方大多数共产党一样，芬共一直都认识到联盟合作政策的重要性，

[1] 马文普：《阿尔沃·阿尔托——芬兰共产党前主席》，《国际共运史研究》1989年第4期。

也始终致力于在行动上推动该政策的实施。芬共认为，“民主合作”在芬兰有着悠久的历史，也是芬兰摆脱现实危机唯一可行的民主道路。芬共表示，它支持一切受大资产阶级掌政压迫的社会组织的解放要求，并愿意和这些组织及它们的代表合作。所以无论是在战争还是和平时期，芬共根据不同形势，多次倡导并组织参与推动过不同形式的联盟合作倡议。为了在议会中扩大影响，芬共在建党初期就相继组建过统战组织——芬兰社会主义工人党、芬兰社会主义工人与小农选举联盟。之后，它又先后与芬兰社民党建立工人统一战线、反法西斯人民统一战线，联合其他左翼进步力量开展革命斗争。1944 年后，该党与社民党左翼和民主人士建立了新的统战组织——芬兰人民民主联盟，不仅通过它参加多届议会选举，取得较好成绩；而且通过这一平台，参加了保卫和平与民主、改善民众工作和生活条件的多种斗争。20 世纪 60 年代初，该党又倡议建立广泛的反对大资本和反动派的民主阵线，目的是限制大资本的权势，阻止极右派的进攻。芬共十七大又提出了“民主力量合作纲领”，主张加强芬共、社民党和中间党三种“民主力量”间的合作，并组成中左政府，逐步为和平过渡到社会主义创造条件。80 年代，芬共在联盟政策上侧重于争取工人运动内部的团结，同芬兰人民民主联盟的其他盟员一道开展活动。芬共二十一大文件表示：“共产党人重视在工会运动、工人体育联盟、进步合作运动和其他工运组织中的合作。”[1] 它认为，在工人运动的思想与价值基础上为增进政治合作创造条件是一条可靠的路径。90 年代后，芬共的联盟与合作，更多的是在“左翼联盟”的平台上进行，芬共（团结派）尽管同原芬共芥蒂颇深，但仍然参加左翼联盟的活动。[2]

[1] 吴彬康等主编：《八十年代世界共产党代表大会重要文件选编》（下卷），中国广播电视出版社 1989 年版，第 101 页。

[2] 参见王家瑞主编：《当代国外政党概览》，当代世界出版社 2009 年版，第 599 页。

（五）实现社会主义必须有一个马克思主义指导的坚强的共产主义政党

芬共十一大党纲强调，芬共是工人阶级的政党，是以芬兰工人阶级和全体劳动人民的利益为其一切行动指南的党。芬共的指导原则是“马列主义的科学社会主义”，党的奋斗目标是联合各类劳动组织和进步力量，实现社会主义制度，为改革政治和社会发展方向而奋斗。芬共十二大强调：“马克思列宁主义是劳动人民根本利益的体现，是真理”，“党活动的基础是科学社会主义，马克思列宁主义”，“我们对共产主义事业必将获得最后胜利的信念正是建立在这个基础上的”。[1] 此后，芬共继续坚持马克思主义的立场和工人政党的阶级属性，并认为其自身是一个强大、有觉悟和经过历史考验的共产主义政党，是有战斗力和吸引力的。2018 年，芬共主席瓦萨宁在深圳纪念马克思 200 周年诞辰专题研讨会上表示：“从工人阶级的视角来看，必须成立一个真正的无产阶级政党与资产阶级理念做斗争。必须有一个马克思主义和列宁主义的政党，这就是芬兰共产党存在的意义。”[2] 芬共强调，“马克思理论的科学性要求对社会的发展和人们思想中的新现象作出不怀偏见的勇敢的分析”，芬共的任务就是要“尽一切可能发展马克思主义的理论”，“科学社会主义和马克思列宁主义，现在在芬兰比以往任何时候都更光辉地照耀着我们所选择的道路”。[3]

---

[1]《芬共十二大、瑞（典）共十九大、挪共十大文件》，世界知识出版社 1962 年版，第 13—14、98 页。

[2] 宋涛主编：《21 世纪马克思主义与新时代中国特色社会主义：纪念马克思诞辰 200 周年国际会议实录》，人民出版社 2019 年版，第 31 页。

[3] 钟清清主编：《各国共产党总览》，当代世界出版社 2000 年版，第 867 页。

二、国际共运视野下芬共对外关系的特征

（一）芬共始终坚守无产阶级国际主义

在世界社会主义运动中，芬共始终坚持无产阶级国际主义立场，并且在实践中表现出浓重的国际情怀。20世纪70年代前，芬共在谈到国际共运时多是提及无产阶级国际主义，之后更多的是使用“国际主义”“国际团结”“国际合作”等说法。芬共十一大报告在分析国际形势时表示，帝国主义阵营在削弱，社会主义国家在发展，苏共二十大推动了争取世界和平的斗争，要加强以苏联为首的世界社会主义阵营的团结和各国共产党之间的团结与合作。芬共主席阿尔沃·阿尔托宁（Arvo Aaltonen）在十二大时表示，芬共比从前更加懂得工人阶级国际团结和各民族兄弟友谊的思想在人类历史的形成中有着多么巨大的意义。共产党和工人党，世界上所有的民族将可能比以往任何时候都期望和需要国际的合作和相互间的支持。他指出：“我们党感到自己是国际共产主义不可分割的一部分，努力为实现共同的任务作出自己的贡献。”[1]芬共在十五大党纲中特别强调各国共产党人团结的伟大意义，并对正在建设社会主义和共产主义的各国人民和一切马克思列宁主义兄弟党表示声援。芬共支持被压迫人民争取民族解放和独立的斗争，支持资本主义国家工人阶级和劳动人民争取民主和社会主义的斗争。总体上说，在国际共运问题上，芬共强调秉持“各党平等、独立自主、相互团结一致和互不干涉内部事务以及每个党都有权自己选择争取社会主义和建设社会主义的行动路线”[2]。芬共多数派还发文表示，国际共运不存在任何指挥中心，两个平等政党之间的关系应该是友好的和实事求是的，而不能是从属的。

---

[1]《芬共十二大、瑞（典）共十九大、挪共十大文件》，世界知识出版社1962年版，第4页。

[2] 吴彬康等主编：《八十年代世界共产党代表大会重要文件选编》（下卷），中国广播电视出版社1989年版，第106页。

从政策实践上看，芬共曾得到共产国际多方面的支持和帮助，也给予世界社会主义革命和进步事业以坚定支持，并积极地参与国际共运的诸多活动，尤其在第二次世界大战后更加明显。20 世纪 50 年代芬共在朝鲜战争期间支持苏中朝三国，谴责美帝国主义的侵略行径。在 1957 年北欧共产党会议上，针对北欧国家是否应加入西欧共同市场问题，芬共对挪威共产党的亲政府立场予以批评，认为这会使其在政治经济上更疏远社会主义阵营。60 年代在越南战争问题上，芬共坚定支持越共争取民族解放的正义斗争。80 年代初，芬共中央政治局对波兰实行军管表示“可以理解”，同时也指出根源是波兰党犯了严重错误，忽视社会主义民主，出现了信任危机。80 年代中后期以来，芬共对社会主义国家间的纷争以及这些国家内部问题的表态趋于谨慎，立场趋向温和。

（二）芬共与苏联和苏共关系的演进

相比于西方其他共产党，芬苏两党关系特殊，这不仅在于双方地理上的相邻，更在于渊源上的亲近。芬兰 1918 年革命失败后，流亡到苏联的芬兰社会民主党的部分左翼人士就是在俄共帮助下，在莫斯科创建了芬共。该党一些领导人早期多旅居苏联，其创始人库西宁甚至加入了苏联国籍，成为苏共中央主席团成员。所以，芬共对社会主义的认知、对国际形势的判断、对国际共运的态度，深深地打下了苏共的烙印，其思想路线、组织路线和对外方针政策明显受到苏共的影响。

芬共认为，十月革命开创了人类历史从资本主义过渡到社会主义的新纪元。从此，对社会生活进行社会主义改革的必要性已在各个领域日益清晰地显示出来。芬共十二大报告指出：“苏联发展成为一个不仅在政治上而且也在技术发展方面都超过了其他国家的强大的社会主义国家，这意味着它的声音和行动在国际政治中具有最伟大的影响。”“各国共产党首先是第一个社会主义国家苏联共产党的丰富经验，对我们也有巨大的帮助。”[1]20 世纪 60—80 年代，芬共高

---

[1]《芬共十二大、瑞（典）共十九大、挪共十大文件》，世界知识出版社 1962 年版，第 6、71 页。

度评价苏联和苏共，认为苏共二十三大是“一次历史性的代表大会”，是国际工人运动和民族解放运动的新标志，将造福于全人类；认为苏共是一个“久经考验”的党，苏联是“富于社会主义经验”的国家。同时，芬共对苏联侵略阿富汗的行动进行辩解。芬共二十一大强调：“芬共和苏共之间的合作关系已有长达70年之久的同志式的和可以信赖的基础。”[1] 芬共大力赞扬戈尔巴乔夫的“新思维”和改革路线，强调自己也要用新思维来研究和解决当代科技发展给人类提出的新问题。当然，芬共并非对苏共的所有政策与行动都完全认同和无条件支持，特别是在1966年芬共出现公开的“亲苏派”后，芬共和苏共之间的矛盾日渐发展，尤其是自主派主导的芬共政治局发表反对苏联入侵捷克斯洛伐克的声明，虽引发苏联不满，但第一次展现了芬共的独立性，并且这一趋势在80年代中期进一步发展，芬共自主派与苏共之间控制与反控制、干涉与反干涉的斗争日益激化，最终以苏共退让告终。

（三）芬共与中共关系的演进

总体来看，芬共对中国和中共的认知经历了一个先抑后扬、由冷向热的变化过程。芬共在新中国成立后就同中共建立了外交关系。20世纪50年代，两党关系较为密切，两党及青年团之间互有往来。但自60年代初国际共运大论战至1987年的一段时期里，两党因为芬共紧随和配合苏共对外政策的需要，不仅联系中断，而且关系恶化。其间，芬共对中共的攻击、指责不断。芬共认为中共存在“民族局限性”和“狭隘的集团观念”。80年代初，芬共对中共的公开批评和指责明显减少，在其党报上出现了针对中共情况的客观报道及正面评价。芬共认为各国共产党正以关切的心情注视中国在新时期的发展，一些国家的共产党在与中共恢复关系是“一个积极的迹象”。1985年，芬共主导的芬兰人民民主联盟召开十四大，中国驻芬使馆代表应邀出席，受到芬共主席阿尔托的欢

---

[1] 吴彬康等主编：《八十年代世界共产党代表大会重要文件选编》（下卷），中国广播电视出版社1989年版，第106页。

迎。1987年，中芬两党正式恢复关系。芬共主席阿尔托正式访华，受到邓小平同志的亲切接见。阿尔托对中共十一届三中全会以来确立的正确路线所取得的巨大成就表示钦佩，认为中国的改革开放政策是成功和积极的，赞扬“中国在伟大的社会主义建设中解决了大多数发展中国家所没有解决的问题，证明了发展中国家面临的问题只有通过社会主义才能得到根本的解决”[1]。同年，中共派代表团出席芬共二十一大，中共中央发电致贺。阿尔托在二十一大报告中表示，中国的改革开放对世界社会主义产生了重要影响。90年代以后，中芬两党关系进一步发展，联系交往增多，芬共对中国改革开放和中国特色社会主义更加关注，了解趋于深入，评价也更为全面客观。芬共认为，中国特色社会主义的成就是中国共产党人坚持和创造性地发展马克思主义的结果，中国改革开放的巨大成就表明社会主义具有生命力，不仅在理论上而且在实践上也是可行的，用事实驳斥了“马克思主义过时了”“社会主义寿终正寝了”等谬论。中国共产党领导中国人民所探索的中国特色社会主义道路的巨大成功，是对世界共产主义和人类进步事业的重大贡献。

芬共对中共立场与认知的转变，反映了该党对世界社会主义认知的变化，是西方多数共产党的普遍现象。芬共同中共相距遥远，在20世纪80年代以前，与中共接触不多，对中国事务、中共问题了解有限，这是导致其对华立场出现偏差的客观原因。在主观上则是受苏共影响，以苏联模式作为其评判他国社会主义的标准和样板，教条主义、先验主义地看待中国。苏东剧变促使芬共对社会主义进行总结和反思，开始以一种新的思维和视角来认知中国改革开放和中国特色社会主义。芬共对中国特色社会主义态度和认知的转化过程，实际上也是它对21世纪世界社会主义认识的深化过程。芬共认知转变的关键在于中国特色社会主义的理论创新所带来的实践上的巨大成就，使芬共同西方大多数共产党一样，最终为中国特色社会主义的成功实践所折服。

---

[1] 马文普:《阿尔沃·阿尔托——芬兰共产党前主席》,《国际共运史研究》1989年第4期。

三、芬共日渐衰落的原因

尽管在力量与影响上不及意大利共产党、法国共产党等传统政党，但在北欧特别是芬兰本国来说，芬共在第二次世界大战后的二三十年中，曾经兴盛一时。1944 年后，芬共进入了一个发展的上升周期。自第二次世界大战后参加议会选举以来，芬共以及后来由其主导的芬兰人民民主联盟在多届选举中获得较好成绩，1958 年的得票率达到顶峰，约为 24%，获得 188 个议席中的 50 个，成为议会第一大党。1975 年前，芬共一直是议会前三大政党。此后，其得票率呈下降趋势，20 世纪 90 年代初约为 10%。从 40 年代至 80 年代初的近 40 年时间里，芬共曾四次参加过十届联合政府，在政坛当政时间近 15 年[1]，这在西欧国家共产党中比较突出。但自 90 年代后，芬共加速走下坡路。由芬共（团结派）改名而来的新芬共[2]，近 20 年来在全国议会选举中，得票率从未达到 1%。2011 年只有 0.3%，选票仅 9332 张，在议会中再无议席，在国内政治生活中已完全边缘化。[3] 芬共的盛衰历程，映照着西方多数共产党的演进轨迹，反映了西方国家共产党的艰难处境。概括起来，芬共由盛向衰的原因主要有以下几点。

（一）西方国家反共反社会主义势力不断挤压共产党的生存空间

芬共的衰落直至边缘化，固然有其自身政策的失误和失去苏联这一政治靠山的重要原因，但最主要的还是受制于冷战后西方“资强社弱”的政治大环境，多数国家的社会氛围趋于保守，反共反社会主义的势力相当强大。苏东剧变后，西方国家掀起了一股反共、反社会主义的浪潮，包括各国社民党也乘机加大了

[1] 参见钟清清主编:《世界政党大全》，贵州教育出版社 1994 年版，第 415 页。

[2] 参见钟清清主编:《各国共产党总览》，当代世界出版社 2000 年版，第 302 页。

[3] 参见刘健:《从政党理论角度分析芬兰共产党边缘化的原因》，《广西社会主义学院学报》2014 年第 2 期。

对本国共产党的排挤，恶化了西方共产党包括芬共的生存发展环境。这主要体现在：一是20世纪90年代以来，西方主流媒体片面解读历史，淡化、歪曲甚至抹杀共产党的历史作用，国内外反共势力极力渲染芬共与苏共的“亲密关系”，讽刺芬共是苏共在芬兰的“替身”或“影子”，认为苏共已倒台，芬共也没有在芬兰继续存在的理由。二是芬兰的中右翼政党乃至社民党利用其实力优势对芬共进行排挤，在竞选中孤立芬共，在选举规则制定、选区划分上作出不利于芬共等小党的安排，国家主流电视台有意减少甚至不让芬共宣传竞选主张和立场，并且在议会出台的诸多法案中漠视芬共的诉求。三是西方国家的行政、立法、司法机构有意无意地对包括芬共在内的各国共产党进行或明或暗的设障甚至刁难，包括针对共产党举办的相关活动尤其是组织的抗议示威游行设限，对其资金来源进行监控，在财政上对共产党等所谓激进政党组织进行制约等。这都使芬共处于比冷战时期更为艰难的条件中，难以与其他政党进行公正、平等的竞争，生存和发展的空间十分有限。

（二）芬共的和平过渡与联盟合作战略未达预期目标

同西方特别是西欧绝大多数共产党一样，芬共在探索社会主义的征程中，比较重视对和平过渡道路的开辟和对联盟合作途径的尝试，希望借助与社民党、小农党等左翼力量的联盟合作，通过议会选举的方式来取得政权，实现向社会主义的过渡。应当说，在第二次世界大战后西方资本主义国家长期的和平环境下，芬共的这种思路与策略有一定的逻辑合理性，并得到党内多数人的认同。但是，该党的和平过渡与联盟合作战略目标并未实现，甚至以失败告终。究其原因，从主观上看，确有其理想主义一面和策略方式不当的问题。比如，芬共曾认为，芬兰基本具备了向社会主义和平过渡的物质条件，显然大大低估了社会主义的实现难度。芬共在谈及与资产阶级的“妥协”中，对斗争策略的准备不充分。在联盟合作倡议中，芬共的主观意愿成分偏多，分析判断对方情况不够。但也要看到，客观原因是制约芬共和平过渡和联盟合作战略不能顺利实施的主要障碍。第二次世界大战后的芬兰，资产阶级政治势力总体上缺乏同共产党进行“妥协”的意愿，原因在于双方力量对比严重失衡，“资强共（产党）弱”格局凸显。资产阶级政党出于执政等政治需要，多是考虑与中左的社民党进行“妥协”或合作。尽管芬共努力争取与社民党、小农党等中左力量的联合，但后者对芬共则是有选择性的合作。芬共因力量偏弱，并不掌握中左力量联合的主导权，总处于被动局面。20 世纪 80 年代前，芬共力量基本在国内位列前三名，在还能为社民党等力量借助而得以组建政府的条件下，社民党等多次联手芬共。但在芬共力量不断下滑乃至边缘化，而失去了合作的“价值”时，包括社民党在内的中左政党就关闭了与芬共联盟合作的大门。

（三）外部势力干预下的党内长期争斗大损芬共元气

西方许多共产党都曾不同程度地存在派系争斗，甚至发生分裂，而芬共的党争则深深地打上了苏共频繁干预的烙印，教训更为深刻。1966 年前，芬共党内也有派别活动，但并没有影响党的正常运转，也基本未影响党的选举业绩。1966 年，芬共在党的十四大上就如何对待苏联问题产生了严重对立，公开地形成了以阿尔内·萨里宁（Aarne Saarinen）为代表的“自主派”[1] 和以维勒·培西为代表的“少数派”（也称“亲苏派”）。从此，党内两派斗争成为该党生活的主线。更为重要的是，在此后 20 年里，苏共几乎程度不同地介入了两派的所有争端。因多数派主导的芬共中央政治局对苏联入侵捷克斯洛伐克事件进行谴责而激怒了苏共，后者为此在芬共党内大力支持“亲苏派”，并把坚定支持苏共的塔伊斯托·西尼沙洛（Taisto Sinisalo）推上副主席位置，取代培西成为“少数派”首领，同萨里宁针锋相对。苏共《真理报》为支持“少数派”多次公开刊文对“自主派”进行猛烈抨击，苏共中央还多次派出政治局委员赴芬兰为“少数派”撑腰，引发芬共不少地区党组织和基层党员的反感。芬共党员对两派的长期争斗深恶痛绝，他们不参加党的活动，并不断在党内发起某种形式的“造反运动”，甚至声称要撇开两派在芬兰走“第三条道路”。到 20 世纪 80 年代初，两派不断加剧

[1] 在党内长期处于多数地位，也称为“多数派”。

的党争多次使芬共滑入分裂的边缘。尽管在1984年二十大和1985年特别代表大会上，“自主派”最终将“少数派”清除出党，苏共也因此作出让步，没有同“自主派”摊牌，并且承认“自主派”领袖阿尔托主席领导的芬共是“正统”，但为时已晚，此时芬共的力量已今非昔比，党员离党脱党现象加剧，党加速走向衰落。在苏东剧变冲击下，芬共与人民民主联盟合并成立“左翼联盟”，芬共仅作为一个理论性研究团体而存续。1992年，芬共因资不抵债申请破产而停止活动。

（原文刊载于《当代世界与社会主义》2021年第2期）

桂森林 南京财经大学马克思主义学院

钟连发 中共中央对外联络部世界政党研究所

挪威共产党对社会主义的认知与探索[1]

1923年11月，挪威共产党（以下简称“挪共”）成立，它是在挪威工党退出第三国际后，由工党内的左翼成员所组成的。[2]成立后，该党围绕如何认识社会主义、如何在挪威推动和实现社会主义、如何在苏联和苏共的影响与指导下推进国际共产主义运动等问题进行了不懈探索。但是，受国内外环境困扰，挪共在第二次世界大战后不断走向衰落。探析挪共的发展对于理解当前世界社会主义的多样化发展具有重要意义。

---

[1] 本文系北京高校中国特色社会主义理论研究协同创新中心（北京外国语大学）的阶段性成果。

[2] 参见钟清清主编:《世界政党大全》，贵州教育出版社1994年版，第399页。

一、挪共对社会主义道路的认知与探索

（一）始终坚持社会主义的远大理想目标，强调以马克思主义理论为指导

自成立以来，挪共始终致力于在挪威推动和实现社会主义。该党 1923 年创建时通过的《党的工作纲领》就把在挪威实现社会主义作为其奋斗目标。1957 年，挪共九大表示："共产党一直主张把工人阶级及其组织团结在一个目的在于反对金钱权力和在我国发展社会主义的政策中"，为此强调要"团结起来为和平与社会主义而奋斗"。[1]1961 年，挪共十大提出："社会主义是符合于我们时代的社会制度。社会主义意味着永远结束剥削和经济上的无政府状态"。为此，要"把当前反对大资本的斗争、在一切领域内争取实现劳动人民要求的斗争，与社会主义的目标联系起来"，并强调当前进行的扩大民主和不断扩大人民民主权利的斗争，与社会主义目标之间有着"直接关系"，尽管这种斗争并不意味着"直接地和立即进行从资本主义到社会主义的改造"。[2] 在苏东剧变的特殊时期，面对一些势力要求解散共产党的压力，挪共于 1991 年召开特别代表大会，并在新党纲中强调其奋斗目标是"要为社会主义和无阶级的共产主义社会取代资本主义而斗争"[3]。21 世纪以来，挪共在保留实现社会主义最高纲领的同时，更重视最低纲领的推动与实行，主要致力于具体的经济社会政策目标的实施，如保证现行的社会福利水平，保障就业等。

在推动社会主义的征程中，挪共注重坚守以马克思主义为指导思想，并强

[1]《北欧四国共产党论当前形势和党的任务》，世界知识出版社 1958 年版，第 60、61 页。

[2]《芬共十二大、瑞（典）共十九大、挪共十大文件》，世界知识出版社 1962 年版，第 192、193、196 页。

[3] 钟清清主编:《各国共产党总览》，当代世界出版社 2000 年版，第 272 页。

调要灵活运用该指导思想。挪共九大报告提出："我们有一个共同的基础，即马克思主义的理论，一个活生生的行动的指南，我们不断的试验着和进一步的发展着它，以使我们能不断更新并得到更好工作的鼓舞。"[1] 挪共十大报告强调，当前国际共产主义运动在全世界的发展就是马克思主义的胜利。时任挪共中央书记埃达·拉森在20世纪60年代初曾撰文表示，马列主义要求各国共产党研究和分析本国情况，并提出符合本国前提的政策规定，照搬并不是一个党前进的路径。1987年，挪共十九大通过的纲领强调："马克思、恩格斯所提出的科学社会主义、共产主义是挪共的理论基础"，"是世界各国工人阶级的行动指南，同时要根据国际形势和本国的实际情况运用这一理论"。[2] 进入21世纪以来，挪共依然坚信马克思主义的真理性。

（二）认为资本主义自身有着不可克服的矛盾，社会主义代表世界的未来

挪共自成立以来，始终是在批判和否定资本主义的语境下来看待人类社会的演进趋势，表达对社会主义的憧憬。挪共九大强调，形成战争危险和战争的是资本主义，这是由资本主义的体系和结构决定的。第二次世界大战后，资本主义的辩护士声称，资本主义已经克服了以往社会有规律地发生周期性经济危机的弱点，一个新的、民主的资本主义已经出现。但事实并非如此，第二次世界大战后资本主义国家出现的某些新变化使资本主义的尖锐危机有可能推迟，因为资本主义"已经生活在提前的将来"，"但是这些因素中没有一个可能解决资本主义的基本弱点或者消除它的基本矛盾"，因为"资本主义是受制于它自己的发展规律的，它不能逃脱它的影响"，资本主义世界的矛盾和火药正不断地增多。[3] 为此，时任挪共主席埃米尔·洛夫林在十大开幕词中表示："在这个时代里，

[1]《北欧四国共产党论当前形势和党的任务》，世界知识出版社1958年版，第20页。

[2] 钟清清主编:《各国共产党总览》，当代世界出版社2000年版，第273页。

[3]《北欧四国共产党论当前形势和党的任务》，世界知识出版社1958年版，第22页。

老的资本主义制度已经过时，并正在不断地衰落，而新的社会主义社会却在一个接着一个的国家里开辟道路，并成为整个人类的发展中最强有力的因素和决定性的力量。”[1] 挪共认为，第二次世界大战后，国际共产主义运动已经发展成人类历史上最大的政治运动，已使社会主义在地球上 1/3 的地方取得了胜利，使数十个民族和国家摆脱了压迫、剥削、民族与社会奴役，社会主义世界的成长如此迅速和广泛，使它能够在很大程度上限制资本主义的剥削和影响的范围。挪共“丝毫也不认为资本主义在我国为所欲为是注定不可避免的”，“人民政权最终和完全的胜利……只有在社会主义的社会中才能实现”，“通过和平竞赛，社会主义将显示出它的优越性”，“社会主义在全世界的胜利，资本主义在一切国家内的消灭，是持久和平、自由、进步和人类美好生活的最终保障”。[2] 进入 21 世纪，挪共仍然致力于批判资本主义，尤其是对 2008 年国际金融危机后的资本主义弊端进行激烈抨击。挪共主席卢纳・埃文森在 2017 年致贺中共十九大召开的电文中强调，要同各国共产党并肩战斗，与以美国为首的北约帝国主义作斗争。

（三）致力于和平过渡到社会主义，不主张暴力革命

在西欧共产党中，挪共是较早放弃强力手段，主张通过非暴力方式和平过渡到社会主义的共产党之一。1946 年，挪共领导人就提出了和平过渡到社会主义的相关观点，认为和平过渡必须具备一些具体条件。在 1957 年的挪共九大上，该党系统地提出了“走向社会主义和平道路”的和平过渡理论和主张。其依据是：全世界民主和社会主义力量不断壮大，已经存在一个强大的社会主义阵营和一个统一的社会主义世界市场。所有这些都已经相应地削弱了资本主义，这是能够向社会主义和平过渡的最重要因素。其理论内容主要包括：其一，在

[1]《芬共十二大、瑞（典）共十九大、挪共十大文件》，世界知识出版社 1962 年版，第 184 页。

[2]《芬共十二大、瑞（典）共十九大、挪共十大文件》，世界知识出版社 1962 年版，第 191、192、196—197 页。

挪威争取民族独立的斗争同工人运动紧密联系在一起，而挪威工人运动从一开始就按照宪法中规定的民主权利来行动。这种斗争是工人运动为使革命向社会主义社会发展打造基础的努力中的一个不可缺少的环节。其二，挪威的独立和完全的自主是国内民主发展和争取社会主义的重要先决条件。促进国内经济的发展、不断改善劳动人民的条件、捍卫和争取自由权利、创造向社会主义过渡和建设社会主义挪威的条件的任务，只能由挪威人民自己来解决。这是事关挪威民族独立的根本问题。其三，必须保障民主自由。在走向社会主义的道路上，工人运动必须保障法治。法治的基本原则规定于挪威现行宪法中。在当前社会形势下、在社会主义过渡时期和在社会主义政权之下，防止法治受到破坏是挪威工人运动的头等任务。其四，要致力于争取国会的多数。和平达到社会主义的方法之一就是劳动人民根据明确的社会主义纲领取得挪威国会的多数。为此，挪共主张挪威工人运动要以争取使大多数人民赞成社会主义秩序的方法，寻找和平走向社会主义的道路。因而，和平走向社会主义必须有这样一个前提：反动的集团不采取政变和暴力方法或者从其他国家引入武装部队。其五，在争取社会主义的斗争中，必须实现工人运动中各党派的统一、在一个共同纲领下的联合和一致行动。其六，创造一些其他条件。例如，实现劳动人民的决定权，保证劳动者的直接参与；劳动人民的国有化计划；实现更大的地方自治；摒弃集团政策，实行和平的外交政策；等等。[1] 此后，挪共在国内外不断变化的形势下，始终坚持和平过渡的思想。在1987年十九大通过的《原则纲领》的基础上，它又在1991年特别代表大会通过的《新原则纲领草案》中重申："共产党人主张不经过流血和内战，和平过渡到社会主义。力求建立一个民主的社会主义挪威，而通向这一社会的道路必须通过自由和民主选举。"[2] 冷战后，挪共继续致力于为和平过渡到社会主义而努力。

---

[1] 参见《北欧四国共产党论当前形势和党的任务》，世界知识出版社1958年版，第52—55页。

[2] 钟清清主编:《各国共产党总览》，当代世界出版社2000年版，第273页。

（四）主张联合左翼力量，共同推动挪威社会主义的实现

挪共认识到，要在挪威实现社会主义，仅靠挪共自身难以完成，必须实行广泛的联盟合作政策，特别是寻求主张社会主义的各种左翼政治力量之间的联合。在早期，挪共最为重视的是与挪威另一个工人阶级政党——挪威工党的联盟合作。1936年，挪共五大提出同工党在选举中合作并实现两党的统一，遭到工党的拒绝。1945年，挪共与工党谈判商议两党合并问题，但由于工党的因素而受阻。第二次世界大战后，挪共继续致力于推动同本国各类左翼政党之间的联盟与合作。挪共九大提出，要在挪威推动向社会主义的和平过渡，一个很重要的条件是劳动人民联合起来寻求一个共同纲领，而工人运动中的各党派在日常问题以及在争取社会主义的努力中找到统一合作的基础，将有助于促成致力于社会主义的广泛政治联合。工人阶级的统一是击退反对派的攻击，促使经济、社会和文化进步的一个基本条件。洛夫林在挪共十大上强调："共产党今日的任务是不断地致力于建立劳动人民的统一战线，使劳动人民为发展已获得的权利和较好的生活条件而进行斗争。"[1]20世纪60年代初，挪共仍试图同工党中的左派保持同志般的关系，希望他们开展对工党右派的斗争，认为同左派结成选举联盟是可能的，然而挪共并未如愿。此后，挪共致力于开辟同其他左翼力量的联盟与合作。拉森出任党主席后，挪共积极主张"左翼联合"，甚至提出要联合所有"左翼力量"来建立左翼激进党。在被党内的左派势力阻挠后，挪共又同社会主义人民党、民主社会主义者党组成"社会主义选举联盟"。在该联盟经过1973年大选获得16席的战果后，挪共认为联盟转化为一个新党的共同思想基础已奠定，赞成组织上完全统一。在此基础上，挪威社会主义左翼党于1975年成立，并要求成员党于1976年前解散。但是，挪共并未解散，而是继续坚持活动。90年代后，面对国内垄断资本的进攻，挪共强调："党必须同一切反对大资

---

[1]《芬共十二大、瑞（典）共十九大、挪共十大文件》，世界知识出版社1962年版，第192页。

本的政治势力结盟，同根据自身条件建立民主社会主义的国家和政党团结”[1]，但在实践中未能落实。

（五）认为在挪威推进社会主义必须依靠共产党来组织实施

挪共在党的文件中多次强调：“我们党是一个社会主义政党，是我国唯一始终如一的社会主义政党。”[2] 挪共“在斗争中依靠马克思和列宁所创造的社会主义基本观点。党是同劳动的挪威人民相一致的，生根于挪威工人运动的斗争、传统和特殊性的党，寻求挪威和其他国家的劳动人民之间的结合”[3]。挪共强调，它和它在工厂、劳动人民组织中的党员以及国会和市政委员会的代表们一道，在劳动人民反对资本权力的斗争中，是为劳动人民说话并和劳动人民站在一起的。在长期的斗争中，挪共在挪威工人运动中赢得了地位。挪共认为，它和挪威人民是一个整体，同他们的斗争、胜利和失败，同他们对和平、进步和改善生活条件的愿望，同他们对社会主义未来、没有恐惧和贫困的未来的理想，是完全一致的。

二、挪共在国际共运中的立场与作用

挪共在世界共产党中是一个相对活跃的党。数十年来，它对国际共运的一系列事件和问题都曾表达过其观点立场，也因此与一些兄弟党形成了较为复杂的关系。

（一）强调无产阶级的国际团结，主张兄弟党之间独立自主

挪共始终坚持无产阶级国际主义，并认为“在世界规模共产主义运动的集

---

[1] 钟清清主编:《各国共产党总览》，当代世界出版社 2000 年版，第 273 页。

[2]《芬共十二大、瑞（典）共十九大、挪共十大文件》，世界知识出版社 1962 年版，第 191 页。

[3]《北欧四国共产党论当前形势和党的任务》，世界知识出版社 1958 年版，第 50 页。

体中有挪威共产党”[1]。挪共认为，“全世界无产者，联合起来”比任何时候都更具有现实意义，这不仅是由于反对者的进攻引起的，而且也是国际共产主义运动发展的要求。各国共产党之间的团结是国际共运的行动能力与进击力量的基础。没有跨国界的团结，工人阶级就不能解决它最重要的任务，即保卫和平并在反对剥削和压迫的斗争中以及在全世界争取社会主义的斗争中取得胜利。为此，挪共愿意根据国际主义精神，与全世界一切社会主义力量联手促进共产主义在世界各国的实现。

挪共认为，各国共产党之间团结的前提是，承认每个国家都有决定自己的事务、政策和政权形式不受外来干涉的权利，每个国家的工人阶级在为日常要求而斗争中，以及在为缔造社会主义社会的斗争中，都有寻找自己道路的义务和权利。各党不论大小，都应当平等、独立自主，分歧应通过内部协商解决。挪共“同各国共产党之间的关系是建立在平等、独立和不干涉别国党内部事务的原则基础之上”，“欧洲作为共运中心的时代已经过去，每个党都有权决定自己的发展道路，都应独立自主地作决定”。[2]1961年，拉森在《自由报》撰文表示，在国际共运中，所有的党都可以相互学习经验，但是没有哪一个党是居于领导其他党的特殊地位，可以对别的党指手画脚的。如果一个党认为它的行动和观点没有错误，不接受讨论和批评，那么只会害了自己。即使那些最先进最有经验的党也可能犯错误，即使那些弱小的党也可能发现这些错误，并有权提出意见。所以，不要对其他党乱加批评。可以说，在较长时间里，挪共就是以这种态度处理国际共运中的党际关系的。

（二）对苏联与苏共的认识和评价

如何认识和对待苏联与苏共？挪共在20世纪60年代前，总体上能够独立思考并作出较为客观的判断与评价。该党高度评价十月革命的伟大意义，认为

---

[1]《芬共十二大、瑞（典）共十九大、挪共十大文件》，世界知识出版社1962年版，第184页。

[2] 钟清清主编:《各国共产党总览》，当代世界出版社2000年版，第275页。

它改变了人类历史的发展方向，强调苏联社会主义建设的伟大成就展示了社会主义同资本主义和平竞争的优越性。正因如此，各国共产党曾经紧紧地团结在苏联周围，并以自己的努力为捍卫苏联社会主义革命的成果而作出了重要贡献。

第二次世界大战后的几十年中，挪共对苏共的评价也在发生着变化。对苏共二十大报告，该党强调，赫鲁晓夫全面否定斯大林“是感情的攻击而非冷静的分析”，斯大林是一个伟大的社会主义者，起过“杰出作用”。挪共对 1956 年“匈牙利事件”表示遗憾，认为匈牙利事务应由本国人民自己来解决。对 1961 年的莫斯科会议，挪共给予积极评价，认为它为各国共产党实现共同目标的斗争“奠定了理论和原则基础”。1964 年赫鲁晓夫下台后，挪共发文表示不赞成“动机不明地”“不光明正大地”更换领导，同时希望苏共新领导能“尽一切努力”阻止现存国际共运中的危机发展成毁灭性的分裂。60 年代中期，苏共对芬兰、丹麦等国家的共产党施压，希望这些党在国际共运大论战中明确支持苏共，挪共对此表示不满。1968 年，挪共谴责苏联入侵捷克斯洛伐克是“对该国主权的干涉”，要求苏联撤军。在不久后召开的“共产党工人党国际会议”上，挪共再次谴责苏联侵略捷克，并拒绝在大会文件上签字。[1] 玛丁·克纽特生出任党主席后，两党关系改观，挪共对苏联、苏共的立场和认知发生明显变化。该党声称，两党“在基本国际问题上看法一致”。挪共赞同越南在苏联的支持下入侵柬埔寨，并对苏联 1979 年入侵阿富汗进行辩护，声称这是对阿富汗革命政府的一个“必要的帮助行动”。而在 1982 年汉斯·克莱汶担任党主席后，该党在苏联侵略阿富汗和波兰军管问题上又同苏共拉开距离，甚至表达不满。戈尔巴乔夫出任苏共总书记后，两党关系再度改善，挪共积极评价戈尔巴乔夫的“新思维”和改革。苏东剧变后，挪共开始反思，认为苏联共产党的模式是违反民主制度的，苏联高度集中的管理体制和官僚主义、教条主义思维阻碍了生产力的发展。

---

[1] 参见钟清清主编:《各国共产党总览》，当代世界出版社 2000 年版，第 275 页。

（三）对中国与中国共产党的看法与态度

挪共在对待中国和中国共产党问题上的态度相对复杂，主要在于其认知和立场不时受到内外因素的影响甚至制约。20 世纪 50 年代，挪共对中国社会主义建设总路线、“大跃进”、人民公社持肯定态度，其领导人还率团参加了新中国成立十周年观礼。挪共十大文件高度赞扬中国社会主义革命和建设所取得的巨大成就，认为中国和其他社会主义国家一起，改变了世界政治力量的对比。在 60 年代的国际共运大论战中，挪共基本保持中立，没有像西欧多数共产党一样，加入反华大合唱。1964 年，挪共中央书记阿尔内·约根森在奥斯陆向中方通报北欧共产党赫尔辛基会议的相关情况，解释挪共的立场。但其间挪共党报《自由报》曾数次撰文影射批评中共反对苏共所主张的“三和”[1] 立场。1967 年后，两党关系基本中断，挪共在其后一段时间里对中国共产党的指责和批评增多，其党报指责中国共产党在其他国家中对挪共“煽风点火”。70 年代初，拉森攻击中共搞“极端主义思潮”。70 年代中后期，克纽特生等公开声明，完全不同意中国所发生的一切。

1984 年，随着两党关系恢复，双方交往日渐增多，挪共对华立场与认知发生重大变化。该党积极评价中国的改革开放政策和中国特色社会主义伟大成就，认为它不仅从根本上改变了中国面貌，而且也在相当程度上改变了世界。2018 年，挪共主席埃文森访华时表示，中国在经济、社会、政治方面取得了巨大成就，中国特色社会主义制度适合中国国情。该党多次对中国共产党党代会召开发电致贺，还对新中国成立 70 周年给予高度评价，认为 1949 年新中国的建立是一场对中国和全世界人民均具有决定性意义的伟大胜利。70 年来，在中国共产党的领导下，中国取得了人类历史上任何国家都无法企及的巨大社会发展成就，社会领域进步显著，人民生活水平大幅提升，约八亿人成功脱贫。无论在政治还是物质层面，当今中国都是世界发展变化的决定性力量。同时，挪共在

[1] 指和平共处、和平竞赛、和平过渡的“三和路线”。

对华关系上还展现出正义和友善，在 1999 年北约轰炸中国驻南斯拉夫使馆后发电慰问，在 2008 年汶川地震后致电慰问，在 2020 年新冠肺炎疫情中发声支持中国。

（四）在国际共运尤其是世界和平反战运动中发挥了一定作用

为了追求和实现社会主义，挪共早期展现出鲜明的战斗精神。自建党以来，它积极参加国内外的革命斗争以及反法西斯战斗。它参与和组织了挪威工人的诸多罢工斗争，尤其是在 1931 年全国总罢工中发挥了重要作用。30 年代西班牙内战期间，挪共曾经给予西班牙民主力量以经济和武器援助，乃至组织志愿军赴西班牙作战。第二次世界大战期间，处于地下活动的挪共同德国法西斯侵略者进行了坚决斗争，75% 的挪共中央委员在战争中牺牲，75% 的干部和 30% 的党员被关进集中营。[1] 第二次世界大战结束前，挪共向挪威民众展示的多是战斗者的形象，并自认为“是为工人阶级的前进而艰苦奋斗和英勇牺牲的社会主义先锋的继承者”[2]。

第二次世界大战后，为了推进社会主义尤其是世界进步运动，挪共又突出地以和平、反战形象展现在国内和国际社会中。挪共十大强调，“和平是今天最重要的事情”[3]，挪共的重要任务就是为团结所有的积极力量进行争取和平与进步的斗争作出贡献，把为缓和世界局势以及为保障挪威与各国人民的和平作贡献当作首要任务。自 20 世纪 50 年代以来，挪共一直致力于推动挪威、北欧乃至全世界的和平、反战、反军备竞赛、反核和争取北欧无核区等各种和平运动，参与、组织和发起了各类集会、抗议和示威游行活动。

---

[1] 部分数据参见钟清清主编:《各国共产党总览》，当代世界出版社 2000 年版，第 271 页。

[2]《北欧四国共产党论当前形势和党的任务》，世界知识出版社 1958 年版，第 49 页。

[3]《芬共十二大、瑞（典）共十九大、挪共十大文件》，世界知识出版社 1962 年版，第 199 页。

三、挪共日渐衰落的原因

总体来讲，挪共作为欧洲国家的传统共产党，其演进历程与西方大多数兄弟党基本相似，经历了由“盛”向衰，最终陷入边缘化的过程。

挪共力量的发展变化呈现倒“V”形的运行轨迹。挪共建党后力量迅速发展，仅到1924年就有党员1.3万人，第二次世界大战后初期党员数曾达到1.6万的顶峰，此后逐渐下降，1969年降到2500人，90年代初减少到1000人左右，2005年仅有500名党员。[1] 挪共在1924年第一次参加大选，就获得6个议席，此时工党也不过24席。[2]1945年，挪共获得11.9%得票率，议席达11个。此后，获得席位数逐渐下降。1973年仅获得一个议席，之后再无全国性席位。1989年获得选票4000余张，得票率0.2%。[3] 进入21世纪以来，挪共在每次大选中的得票仅为1000张上下，未获得议席，以至于20世纪70年代才创建的挪威工人共产党、挪威社会主义左翼党的力量与影响都明显超过挪共[4]，挪威社会主义左翼党甚至在21世纪还与挪威工党结盟而参政，而挪共近40多年来则一直徘徊在全国议会之外，沦为挪威政坛一个无足轻重的小党。

导致挪共日渐衰落的原因是多方面的，包括该党联盟政策的一再落空，西方资产阶级力量的强大，反共反社会主义势力长期对共产党的挤压，特别是冷战后，挪威保守势力甚至工党都加紧打压共产党组织，加之苏东剧变使挪共内外承压，党的自身建设长期存在问题等。

在实现社会主义的过程中，挪共始终重视通过联盟合作的途径来推进，但效果并不理想。例如，挪共与挪威工党的合作。挪共从工党中脱胎而来，双方

---

[1] 参见丁爱萍:《北欧各国共产党现状》,《当代世界》2005年第4期。

[2] 参见[英]托·金·德里:《挪威简史》，湖北人民出版社1973年版，第432页。

[3] 参见钟清清主编:《各国共产党总览》，当代世界出版社2000年版，第276页。

[4] 这两党在1993年大选中分别获得1个和13个议席，两党党员数量也超过挪共，而挪共自1973年后再无议席。

有着千丝万缕的关系，挪共希望与工党联合，对工党寄予很大期望，不仅支持工党政府的改革措施，给予其很高评价；而且在工党政府处于困境、面临危机时，数次给予支持，比如1960年工党政府发生危机，挪共就全力支持工党政府。但是，挪共并不掌握双方合作的主导权，而是受制于工党。尽管挪共屡屡向工党妥协，然而工党并不买账，自第二次世界大战后到冷战结束前的半个世纪中，多次拒绝了挪共提出的在大选中实行左翼政党合作的要求。在1988年大选前，挪共率先提出建立“红绿联盟”主张，但工党及其他左翼政党并不响应，原因在于工党总是从自身利益特别是能否实现组阁执政的现实需要来决定有无必要与挪共联合，这与挪共期望通过与工党合作实现挪威和平过渡到社会主义的目标相距甚远，导致双方的联盟合作多以挪共的期望落空而收场。冷战结束后，鉴于挪共的实力大大下降，加上国内外环境的改变，工党对挪共更加冷漠，联盟合作就更无从谈起了。

苏东剧变所带来的挪共内外环境恶化也是其不断衰落的重要原因。自20世纪80年代末90年代初以来，与西欧绝大多数共产党一样，挪共的生存发展环境日趋严峻。西欧及挪威的资产阶级政党宣称挪共的使命已结束，没有继续存在的必要。此时，挪共领导层内也对党的未来走向在1990年二十大前后发生激烈争论，以主席科尔·尼尔森为首的主流派主张保留挪共，而以中央执委欧斯蒙德·朗赛特尔为首的一派则主张取消挪共，虽然主流派以46票对35票的多数而获胜，但挪共却因此分裂。[1]

此外，挪共自身建设中长期存在的一些问题也严重制约了其发展。主要表现在：其一，党的理论发展不足，难以应对复杂的国际国内问题。该党主席洛夫林在20世纪50年代后期就承认，挪共运用马克思列宁主义科学地分析世界和挪威形势变化的水平不高，不能给党内同志以必要的思想武器。党的方针缺乏定力，政策立场随党主席的更替而或左或右地波动，令部分地方基层组织无所适从，造成党内思想混乱，这在20世纪60至80年代尤为明显，如在60年代

---

[1] 参见钟清清主编:《各国共产党总览》，当代世界出版社2000年版，第272页。

的国际共运大论战中，时任领导人洛夫林还保持相对温和的态度，采取中间立场，但拉森、克纽特生相继接任领导人后，则发生了整体向苏共“一边倒”的重大变化，反华和攻击中共成了该党的主基调，导致部分基层干部党员“转不过弯来”。其二，党的基层组织薄弱。在较长时期里，挪共的中上层机构干部相对偏多，而党支部中从事具体工作的党员人数少，存在空心化现象，多数支部只有个别党员在工作，人手明显不足，尤其是在竞选时期，政治动员力严重不够。同时，党组织中青年、妇女党员比例低，大多数支部中两者的比例也就 1/3 左右，连党主席洛夫林都曾在党代会报告中感慨，该党在发展青年党员上速度太迟缓。[1] 这就导致挪共党员年龄老化情况突出，60 岁以上的党员占多数。其三，围绕党的路线方针政策的制定和实施，党内长期存在派别斗争。自第二次世界大战后以来，挪共至少发生过五六次明显的派别争斗：1950 年挪共针对前主席帕德尔·弗鲁博顿的右倾机会主义错误，将其开除出党；60 年代初中期，党内围绕中苏两党分歧及对工党态度问题爆发激烈的路线斗争，最终以拉森出任党主席告终；在 1975 年十五大上，党内以副主席克纽特生为首的多数派和以拉森为首的少数派，围绕该党参加联合建党后挪共是否解散问题展开争论，最终通过了多数派拒绝解散党的提议，克纽特生为此接任党主席；1980 年，挪共中央委员玛丽特·贝恩生因反对挪共公开支持苏联入侵阿富汗，而退出党的中央委员会；80 年初，挪共党内在苏联入侵阿富汗、波兰实施军管和对中国共产党的态度等问题上又发生分歧；1990 年，挪共二十大围绕党是否应继续存在的问题，尼尔森和朗赛特尔两派尖锐对立，朗赛特尔在表决失败后辞职。[2] 纵观历史，挪共每次的派别斗争都伴随着部分党员的脱党离党现象，党组织持续分裂，力量不断下降，并最终使挪共在国家政治生活中完全边缘化，教训甚为深刻。

（原文刊载于《当代世界与社会主义》2020 年第 4 期）

[1] 参见《北欧四国共产党论当前形势和党的任务》，世界知识出版社 1958 年版，第 49 页。

[2] 参见钟清清主编:《各国共产党总览》，当代世界出版社 2000 年版，第 271—272 页。

杨 扬 西南大学马克思主义学院

章德彪 中国劳动关系学院

塞浦路斯劳动人民进步党对社会主义的探索与实践[1]

塞浦路斯劳动人民进步党（以下简称“劳进党”）长期致力于社会主义的理论探索，努力推动社会主义的实践，并且注重学习和借鉴中国特色社会主义的成功经验，为推动本国社会主义事业的发展而不懈努力。

一、劳进党探索社会主义理论与实践的特点

劳进党是塞浦路斯创立最早的政党，建立于 1926 年，原名为塞浦路斯共产党（以下简称“塞共”），1941 年改为现名。[2] 自成立以来，该党就致力于社会主义理论与实践的探索，在实际的斗争行动中形成了对社会主义重大问题的立场和主张。

[1] 本文系 2018 年度国家社会科学基金一般项目“习近平总书记政党外交思想研究”（项目编号：18BKS164）和 2019 年度西南大学后期资助项目“改革开放以来中国共产党政党外交研究”（项目编号：SWU1909018）的阶段性成果。

[2] 参见钟清清主编:《世界政党大全》，贵州教育出版社 1994 年版，第 369 页。

（一）以坚持马列主义为指导、建设社会主义社会作为其始终不渝的奋斗目标

作为一个共产主义政党，劳进党始终在其党章中强调："劳进党是用马列主义理论和无产阶级国际主义原则武装起来的党，党的最终目标是建设社会主义社会。"[1]"劳进党接受马克思列宁主义世界观的指引，马列主义世界观随认识的不断深化和政治经济的发展而发展。"[2]劳进党总书记埃泽基阿斯·巴巴约安努在1986年党的十六大报告中强调，劳进党懂得用马列主义思想提高工人和劳动人民觉悟的重要意义，把传播和宣传马列主义理论，捍卫马列主义的纯洁性作为党的基本任务。该党同时也认识到，马列主义不是教条，而是照耀其前进道路的行动指南。斗争的成败取决于党是否正确运用马列主义。[3]

20世纪80年代中后期尤其是苏东剧变后，面对欧洲不少国家共产党放弃马列主义的指导思想和共产主义的奋斗目标，劳进党内有极少数人主张仿效苏东搞民主化，遭到党内主流派的坚决反对。该党政治局委员斯蒂法诺斯·斯蒂法诺表示，"马克思主义不可能是过去时"，"马克思主义的本质今天仍然是正确的"。[4]劳进党强调，必须捍卫社会主义和共产主义的崇高理想，维护党的路线、方针、政策、立场和决议。社会主义理想的内涵是建立一个消灭压迫和剥削，立足平等、民主和社会公正的自由社会。社会主义立足于马列主义理论和人类创造的一切积极成果，它在整个20世纪经过正反两方面的实践检验变得更加丰富，在理论和实践上摆脱了歪曲和失误，其前途是光明的，是人类的未来。

---

[1] 吴彬康等主编:《八十年代世界共产党代表大会重要文件选编》(上卷)，中国广播电视出版社1989年版，第645—646页。

[2] 刘洪才主编:《当代世界共产党党章党纲选编》，当代世界出版社2009年版，第127页。

[3] 参见吴彬康等主编:《八十年代世界共产党代表大会重要文件选编》(上卷)，中国广播电视出版社1989年版，第623、637页。

[4] 宋涛主编:《21世纪马克思主义与新时代中国特色社会主义：纪念马克思诞辰200周年国际会议实录》，人民出版社2019年版，第52、53页。

1990年，劳进党十七大通过的《我们的社会主义观点》的政治文件重申坚持社会主义方向。[1] 苏东剧变后，该党对社会主义的认识趋于灵活和动态，提出了“社会主义发展不可避免地呈现多元化的特点”的主张。2001年，劳进党75周年党庆活动首次明确提出要建设“有塞浦路斯特色社会主义”的理念，表示各国走向社会主义的道路是多元的，必须立足于本国国情，反对教条主义。

（二）把推翻英国殖民统治、争取民族自决权作为社会主义革命的基本前提

塞共建立于英国占领塞浦路斯后的第二年。但实际上，早在该党成立前，就有部分青年知识分子组成马克思主义小组，创建“劳工俱乐部”，出版《火炬报》《新人》等刊物抨击英国殖民者，宣传共产主义思想。为此，当时其主要的组织者均被殖民当局驱逐出境。1926年塞共成立后，其首要使命就是致力于结束英国在塞浦路斯的殖民统治、进行争取民族自决的斗争。建党初期，该党就把反对殖民主义的斗争作为主要任务，在20世纪20年代组织过多次反对英国殖民统治的工人罢工。1931年，塞共因支持国内的民族主义暴动遭到殖民当局的镇压，时任总书记科斯塔斯·斯盖利亚斯等主要领导人均被驱逐出境。1933年，英国殖民当局宣布塞共为非法组织，28名主要领导人被捕并获刑，党组织陷入瘫痪。30年代中后期，普劳蒂斯·塞尔瓦斯等领导人对塞共进行重建，并大力开展社会运动，使该党力量得到恢复和扩大。为了更广泛地团结社会各阶层群众，扩大社会进步力量对塞共的支持，塞尔瓦斯于1941年另组建了一个新的政党组织——塞浦路斯劳动人民进步党，即本文所指的劳进党。但在当时出于革命斗争的需要，该党在一段时间里与塞共同时并存，各有一套领导班子。劳进党的领导班子中还有非共产主义者，其党组织得到快速发展，支部遍及全国城乡。该党在国内继续开展争取民族自决权的斗争，并在希腊、北非、意大利等地开展反法西斯斗争。直到1944年，劳进党与塞共达成协议，决定将塞共中央

[1] 参见王家瑞主编:《当代国外政党概览》，当代世界出版社2009年版，第126页。

委员会并入到劳进党中央委员会中去，从此，塞共在组织上便不复存在。第二次世界大战结束后，劳进党继续为结束英国的殖民统治、争取民族自决权而开展罢工、示威游行等活动，并于1954年同国内各进步团体组建了民族解放阵线，共同开展实现民族自决的革命斗争。但是，英国当局声称："决不给予塞浦路斯人以自决权利。"[1] 由此，塞浦路斯于1955年爆发了反抗英国殖民统治的武装斗争。事实上，第二次世界大战后，劳进党在民族自决问题上是致力于坚持和平路线而非主张暴力行动的。即便如此，该党依然招致英国殖民当局的取缔，巴巴约安努等大部分领导人被捕，党组织不得不转入地下，继续坚持以罢工和示威游行等为主要方式的非暴力斗争，直到1960年塞浦路斯获得民族独立。

（三）把反帝、反占领和争取解放的斗争贯穿于社会主义革命的全过程

由于劳进党对英国、土耳其、希腊于1959年签订的《苏黎世协议》和《伦敦协定》持"有保留地接受"的态度，所以即便在塞浦路斯于1960年获得独立后，劳进党仍认为，塞浦路斯依然处于"反帝和争取民族解放的阶段"，"塞浦路斯人民的主要敌人依然是帝国主义及其走狗"。20世纪60年代，塞浦路斯岛内的希腊和土耳其两民族发生了两次大规模的流血冲突，希腊和土耳其两国为此分别支持各自的民族。1974年7月，希腊军人政权在塞浦路斯策动政变，推翻了马卡里奥斯政权。随后，土耳其以保护塞浦路斯岛内的土耳其族居民为由，以"保证国"身份出兵塞浦路斯，希腊军人政变由此失败，并导致土耳其占领了塞浦路斯北部37%的领土。在此过程中，劳进党也受到影响，其领导人被迫逃亡国外，党组织陷入瘫痪状态。这一重大事件使劳进党认识到，塞浦路斯民族解放问题并未从根本上得到解决，塞浦路斯岛内存在的希腊与土耳其两个民族的分离与分裂问题说明国家并未真正解放。因此，该党在1978年的十四大报

[1] [塞] C. 斯布里达奇斯博士：《塞浦路斯简史》，北京第二外国语学院英语系翻译组译，人民出版社1973年版，第101页。

告中强调，目前塞浦路斯阶级斗争的主导内容是反帝和争取民族解放。此后，该党的文件及党章一再表示："在当前反帝、反占领和争取解放的斗争阶段，劳进党的斗争目标是建立一个独立、主权、不结盟和非军事化的、无外国军队、外国移民和外国基地的联邦制塞浦路斯。"[1]20 世纪七八十年代，劳进党多次表示，帝国主义的存在使人类和地球上的生命面临着极度的危险，以美国为首的国际帝国主义正经历着一场严重危机，当前世界社会主义阵营的社会主义运动、资本主义国家的工人运动、前殖民地和附属国地区的民族解放运动三股基本革命潮流的共同敌人就是帝国主义、新法西斯主义和新殖民主义。进入 21 世纪以来，劳进党依然强调，反对帝国主义、殖民主义和种族主义是该党的重要使命，尤其"在争取塞浦路斯解放的斗争中，土耳其的占领及其背后的帝国主义势力，以及他们的帮凶和在当地的支持者是塞浦路斯人民的主要敌人，为此需要开展不间断和不妥协的斗争"[2]。该党 2015 年召开的二十二大提出，塞浦路斯问题 40 多年仍未得到解决，塞浦路斯陷入完全分裂的风险依然很高且不断上升。

（四）把开展议会斗争、取得政权作为推动社会主义实践的基本方略

随着塞浦路斯取得独立，民族解放的使命初步实现，劳进党便开始筹划革命的政权问题。它强调要实行正确的国内政策，保证国内稳定，整顿国家机构，致力于促成同国内其他政党和进步组织的合作，推动国家的政治变革和经济改造。

在 20 世纪六七十年代，劳进党就主张通过"议会斗争"方式参与执政，改变国家机构和军警成分来逐步夺取政权，实现党的最终目标。该党主张：在政治上，建立有代表性的、由支持总统路线的各党派代表组成的政治内阁，清洗

[1] 刘洪才主编:《当代世界共产党党章党纲选编》，当代世界出版社 2009 年版，第 127 页。

[2] 刘洪才主编:《当代世界共产党党章党纲选编》，当代世界出版社 2009 年版，第 127—128 页。

国家机器、国民警卫队和警察，组建民兵，使国民警卫队“塞浦路斯化”；在联盟政策上，强调为实现解放、反帝和反占领斗争的目标，必须将各种力量联合在统一战线内；在国际上，把捍卫世界工人和共产主义运动的团结看作争取社会主义体系进步和反帝力量胜利的首要因素，认为由于政治和经济的原因，资产阶级并非铁板一块，联盟政策在当前的斗争阶段是正确的、必要的，但合作必须建立在一定的原则和经验教训的基础上；在经济上，主张建立多元化的社会主义生产资料所有制，全民所有制、合作社所有制、私有制和个人所有制并存，实行中央计划指导与市场机制相结合，对高收入阶层按高额税率征税，增加社会福利，优先解决民生问题。

为此，在 1982 年，劳进党就宣布同国内的另一大党民主党进行合作，并且两党之间达成了四条最低纲领和实现纲领的具体措施，尽管后来民主党并未真正兑现。从 20 世纪 80 年代开始，劳进党致力于通过议会选举的方式来参与国家事务、影响甚至制定国家经济社会政策，在政坛中的影响力不断扩大。劳进党在 2001 年议会选举中成为第一大党；2003 年首次参政，一直到 2007 年退出政府；2008 年选举实现质的飞跃，成为执政党，该党总书记季米特里斯·赫里斯托菲亚斯当选总统；2013 年败选在野。劳进党执政期间，奉行“以人为本”的指导思想，在扶持重要经济产业的同时，加强福利国家建设，保障中低收入阶层利益，不断提高劳动者最低收入水平，向社会弱势群体发放补助，得到了多数民众的支持。[1]

（五）认为在塞浦路斯推进社会主义必须依靠劳进党，加强党的锤炼和变革是斗争的现实需要

劳进党认为，它是工人阶级的先锋队组织，是塞浦路斯人民的先锋力量，是一个真正的爱国主义政党。在过去的半个多世纪里，劳进党干部遭到各种迫

[1] 参见钱颖超:《“共产党人的前途是光明的”——专访塞浦路斯劳进党总书记安德罗斯·基普里亚努》,《当代世界》2012 年第 5 期。

害、监禁、屠杀和流放，但从未屈服过，从未向殖民主义、法西斯主义、残酷的压迫和剥削妥协过，始终坚定地站在革命斗争的最前列，不屈不挠地为工人阶级和劳动人民服务，为实现塞浦路斯的真正独立、不结盟和民主化同帝国主义的占领、军事基地的建立和干涉进行不懈的斗争。

该党强调，劳进党的力量来自自身的思想、政治和组织的团结，来自党内民主、集体行动、党员有觉悟的参与和行动，来自党与劳动者和人民不断扩大和加强的联系。为此，劳进党十六大指出，为了应对统治阶级采取的手段，需要对工作方法进行“革命的变革”[1]。几十年来，劳进党所进行的变革主要体现在：一是加强党的组织建设。劳进党认为组织建设是党开展政治工作和竞选活动的坚强基石，为此必须坚持党的民主集中制原则，重视对基层的党建工作，着力解决部分党员很少参加支部会议的问题，使党支部成为朝气蓬勃的组织，不断接收新党员，争取更多的积极分子。二是重视党的思想工作。劳进党十五大报告提出要利用党报党刊从思想上教育人民，十六大强调将向广大人民群众大力宣传马列主义的世界观和党的政策、提高其政治觉悟作为宣传战线的重要任务。[2]三是加强党与外围组织的联系。劳进党十六大报告提出要加强对工会运动、农民运动、青年运动、妇女运动、侨民运动的工作，推动它们更多地投入到党的各项活动中来。四是加强党与民众的联系。劳进党强调它是代表劳动人民的群众性政党，认为“劳进党的力量……来自党与劳动者和人民不断扩大和加强的联系”[3]，应当始终把劳动人民的问题作为关注的中心，始终站在劳动人民的前列，为他们的利益而斗争。在长期的革命和建设过程中，劳进党还建立了一系列加强联系群众的具体制度，比如党的议员每年必须两次遍访自己的选区。

---

[1] 吴彬康等主编:《八十年代世界共产党代表大会重要文件选编》(上卷)，中国广播电视出版社 1989 年版，第 623 页。

[2] 参见吴彬康等主编:《八十年代世界共产党代表大会重要文件选编》(上卷)，中国广播电视出版社 1989 年版，第 637 页。

[3] 张维尧:《密切联系群众——塞浦路斯劳进党发展壮大的法宝》,《当代世界》2006 年第 6 期。

二、劳进党对中国特色社会主义的认知与评价

劳进党对中国革命和建设特别是对改革开放和中国特色社会主义的认知和立场，在某种程度上体现出其作为参政党、执政党对世界社会主义发展变化的新思考和新感悟。

（一）十分钦佩中国特色社会主义建设特别是改革开放所取得的巨大成就

自 20 世纪 80 年代以来，劳进党多次派代表团访华，其领导人每次访华最深刻的印象就是中国惊人的变化和巨大的成就，认为中国已经成为世界巨人，成为世界经济强国之一，不仅造就了“中国奇迹”，而且创造了世界奇迹。2014 年，劳进党中央政治局委员安德丽亚娜·伊乌隆访华时表示，中国人口众多、基础薄弱、差异巨大，却保持了连续 30 多年的快速发展，就业问题解决得比欧洲好，经济增长速度比欧洲快得多，引起了全世界的兴趣和关注。在同中国多地基层干部和普通民众的交流中，劳进党成员真切感受到改革开放给人民生活带来的巨大变化与人们对党和政府的拥护。中国到处呈现出欣欣向荣的建设场面，充分展示出人们生活的富足和社会的和谐，也体现出中国经济发展的巨大潜能。2017 年，该党中央管理委员会委员塞诺法尼斯·赫里斯托祖鲁访华时高度赞赏中国的发展成就，认为无论是中国的内陆还是沿海发达地区，均充满生机活力，各地都重视科研创新、加快产业转型、致力于实现经济与生态的协调发展。在全球经济增速放缓的背景下，中国依然保持年均 6% 以上的增长，令人感到钦佩。2019 年，劳进党中央政治局委员、经济书记尼科斯·约奥努在接受中国采访及该党致贺新中国成立 70 周年的电文中均强调，新中国成立后的 70 年是一段中国人民为实现繁荣、进步、和平与发展社会主义付诸奋斗并作出巨大牺牲的历史进程。70 年来，特别是改革开放以来，中国在经济、科技等各个领域取得了令全人类惊叹的成就，吸引了全世界的目光。中共十八大以来，

在习近平总书记领导下，中国经济继续保持快速发展，综合国力不断壮大，成功跃居世界经济强国之列，中国的国家面貌也发生了翻天覆地的变化，人民生活水平显著提高。

（二）认为中国共产党的领导和中国共产党创造性地运用马克思主义是中国取得一切成就的关键

2000年，劳进党中央政治局委员、经济书记维尼泽洛斯·扎内托斯访华时指出，马列主义是真理，是随着时代发展而发展的科学理论。中国共产党通过自己的实践不断丰富了马列主义，邓小平理论是发展了的马列主义，指引中国的改革开放和经济建设取得了惊人的成就。约奥努也表示，中国共产党是马克思主义同中国工人运动相结合的产物，它始终坚持马列主义，始终将建设一个繁荣的、现代化的社会主义国家作为奋斗目标。苏东剧变后，欧洲及世界社会主义阵营遭受严重冲击，中国共产党没有重蹈苏联的覆辙，而是把马克思主义基本原理与本国实际相结合，不断地进行自我调整、自我完善，探索出一条符合中国国情的社会主义建设道路。该党政治局委员、组织书记赫里斯托斯·阿莱古也认为，中国取得的辉煌成就充分体现了中国共产党的强大执政能力，体现出社会主义制度的优越性。该党总书记安德罗斯·基普里亚努在接受专访及同中共领导人会见时均表示，中国共产党的领导对于中国的发展至关重要，使中国得以从一个落后的国家发展成为一个强盛国家。中国共产党一直实行为中国人民服务的政策，因此得到全体人民的衷心拥护。国际上有些人不承认中国共产党的领导作用，这是由他们的阶级立场和价值认知所决定的。

（三）认为中国共产党的成功在于探索出一条社会主义的正确道路

劳进党领导人把中国共产党的成功归结到社会主义道路的正确选择上。基普里亚努等表示，中国的成功不是偶然的，是中国共产党人顺应历史潮流，尤其是顺应中国发展变化和人民对美好生活的向往，通过不断的摸索和实践，成功地探索出了一条适合中国实际的社会主义道路。目前来看，这个方向是正确的，这条道路的成功举世瞩目。扎内托斯、约奥努等认为，社会主义的历史虽短，但中国共产党通过自己的探索和实践，摸索出一条符合中国国情的社会主义建设道路，制定了一系列相应的政策，释放出了巨大的社会活力，取得了惊人的发展成果。中国特色社会主义道路的成功探索，让世界共产党人看到了社会主义新的发展模式。中国的成功经验和苏联的教训充分表明，由于各国政治、经济和社会情况的差异，建设社会主义不可能有通用和统一的模式，各国共产党只能根据本国实际，探索和选择适合自身的社会主义道路。劳进党政治局委员尼科斯·贝鲁特对中国道路的制度特征作了自己的解读，认为中国共产党所探索的道路，具有西方政党所没有的特性：一是计划性和延续性。从中央到地方各级政府对未来发展均有明确的短期目标和长远规划，通过有计划地完成短期目标来推进长远规划的实现。二是强大的执行力。中国共产党和政府对各项计划的实施有着很强的执行力，可以集中各方面力量和资源完成重点工作。三是严格的组织纪律性。中国共产党依靠各级党组织和党员的力量，在各项工作中发挥着领导和带头作用，这是西方任何政党所无法比拟的。

（四）认为中国深刻地改变着世界，中国特色社会主义对世界社会主义影响深远

劳进党领导人看到了中国的变化对世界的影响，认识到中国特色社会主义的世界意义。基普里亚努表示，当前人类历史已经处于一个关键点。中国作为一个大国，无论从政治上还是经济上，都对世界的发展产生了巨大影响。他确信“中国能为世界和平、安全和稳定发挥越来越大的作用”[1]。该党在致贺新中国成立70周年的电文中表示，70年来，中国致力于同世界其他国家通过团结合作实现和平与互利共赢，成为闪耀的榜样。约奥努也在专访中强调，中国70年的巨大发展深刻地改变了全球政治经济格局，尤其为世界减贫事业作出了突

[1] 钱颖超:《“共产党人的前途是光明的”——专访塞浦路斯劳进党总书记安德罗斯·基普里亚努》,《当代世界》2012年第5期。

出贡献。

早在2002年，该党总书记赫里斯托菲亚斯就表示，当前，世界社会主义左翼运动处于困境，但中共的生机勃勃给世界社会主义带来希望，中国特色社会主义在不断开拓新的局面，这让世界共产党人深受鼓舞。伊乌隆、基普里亚努等强调，中国的巨大变化、中国取得的每一成就，都更加坚定了世界共产党人对共产主义前景的信心。说服人民信仰共产主义，除了要有成功的理论研究外，还必须有成功的实践。在这方面，中国共产党和中国人民为世界社会主义作出了重大贡献。赫里斯托菲亚斯、伊乌隆、阿莱古等认为，中国特色社会主义的成功是对世界社会主义运动的巨大鼓舞和贡献。中国探索社会主义道路的每一步都值得世界研究，它为全世界的共产党提供了一个很好的执政范例，其发展经验值得各国共产党学习借鉴。虽然塞浦路斯的国情和中国不同，但劳进党要实现长期执政，必须不断进行自我革新，学习中国共产党永葆活力的秘诀，借鉴中国共产党执政的诸多经验。

三、对劳进党认知和探索社会主义的几点思考

（一）劳进党无论在理论还是实践上都是相对温和的党，“妥协”是其重要的社会主义斗争策略

自成立到20世纪70年代中的近半个世纪里，劳进党内外生存环境都相对严酷，直到80年代后，其处境才得到明显改善。由于长期处于敌强我弱的状态，劳进党不得不更加清醒地面对现实，在理论政策上力避激进，在行动上不走极端，将“和平”“非暴力”式的路线作为社会主义革命策略的主基调。该党早在70年代前就表示：“搞武装斗争是注定要失败的。”所以，该党除了在30年代初一度支持过国内的民族主义暴动和在反法西斯战争中进行过武装斗争外，在谋求取得社会主义政权的近百年历程中，均不提暴力革命，不发动武装斗争，而是奉行“妥协哲学”，致力于议会斗争即通过议会民主选举的方式来赢得多数、

组建政府，通过合法的手段“获得政权”。在几十年的革命历程中，劳进党不仅对民主党实行妥协政策，而且对大会党、天主教和资产阶级其他右翼势力，也多是采取忍让与争取政策。劳进党认为当今世界已不可能存在一个阶级的专政，所以接受多党制并认为人民的自主意愿是政权的唯一来源。劳进党在经济策略上也不具有“革命性”，而是一种“渐进性”的妥协，倾向于合理地分担国家的经济责任，合理地分配国家财富，保护和加强中产阶级的地位，在混合经济制度下推动国家的经济改造，而不是实施全面的国有化和对资本家的暴力剥夺。

（二）劳进党秉持实用主义策略，社会主义政策在执政时被“隐性化”

劳进党是在资本主义环境下探索社会主义的，表现出一种鲜明的“西方特质”[1]。这在该党纪念75周年党庆时提出的建设“有塞浦路斯特色社会主义”的理念中得到集中体现，比如它强调，社会主义应该是人民自主选择的结果。社会主义国家应该是法制国家，而不是任何阶级的专政。社会主义社会应该允许多党存在，这是社会政治和思想多样化的现实反映和结果，是确保人民内部不同群体利益的需要。社会主义国家在一切领域都要实行透明的民主制，以人为本，要保障个人自由和民主权利。解决生态问题是社会主义社会首要和重要的课题等。劳进党在2015年召开的二十二大上表示自己“是一个现代的共产主义政党”。它的这种现代性可以更准确地表述为一种21世纪的现实主义，非常明显地体现在它执政后的一些重大政策选择和推行上，比如，正是在该党参政特别是执政期间，塞浦路斯相继加入了欧盟和欧元区。这是劳进党支持甚至主导塞浦路斯按欧盟要求，进行经济社会改革，推动经济结构调整的结果。可以说，劳进党当政时所推行的重大内政外交政策，事实上沿袭了前任资产阶级执政党所实行的政策，仅仅是在某些具体政策举措上存在小的差异而已。

[1] 这是相对于苏联、中国等国“东方式”的社会主义革命和建设特点而言的。

（三）劳进党对苏联社会主义的认知经历了崇拜、美化到反思的历程

劳进党在相当长的时期里表现出对十月革命的敬仰和对苏联内政外交政策的肯定甚至美化态度。它强调，十月革命是具有世界意义的历史性事件，是20世纪社会主义运动的巅峰时刻，是所有同质革命的最高峰，坚决反对任何抹杀苏联革命和建设成就的观点和现象，认为“以苏联为首的社会主义国家取得了巨大的成就”，社会主义制度在各个领域里都引人注目地显示出对资本主义的优越性，“社会主义国家特别是苏联消灭了各种危机、失业和剥削”。甚至到了20世纪60至80年代，该党对苏联扩军备战、武装侵略捷克斯洛伐克、入侵阿富汗等行径也公开支持和辩护，认为“苏联不是去奴役这个国家（指阿富汗），而是去帮助它对付帝国主义阴谋”，苏联是“战争最无情的敌人”。[1] 苏联解体令劳进党深感震惊和忧虑。它开始反思苏联的教训，认为戈尔巴乔夫“使苏联倒退到沙俄时代”[2]。基普里亚努在接受专访时也承认:“苏联解体是社会主义事业的一大退步。”[3]

（四）劳进党对中国社会主义革命和建设的观点和态度呈现由抑向扬的演进过程

在20世纪60至80年代，劳进党批评和指责中国与中国共产党的情况较多。60年代国际共运大论战时期，劳进党公开批评中国共产党，1963年指责中国共产党搞“教条主义”“分裂主义”，执行“反苏主义”路线。在70年代初甚至称中国是苏联和国际进步运动团结的敌人。直到1987年两党恢复关系后，劳

[1] 吴彬康等主编:《八十年代世界共产党代表大会重要文件选编》（上卷），中国广播电视出版社1989年版，第618、626、640页。

[2] 钟清清主编:《各国共产党总览》，当代世界出版社2000年版，第225页。

[3] 钱颖超:《“共产党人的前途是光明的”——专访塞浦路斯劳进党总书记安德罗斯·基普里亚努》，《当代世界》2012年第5期。

进党才停止对中国和中国共产党的不友好政策，友好往来增多，两党关系实现正常化。进入21世纪以来，随着劳进党自身走向国内政治舞台的中心，参与国家事务决策后，它对中国共产党的一系列内外方针政策特别是中国特色社会主义的一整套思路和做法更为理解和钦佩。劳进党提出要深入了解学习和借鉴中国共产党的成功经验，如培训干部、管理党员、反腐败、扶贫减贫、创造就业等多方面的经验和做法，提出要派考察小组到中国来实地取经，从而更好地为塞浦路斯人民谋利益。2014年伊乌隆率领代表团访华期间，有成员甚至情不自禁地激动高呼“中国万岁”“共产党万岁”的口号。该党近期在新疆、西藏、南海、新冠肺炎疫情等问题上均发声力挺中国。从深层次上讲，这些转变是劳进党对中国特色社会主义认同和敬仰的现实反映。

（原文刊载于《当代世界与社会主义》2020年第4期）

李海玉　河南理工大学马克思主义学院

美国共产党百年发展的经验教训[1]

美国共产党（以下简称“美共”）成立于1919年9月，是一个坚持马克思列宁主义、“为美国工人阶级服务的美国工人阶级的政党”[2]，是国际共产主义运动中的一支重要力量。作为最发达资本主义国家中的共产党，美共在其百余年的奋斗历程中，历经困难和波折，始终顽强地求生存、求发展，不断地探索美国的社会主义道路，为国际共产主义运动作出了自己的贡献。首先，美共在不同的历史时期，对美国资本主义世界的生产力状况、资产阶级统治状况、阶级斗争状况、社会运动状况等进行分析判断，提出了什么是社会主义、如何走向社会主义以及如何建设社会主义等理论，丰富了科学社会主义的理论宝库。其次，美共自诞生以来，在国内积极开展各种形式的社会主义斗争实践，并声援支持其他国家共产党的斗争，为推动国际共产主义运动向前发展发挥了重要作用。与此同时，美共的社会主义理论与实践在美国国内也产生了重要影响。它促使资产阶级政府作出一定程度的让步，采取一些有利于工人阶级的措施；培养了美国民众的社会主义意识，激发了美国社会的进步倾向；一定程度上抵制

[1] 本文系教育部2018年度人文社会科学研究规划基金项目“2008年金融危机以来美国共产党理论与实践的新发展”（项目编号：18YJA710021）的阶段性研究成果。

[2] Constitution Committee, "New CPUSA Constitution (final draft)", June10, 2014, https://www.cpusa.org.

了美国极右翼势力的影响，推动美国政治的左转；促进反种族歧视、移民权利保护、反警察暴行、反性别歧视、环境保护等社会运动的发展。回顾总结美共百年发展中的经验教训，具有重要的现实意义。

一、马克思列宁主义没有与本国实际相结合

工人阶级政党在任何时候都要坚持马克思列宁主义的基本原理，但必须把它与本国的具体国情结合起来，才能制定出正确的路线方针政策。在这方面，美共在其百年发展中走过了一条曲折的道路。在美共发展的前期，曾经出现过比较严重的教条主义错误。而这一教条主义错误与当时美共的重要领导人威廉·福斯特密切相关。福斯特在1928—1957年三次担任党主席。但他在对待马克思列宁主义的问题上，却表现出严重的教条主义倾向，这主要体现在他关于阶级斗争的思想和实践上。福斯特极为推崇马列主义关于阶级斗争的理论，认为无产阶级同资产阶级之间的矛盾是不可调和的，由于阶级利益的根本不同，两者之间的关系必然是对立与斗争的。他指出："工人不能和老板成为'友好合作伙伴'，两者之间是阶级敌人，有着敌对的利益。剥削者与被剥削者是政治上的天然敌人。"[1]他非常赞同列宁关于资本主义处于腐朽、垂死阶段的论断，认为资本主义正快速走向灭亡。他在1949年写作的《世界资本主义的末日》中指出："资本主义现在已经到了最后的、帝国主义阶段了……帝国主义加剧了资本主义制度的一切矛盾，加速了目前世界战争和社会主义革命时代的来临。"[2]他高度赞扬列宁关于暴力革命和无产阶级专政的理论，提出资本主义就是通过革命战争推翻了封建制度，无产阶级现在也应夺过资产阶级手中的剑，通过革命斗争推翻垂死的、腐朽的资本主义。[3]福斯特在20世纪30年代美国经济大萧条

[1] William Z.Foster, *Toward Soviet America*, International Publisher, 1932, p.252.

[2] William Z.Foster, *The Twilight of World Capitalism*, International Publishers, 1949, p.10.

[3] William Z.Foster, *Toward Soviet America*, International Publisher, 1932, p.219.

期间号召无产阶级拿起武器开展暴力革命，废除现存的资本主义制度。他指出，终结资本主义制度需要共产党领导无产阶级自觉组织起来并进行革命，打碎旧的国家机器，建立无产阶级专政。

福斯特关于阶级斗争的思想和实践并不符合美国的国情。原因有三：一是资本主义仍然具有一定的自我调适能力。福斯特忽视了像美国这样生产力高度发达的资本主义国家，具有相当的自我调适能力，它并没有进入垂死阶段。二是美国民众的革命热情并不高。多数美国民众并不接受共产主义意识形态，他们认可资本主义制度，相信资产阶级政府能带领其走出危机。三是美国具有强大的资产阶级国家机器，随时都可以扑灭任何旨在推翻其社会制度的革命活动。福斯特在没有正确分析美国现实国情的情况下，就机械地照搬和运用马克思列宁主义的阶级斗争理论，决定了他领导的革命斗争不可能取得预想的效果。事实上，在福斯特主导下，美共尽管英勇奋斗，但成效不大，不但未获美国民众的广泛支持，而且还招致资产阶级的绞杀。

鉴于教条主义所带来的严重后果，美共党内开始进行反思。1957 年 2 月，美共十六大通过决议，全面深入地阐明了对待马克思列宁主义的态度。决议指出，共产党的理论以马克思、恩格斯、列宁所发展的科学的社会主义原则为基础。美共必须“从这个理论宝库中抽出普遍适用的东西，把它和美国工人阶级在美国争取社会主义的斗争的具体经验结合起来”[1]。决议还指出，无产阶级不可避免采取暴力革命的观点在美国已经过时，要承认在美国有采取和平的、合乎宪法的道路过渡到社会主义的可能。经过十六大，美共在相当程度上克服了教条主义问题，开始缓慢复苏。冷战后，美共对马克思列宁主义本土化的认识越来越深入。美共主席格斯·霍尔 1996 年发表《美国社会主义》一文，指出美国社会主义将“根据美国的传统、历史、文化和状况建立起来”[2]。1999 年他又

---

[1] 世界知识出版社编辑：《美国共产党第十六次全国代表大会和加拿大劳工进步党第六次全国代表大会重要文件汇编》，世界知识出版社 1958 年版，第 79 页。

[2] 丁淑杰：《美国共产党的社会主义理论与实践》，中国社会科学出版社 2006 年版，第 203 页。

发表《美国共产党的权利法案社会主义》一文。之后，美共全力推进“权利法案社会主义”理论，并把它写入2005年的党纲。基于美国民主传统之上的“权利法案社会主义”理论描绘了具有美国特色的社会主义愿景，是美共把马克思列宁主义基本原理与美国实际相结合的标志性理论成果。2014年美共新党章规定：“我们在美国的历史、文化和传统基础上，运用马克思、恩格斯、列宁等人提出的科学观点。”[1] 这体现了美共在马克思列宁主义本土化认识问题上已经变得完全自觉。

二、没有坚持独立自主的原则

美共成立当年即加入了共产国际，成为后者的一个支部。此外，美共长期面临资金短缺的局面，各种活动经费有赖于共产国际资助。[2] 第二次世界大战期间，尽管受战争影响，共产国际也从未中断对美共的资助。共产国际解散后，苏联继续每年对美共提供资助。美共在组织上隶属于共产国际，财政上依赖共产国际和苏联，致使它长期追随并受控于共产国际和苏联。20世纪三四十年代，美共的诸多路线方针政策的制定无不服从服务于共产国际和苏联的意志及利益。1933年3月，罗斯福实行新政。美共认为罗斯福新政采取的措施与法西斯政府的措施有很大的相似性，因而对罗斯福政府持强烈的批判态度。共产国际于1935年七八月间召开七大，要求各国共产党建立反法西斯人民阵线。会上，共产国际领导人季米特洛夫建议美共建立农工第三党作为美国人民阵线的具体形式，以此来阻止美国的法西斯主义。美共积极响应共产国际和季米特洛夫的意见，很快发起了第三党运动。然而，共产国际和季米特洛夫的指示并不符合美国实际情况。因为，美国当时实际上并没有实行法西斯主义；美国民众

---

[1] Constitution Committee,"New CPUSA Constitution(final draft)", June10, 2014, https://www.cpusa.org.

[2] Harvey Klehr, John EarlHaynes, Kyrill M.Anderson, *The Soviet World of American Communism*, Yale University Press, 1998, p.141.

关心的是与己相关的国内事务，当时罗斯福新政受到美国民众的欢迎。所以，第三党运动最终归于失败。1938 年，美共扩大人民阵线，表示支持罗斯福。但是，这一政策很快又发生转变。第二次世界大战爆发后，苏联出于自身利益考虑保持中立，并称这场战争是帝国主义集团之间的战争。随即，共产国际要求各国共产党改变人民阵线政策，将主要斗争目标从反法西斯转移到反对本国资产阶级政府上。共产国际密电美共，要求停止支持罗斯福政府，并阻止其援助英法等国。美共忠实地执行了共产国际的指示，完全放弃了人民阵线政策，转而抨击罗斯福政府。美共的主张和行为与美国社会的主流立场相对立，受到美国社会的一致反对和批评，美共甚至被认为是“莫斯科的代理人”。美共内部的知识分子和犹太裔党员也纷纷退党。1941 年 6 月 22 日，德国突袭苏联。苏联立即与美英等国发展同盟关系。共产国际迅即回到七大时的立场，“号召各国共产党支援苏联卫国战争，全力进行反法西斯斗争”[1]。于是，美共再次投入建立反法西斯统一战线的工作，支持罗斯福政府，要求全力援助苏联。但是，战后不久，美共因配合苏联要求，反对推行冷战政策的杜鲁门政府，再次为美国社会的主流所抛弃。美共在美国社会日趋边缘化。严峻的现实促使美共开始反思以前盲目紧跟共产国际和苏联所带来的教训。1957 年 2 月，美共十六大通过的决议指出，各马克思主义政党之间要“保持平等和独立”[2]。但 1981 年 6 月美共通过的新党纲“重申与苏共保持一致，反对任何与苏共不一致的‘离经叛道’行为”[3]。1991 年苏联的解体使美共没有了来自苏联的羁绊，开始了真正独立自主探索本国社会主义道路的新阶段。1996 年，美共主席格斯·霍尔指出，美国

[1]《国际共产主义运动史》编写组编:《国际共产主义运动史》(第二版)，人民出版社、高等教育出版社 2020 年版，第 163 页。

[2] 世界知识出版社编辑:《美国共产党第十六次全国代表大会和加拿大劳工进步党第六次全国代表大会重要文件汇编》，世界知识出版社 1958 年版，第 82 页。

[3] 王坚红:《冷战后的世界共产党》，中共党史出版社 1996 年版，第 236 页。

的社会主义将“具有美国独特的模式”[1]。2005 年，时任美共主席的山姆·韦伯在《社会主义反思》一文中谈到向社会主义过渡时指出，“我们应该毫不掩饰地支持我们自己国家的特定道路”[2]。2016 年，美共主席约翰·巴切特尔强调：“每个国家的社会主义过程因其特殊的国情、挑战、历史和传统而不同，向社会主义美国的过渡将由美国独特的历史文化决定。”[3] 目前，美共的政策主张越来越表现出务实的特点，美共在美国民众特别是“在年轻人当中吸引力越来越大，越来越多的年轻人申请加入美共”[4]。

三、无法克服党内派别斗争

在美共历史上，党内派别斗争一直是一大顽疾，它曾多次造成党的分裂局面。这些党内派别斗争比较典型的有以下几次。

一是福斯特派与坎农派的斗争。这场斗争源于苏共内部斯大林与托洛茨基等人之间的斗争。托洛茨基等人反对一国能够建成社会主义的论断，认为只有西方无产阶级取得胜利后对苏联实行直接的国家援助，苏联才能建成社会主义。斯大林则持相反意见，在党内对托洛茨基进行了斗争。美共党内重要领导人詹姆斯·坎农拥护托洛茨基主义，在美共党内积极宣传托洛茨基主张，并形成了一个派别。而美共党内以福斯特为首的另一派则完全拥护斯大林的观点，与坎农派展开了激烈斗争。这场斗争以福斯特一派的胜利而结束。1928 年 10 月，坎农连同党内的一些知识分子及工会活动分子等 100 多人被开除出党。

---

[1] 丁淑杰:《美国共产党的社会主义理论与实践》，中国社会科学出版社 2006 年版，第 203 页。

[2] Sam Webb, “Reflectionson Socialism”, June4, 2005, http://www.cpusa.org.

[3] John Bachtell, “Towards a Modern, Democratic, Peaceful, and Green Socialism”, June15, 2016, https://www.peoplesworld.org.

[4] CPUSA International Department, “China and U.S. CP leaders meet”, March19, 2021, https://www.cpusa.org.

二是福斯特派与洛夫斯顿派的斗争。这场斗争主要是由洛夫斯顿的“美国例外论”引起的。洛夫斯顿于 1927 年 8 月开始担任美共总书记。他认为当时美国国内经济萧条完全可以通过自身能力来克服，故美国的经济危机是完全可以推迟爆发的。同时，他认为，美国工人的激进程度是有限的，而且资产阶级统治比较稳定。据此，美共于 1928 年 5 月底召开的中央全会指出：“目前欧洲和美国的情况是不同的。如果不加思考地把针对欧洲那些大的群众性共产党的策略机械地搬用于不同条件的美国，这将是错误的。”[1] 这就是洛夫斯顿的“美国例外论”。福斯特等人并不认同洛夫斯顿的观点。最后，福斯特等人战胜了洛夫斯顿。美共“于 1929 年 6 月开除了右倾机会主义分子的洛夫斯顿集团约 200 人”[2]。

三是福斯特与白劳德主义的斗争。白劳德于 1934 年至 1944 年任美共总书记。他的思想形成是在美、英、苏三国领导人德黑兰会议之后。白劳德主义的核心观点主要有：社会主义国家和资本主义国家可以抛开意识形态以协议形式协调利益关系；战后及以后长时期内，美国的前景仍是资本主义，社会主义还不能提上日程；解散共产党，改建为非党组织——共产主义政治协会。[3] 白劳德的观点受到了福斯特等人的批判。福斯特斥之为“丑恶昭彰的修正主义”“使工人屈从于资本家统治”[4]。经过激烈斗争，白劳德于 1946 年 2 月被开除出党。

四是福斯特派与盖茨派的斗争。战后十年，美共发展屡屡受挫。从 1956 年初起，美共开始对以往十年发展进行全面反思。在反思过程中，福斯特和盖茨在以下问题上出现严重分歧：一是如何对待马克思列宁主义。福斯特反对十六大文件“只支持经美国共产党‘解释过’的马克思列宁主义”[5]，认为这实际上

[1] 姜琦、张月明主编：《国际共产主义运动中的党际关系史》，华东师范大学出版社 1991 年版，第 221 页。

[2] [美]威廉 · 福斯特：《美国共产党史》，梅豪士译，世界知识出版社 1957 年版，第 288 页。

[3] 参见丁金光：《白劳德评传》，甘肃人民出版社 2003 年版，第 92—97 页。

[4] [美]福斯特等：《白劳德修正主义批判》，杨廷生译，生活 · 读书 · 新知三联书店 1962 年版，第 51、56 页。

[5] 世界知识出版社编辑：《美国共产党第十六次全国代表大会和加拿大劳工进步党第六次全国代表大会重要文件汇编》，世界知识出版社 1958 年版，第 3 页。

是抛弃马克思列宁主义。而盖茨则认为："问题并不在于'抛弃'马列主义，而在于重新评估和发展它。"[1] 二是如何对待苏联。福斯特强调加强党的无产阶级国际主义。盖茨认为，应改变以往一切紧跟苏联的做法。三是党的组织形式问题。盖茨认为，应把党改组为政治行动协会，福斯特则坚决予以反对。双方的分歧导致党的分裂。1957 年十六大后，盖茨及盖茨派的不少党员退党。

五是霍尔派与其反对派的斗争。苏东剧变引起美共党内的思想混乱，美共内部在阶级斗争问题、工人阶级作用、马克思列宁主义有效性等问题上产生分歧。时任美共主席霍尔认为，阶级斗争是客观存在的，工人阶级是阶级斗争的核心，马克思列宁主义仍是党的理论和意识形态基础。反对派则对此持异议。1991 年美共二十五大之后，反对派退党，成立了新的组织——联系委员会。霍尔呼吁全世界的共产党都来抵制这个组织。这次斗争共造成大约 300 至 1300 人退党。[2]

美共历史上的这些内部派别斗争，每一次都削弱了美共的力量，严重影响了美共的发展和战斗力。

四、没有克服统一战线问题上的"左"倾宗派主义错误

在美国，要战胜强大的资本主义，走向社会主义，单靠弱小的共产党的力量是远远不够的，必须与一切社会进步力量建立统一战线，但是美共在这一问题上却屡犯"左"倾宗派主义错误。这中间比较重大的错误主要有两次。

第一次是 1923 年至 1924 年第三党运动中的错误。1922 年，美共决定发起第三党运动。1923 年上半年，美共与芝加哥劳联负责人费兹帕特里克领导的芝

[1] 肖庆平:《陵谷之变——战后美国共产主义运动历史述评（1945—1958）》，中国人民大学 1988 年度博士论文，第 162 页。

[2] 参见王坚红:《冷战后的世界共产党》，中共党史出版社 1996 年版，第 239 页。

加哥农工党商定成立联合农工党，以参加 1924 年大选。但当时劳联、社会党和其他合法劳工组织倾向于支持欲以独立候选人身份参加大选的参议员拉弗勒特及其支持者“进步政治行动协会”，反对另建新党。然而，美共无视这一现实，并不顾费兹帕特里克的反对，于 7 月强行组建了联合农工党。此举导致美共与费兹帕特里克关系破裂，最终的结果是“共产党人同他们的中间派盟友大部分隔绝了”[1]。后来，美共与明尼苏达州的农工党于 1924 年 6 月共同成立了一个全国农工党。该党考虑到拉弗勒特在工农群众中的巨大影响力，决定支持拉弗勒特竞选。但是，美共片面强调自己的阶级性，鄙视拉弗勒特的小资产阶级改良主义者立场，提出拉弗勒特须以农工党候选人身份竞选，并接受农工党的纲领。[2] 这自然遭到了拉弗勒特的拒绝。之后，全国农工党党员纷纷倒向进步政治行动协会一边，全国农工党垮台。美共刚刚打开的统一战线大门再次被关上。对于这次教训，福斯特总结道：最基本的错误是党“让它自己同工人和农民支持的拉弗勒特的广泛运动分离”，“这就是宗派主义错误的证明”，福斯特还进一步指出，“另外一个性质大体相同的错误是 1923 年 7 月 3 日党在建立联合农工党问题上同费兹帕特里克派分裂”。[3]

第二次是 20 世纪 40 年代后期在处理与产联关系上的错误。20 世纪 30 年代中期，美共与产联建立起统一战线。美共与产联领导的左翼工会与中间派工会结成了中左联盟，共同开展工人运动。但是，这种合作关系却在 20 世纪 40 年代后期因为美共政策的失误而破裂。第二次世界大战后，美国出现了以华莱士为首的进步民主势力发起的第三党运动，他们反对杜鲁门政策，争取在 1948 年的大选中获胜。产联中的中派和右翼并不支持第三党运动，只希望依托民主党来发挥产联的政治作用。这也是 20 世纪美国改良工会运动的传统政治立场。而美共出于对华莱士对苏友好、反对“马歇尔计划”等进步主张的欢迎，积极

[1] [美] 威廉 · 福斯特:《美国共产党史》，梅豪士译，世界知识出版社 1957 年版，第 234 页。

[2] 参见 [美] 威廉 · 福斯特:《美国共产党史》，梅豪士译，世界知识出版社 1957 年版，第 231 页。

[3] [美] 威廉 · 福斯特:《美国共产党史》，梅豪士译，世界知识出版社 1957 年版，第 233 页。

支持第三党运动，并要求所有左翼工会动员一切力量支持华莱士参加大选。然而，1948 年 1 月，在产联全国执委会会议上，中派和右翼否定了左翼要求支持第三党的主张。会后，产联中派和右翼结盟进行支持杜鲁门的活动，而左翼工会则孤军冒进，继续支持缺乏群众基础、毫无胜算的第三党。中左联盟破裂。美共在产联中 11 个影响较大的工会的代表全部被产联开除。美共丢掉了经过多年努力建立起来的劳工运动根据地，陷入空前的孤立。

1957 年，美共十六大对统一战线问题上的“左”倾宗派主义错误进行了深刻反思，并强调，党以后的长期任务是反对“左”倾宗派主义。20 世纪 70 年代，美共提出“左中联合”的思想，把建立左中力量及民主力量的统一战线作为斗争的目标，从而使党在各行业中的影响有所增长。[1] 进入 21 世纪以来，随着人民运动的高涨，美共使统一战线的范围进一步扩大。2005 年，美共二十八大通过的新党纲提出建立全体人民反对极右势力的阵线。美共指出，这条统一战线“将包括民主党在内的日益增长的中左翼政治联盟和意识到极右势力带来的危机的左翼和进步独立人士，以及针对当今所有主要问题的社会运动”，它同时“也应努力并且能够吸引许多曾经投票给共和党的人”。[2] 作为全民阵线的一部分，美共在这个统一战线当中“帮助核心盟友与工人运动紧密团结，并将参与热情、奉献精神和各种活动都推向一个新的水平”，美共由此“越来越得到人民的认同”。[3]

五、没有正确处理民主与集中的关系

民主集中制是工人阶级政党的根本组织原则。正确处理民主与集中的关系是充分发挥广大党员智慧及积极性、增强党的纪律和战斗力的保证。美共在这

[1] 参见郭建平、王坚红、左凤荣:《在低谷中奋斗——80 年代以来资本主义各国共产党变化评介》黑龙江教育出版社 1995 年版，第 331 页。

[2] 刘洪才主编:《当代世界共产党党章党纲选编》，当代世界出版社 2009 年版，第 915 页。

[3] 刘洪才主编:《当代世界共产党党章党纲选编》，当代世界出版社 2009 年版，第 918 页。

方面曾出现过过于集中的问题，也进行过一定的探索。美共在建党之初就把民主集中制作为党的组织原则，但是更偏重于集中。原因主要有两个。一是为了在当时险恶的环境下保证“自上而下”的快速决断，需要加强党中央的权威。二是党实行布尔什维克化的结果。1925 年 3、4 月间，共产国际执委会扩大会议通过了《共产国际所属各国党的布尔什维克化》（提纲），要求所属各国共产党按照俄国布尔什维克党的模式，重组党的各级机构。根据这一指示，美共将原来党内享有很大自治权的“语言联盟”分拆，压缩党内各支部的权力，扩大领导机构的权力。最终美共将自己改造成了与俄国布尔什维克党类同的、高度集权的政党，大大便利了党的领导人对全党的集中控制。党内高度集权的工作方式虽然有利于党的集中统一，但却“养成了一个官僚主义制度”[1]。而这种官僚主义妨碍了党及时地纠正工作中的错误，妨碍了党员充分地、自由地参加政策和策略的讨论，也“成了在群众组织中的同志们反对宗派主义政策和策略的斗争的不可克服的障碍”。高度集权的工作方式还导致了党员的流失。美国历史学家施莱辛格对大萧条初期美共党员流失问题作过一针见血的评价：“大部分人加入和退出共产党就像通过一扇旋转的门一样，他们感到党的纪律令人难以忍受……一些成员加入共产党，因为他们深切地关心民主和自由，但他们离开共产党也是出于同样原因。”[2] 为了纠正民主集中制实施中的问题，消除党内“极大的不满”[3]，美共十六大制定的新党章从扩大党内民主的角度增加了关于支持党员保持异议的权利、选举领导机构新方法以及使一切领导机构更容易反映党员意志等新条文。但是，美共很快进入了长达 41 年的霍尔领导时期（1959—2000）。毫无疑问，这种领导职务终身制的做法不利于党内民主的发展。20 世

[1] 世界知识出版社编辑：《美国共产党第十六次全国代表大会和加拿大劳工进步党第六次全国代表大会重要文件汇编》，世界知识出版社 1958 年版，第 85 页。

[2] 刘疆：《为何星星之火难以燎原——美国共产主义运动研究（1919 年—1947 年）》，华东师范大学 2005 年度博士论文，第 182 页。

[3] 世界知识出版社编辑：《美国共产党第十六次全国代表大会和加拿大劳工进步党第六次全国代表大会重要文件汇编》，世界知识出版社 1958 年版，第 99 页。

纪 90 年代初，美共党内有人批评霍尔是斯大林式的人物，独断专行，要求党内生活更加公开和民主化。[1]21 世纪初，美共仍明确表示坚持民主集中制原则。2001 年二十七大通过的党章明确表示坚持民主集中制，并强调了党的纪律，“党员一经入党，即应遵守党的纪律”。[2] 但是，随着冷战时代逐渐远去、网络民主和社会民主快速发展，再加上党员结构日趋多元化以及党员自身工作和生活压力加大等多重因素，美共逐渐认为一个有着高度纪律和结构集中的政党不再符合时代的潮流和党的状况，于是弱化民主集中制原则。2011 年 2 月，美共主席山姆·韦伯提出了“集体讨论、广泛参与、民主决策、在实践中检验决议、在行动中维护团结”的主张，并指出“要求每位党员都要执行党的决议的规定已经不符合我们目前所面临的形势”[3]。他甚至主张放弃民主集中制。2014 年美共三十大通过的新党章较之于 2001 年美共二十七大通过的党章带有明显的弱化民主集中制的色彩。它将 2001 年党章《前言》和《组织原则》部分体现美共对坚持民主集中制鲜明态度和民主集中制核心内容的多条表述都删除了，仅仅在《组织原则》部分对“民主集中制”一词作了简单化的表述：“本部分所述的原则为许多人民组织运用于实践，目的是推动民主决策和统一行动。在历史上，这些原则被称为民主集中制。”[4] 这让人感到“民主集中制现在成了一个古老的历史名词”[5]。这种做法遭到部分党员的质疑，他们认为这样做是不适当的，“将会导致美共走向一个背离自身应有意识形态的错误方向，并造成美共的分裂”[6]。如

[1] 参见丁淑杰：《美国共产党的社会主义理论与实践》，中国社会科学出版社 2006 年版，第 86 页。

[2] 刘洪才主编：《当代世界共产党党章党纲选编》，当代世界出版社 2009 年版，第 889 页。

[3] [美] 山姆·韦伯《21 世纪的社会主义政党：形态、理论与立场——以美国共产党为例》，禚明亮译，《马克思主义研究》2011 年第 12 期。

[4] New CPUSA Constitution（final draft）, June10,2014, http://www.cpusa.org.

[5] Constitution Committee, *Report of Constitution Committee on proposed changes to draft,* June10, 2014, https://www.cpusa.org.

[6] 刘力波：《美共新党章修订的动态分析与理性思考》，《当代世界与社会主义》2015 年第 6 期。

何防止从一个极端走向另一个极端，做到既能适应时代发展的要求和美国自由民主的传统，使党员享有充分的民主，同时又能保证全党意志与行动的统一、保持工人阶级政党的特色，这需要美共从理论与实践上作进一步的探索。

（原文刊载于《马克思主义与现实》2021 年第 3 期）

谭晓军　中国社会科学院大学、中国社会科学院马克思主义研究院

百年历程：日本共产党的发展困境及启示[1]

日本共产党（以下简称“日共”）成立于1922年7月15日，是日本现有政党中历史最为悠久的一个。据2020年统计，日共现拥有约27万余名党员，众议院议员12名，参议院议员13名，是日本众议院第二大在野党，参议院第四大在野党。[2] 日共不仅是当今日本政坛规模最大、最具影响力的左翼政党，也是当前发达资本主义国家中党员人数最多、组织化程度最高和影响较大的共产党。回顾日共的百年历程，了解和把握其发展过程中遇到的困难，有助于我们了解和认识日共过去及现在作出的诸多政策调整和转变，同时对于我们与国外共产党交流具有启示意义，也对我们积极应对日共近年来对我党态度的转变有一定的帮助。

[1] 本文系中国社会科学院马克思主义理论学科建设与理论研究工程资助课题“日本共产党百年来对科学社会主义的理论研究与实践探索”（项目编号：MGCJB2020001）、中国社会科学院资助课题“日共21世纪对于科学社会主义理论与实践认识的变化及其原因研究”（项目编号：2020YJBWT012）的阶段性研究成果。

[2] https://ja.m.wikipedia.org/wiki/.

一、日共百年历程中遭遇的困境及其原因

日共自诞生之日起就因其鲜明的阶级性和政治主张，遭受着掌握国家政权的资产阶级政府的警惕和打压，这是日共生存困难、难以发展的主要外部原因；而日共自身在不同时期出现的问题以及国际共产主义运动的波折，也对其成长、壮大造成了不小的冲击。

（一）国内政治环境难以改善：持续不断遭受政治打压和排挤

日共在建党之初即因遭受严酷镇压而两次被迫解散，历经三次建党。1922年7月15日，日本社会主义者堺利彦、山川均、近藤荣藏等8人秘密建党，即第一次建党。由于日共建党初期就在《纲领草案》中提出废除君主制、没收大地主的土地给农民、反对日本帝国主义对俄国革命和中国革命进行战争干涉等主张[1]，仅一年后的1923年6月即遭到政府的第一次大规模镇压，很多日共干部遭到逮捕。同年9月1日“关东大地震”后，警察和军队更是趁乱大肆捕杀日共党员和干部，制造白色恐怖，借以动摇新生共产党的根基。在这样的双重打击之下，一部分党的领导干部顶不住压力，“认为应该先解散党，然后在更加牢固的基础上重新建党”。于是，日共在建党不到两年的1924年2月末3月初第一次被迫解散。[2] 在共产国际的支持和国内工人阶级运动的推动下，1926年12月，日共在山形县重新组建，即第二次建党。由于日共仍处于非法状态，为了向民众宣传自己的主张，1928年2月日共机关报《赤旗》创刊，并在共产国际的指导下制定了“二七年纲领”。但政府对重建的日共早已做好了有计划的大规模镇压的准备，依据1925年制定的“治安维持法”及通过专门设置的执行机构

[1] 参见日本共产党中央委员会编:《日本共产党的六十年（1922—1982）》，段元培等译，人民出版社1986年版，第16页。

[2] 参见日本共产党中央委员会编:《日本共产党的六十年（1922—1982）》，段元培等译，人民出版社1986年版，第21—22页。

“特别高等警察课”，对日共的打压进一步升级，大量日共党员和支持者遭受迫害。在1928年的“三一五事件”和1929年的“四一六事件”两次全国性大规模镇压中，日共几乎所有的核心干部都遭到拘捕，加之日共内部出现分裂以及受到共产国际的批评等多重原因，日共中央委员会在1935年遭到严重破坏后，一直未能重建，党的全国性统一活动实际中断达十年之久。[1]

1945年8月，日本宣布无条件投降。在以美国为主的占领军推行的“非军事化”和“民主化”政策下，“治安维持法”被废除，全部政治犯被释放，220名日共党员得以出狱。同年12月，德田球一、宫本显治等日共领导人以合法政党的形式再次组建日本共产党，有人称其为“战后共产党”，即第三次建党。日共在获得合法地位后，积极壮大组织、开展活动，党的影响力和实力迅速扩大。然而，随着冷战的开始及朝鲜战争的爆发，1950年5月麦克阿瑟发表声明，要求重新宣布日共为非法；6月，麦克阿瑟公然下令开除24名日共国会议员的公职，禁止他们的一切政治活动；7月，日本政府对德田球一、野坂参三等9名日共干部发出逮捕令，日共再次遭受重创。1952年，日本政府重新制定专门针对日共等左翼组织和团体的“破坏活动防止法”（破防法），设立执行该法的专门机构——公安调查厅，这一机构从设立之初就将日共视为主要的调查、监视对象。

日本公安警察和公安调查厅一直以日共没有放弃武装斗争理论和暴力革命主张为借口，对日共干部实施跟踪、窃听等行为，直至今日不曾改变。比如在2020年2月13日的众议院会上，时任首相安倍晋三依然说：“日本共产党在昭和二十六年至二十八年期间，曾涉嫌进行集团暴力破坏活动，现在还有所谓的‘因敌制敌论’，说明其暴力革命的方针没有改变，因此还是破坏活动防治法的调查对象。”对此，日共委员长志位和夫反驳说：“日本共产党的一贯立场是通过议会获得多数，实行和平变革”，“因敌制敌论”不等于“暴力革命”，进而抗

[1] 参见日本共产党中央委员会编：《日本共产党的六十年（1922—1982）》，段元培等译，人民出版社1986年版，第76页。

议道，“这是对日本共产党的毫无根据的恶意诽谤和中伤”。[1]

总之，在国内，日共虽然从遭受残酷镇压的非法组织成为合法政党，但至今仍是唯一遭受监视、窃听的拥有国会议员的政党，这已不仅仅是日本政府给予日共的屈辱和迫害，而且是公然的违反日本宪法和法律的行为；在国外，当今主要发达资本主义国家中，相较于20世纪初同期诞生的共产党，日本也是唯一从日共成立就将其视为非法组织并持续进行打压的国家。[2] 可见日本的反共历史之久、势力之强大，日共的政治环境在可以预见的未来难以改善。

（二）理论创新困难重重：日本的马克思主义理论研究由盛转衰

第二次世界大战后，日本马克思主义研究经历了由盛转衰的过程。一方面，战前及战后初期，日本马克思主义研究所取得的优秀成果使马克思主义理论对人们产生了较大的吸引力；另一方面，因为从战前开始展开理论研究和实践活动的日本共产党在马克思主义研究者之间具有很强的影响力和权威性，所以战后初期形成了大众对于马克思主义的信赖、知识界对于马克思主义的信心以及日本共产党对于马克思主义研究具有较大影响力等局面，那时也成为马克思主义研究的黄金时代。[3] 然而，1949年以后，随着冷战、朝鲜战争的相继爆发，日本马克思主义者经历了来自美国占领当局和日本政府的“红色整肃”[4] 行动的双重排挤和打压，不仅日本共产党再次被宣布为非法、主要领导人遭到迫害，也使超过一万人的马克思主义者及其同情者失去工作，马克思主义研究和影响力都遭受重创。到了20世纪50年代中后期，伴随着外部环境的变化，以马克思主义思想为指导的日本共产党提出的方针日显刻板，教条化、公式化的

---

[1]《議会で多数を得ての平和的変革こそ日本共産党の一貫した立場安倍首相の衆院本会議でのデマ攻撃に断固抗議する志位委員長が会見》,《赤旗》2020年2月14日。

[2] 日本共産党中央委員会:《日本共産党の八十年》(1922—1992)，日本共産党中央委員会出版局2003年版，第19頁。

[3] 参见谭晓军:《日本马克思主义经济学派史》，中国社会科学出版社2012年版。

[4] http://ja.wikipedia.org/wiki.

倾向明显，党在实践中的失败、错误，使不少人对党的路线斗争感到失望，一些有良知的马克思主义研究者开始产生担忧、质疑，这种理想与现实的背离随着 1956 年的“匈牙利事件”和苏共二十大等事件的发生日益加深。

20 世纪 60 年代以后，日本经济的高速增长又动摇了马克思主义关于资本主义的发展必然导致工人阶级贫困化的信念。市场上充斥的耐用消费品改变着人们对资本主义的看法，而知识界则对苏联和中国的社会主义实践产生了质疑。到了 20 世纪 70 年代，阶级斗争在日本几乎无人论及，与传统马克思主义研究所关注的劳动问题相比，人们更多地关注环境、生活等社会问题。越来越多的人开始将注意力投向马克思主义之外的各式各样的新思想，与其他发达资本主义国家一样，日本学界也开始认为批判现实已不再是马克思主义的专利。到了 20 世纪 80 年代，结构主义、后结构主义、后现代主义等新思想从国外蜂拥而至，马克思主义在日本越发无人问津。此外，从 20 世纪 60—70 年代开始，日本学术界功利化、专业化倾向日益明显，学者们逐步走进各种专业学会，并致力于在学会之中创造研究业绩，以巩固自己的研究地位。马克思主义在日本逐渐成为单纯的研究对象，马克思主义研究也只限于一些大学。而随着高校中一批信仰坚定、理论功底深厚的马克思主义学者的退休、辞世，马克思主义理论课程的设置不断减少，青年人中能够接触、学习、研究马克思主义理论的人越来越少，日本马克思主义研究面临人数不断减少甚至后继无人的严重局面。

与此相应，日共在经历了国内不同时期的挫折以及国际上与苏共、中共发生矛盾、分歧并导致对抗等事件后，党的方针、政策都作出了较大的调整和改变。如将党纲中的“马克思列宁主义”修改为“科学社会主义”，从党章中删除“无产阶级专政”的表述，将党纲里的“社会主义革命”改为“社会主义变革”，将通过社会主义、实现共产主义社会的未来社会目标，修改为实现“社会主义、共产主义社会”，等等。日共的这些理论上的调整，虽然与党的实践需要分不开，但显然理论创新不足，没有回应民众最为关切的理论和实践问题，没有能够得到广大民众包括党外马克思主义理论研究者们的理解和认可，而党内外马克思主义理论研究整体走向衰落、马克思主义的学术研究与政党理论的分离等状况，使日本马克思主义研究为政党的实践服务能力越来越弱，这既导致需要在实践检验中推进理论创新的马克思主义研究难以重振，也导致需要马克思主义理论指导实践的共产党缺乏支撑，陷入困难局面。

（三）民意基础日渐薄弱：日本社会状况的改变及民众对选举政治的失望

作为无产阶级政党，共产党的目标就是为大多数人谋利益，最终实现每个人都能自由全面发展。因此，能否得到广大群众的支持对于共产党的生存、发展至关重要。第二次世界大战结束后的1945—1950年，日共在重建党组织的同时，积极帮助重建全国各领域的群众组织，并与这些群众组织一起，在各行业、各地区开展了以工人、农民为先导的轰轰烈烈的人民斗争，一度得到底层民众及年轻人的广泛支持，党组织的力量得到很大增强。此后冷战开始，美国占领军、日本右翼政府的残酷镇压和反共运动，使人民斗争遭受失败，但20世纪70年代第四次中东战争引发的第一次石油危机导致日本出现严重的经济、政治和社会问题，日共积极致力于保卫处于严重危机中的普通民众生活，严厉揭露并追究大企业趁“石油危机”囤积物品、哄抬物价等恶行，再次站到了群众运动的前列，得到民众的大力支持，党在议会选举中的得票率和议席数都因此增长，并且成为20世纪70年代唯一双增长的政党。可见，得到群众的支持，是日共发展的关键。

然而，随着日本经济的高速发展，民众生活得到改善，阶级矛盾出现缓和，日本社会出现结构性变化，工人阶级队伍分化，“阶级消亡论”甚嚣尘上，以“阶层论”代替“阶级论”成为日本社会的主流。特别是以都市“白领”为中心的“新中间阶层”，形成满足现状且希望维持现状、肯定日本经济成就、否定阶级差别、维护既得利益的“新中产阶层意识”，即所谓的“中流意识”。[1]20世纪90年代后，受东欧剧变、苏联解体影响，日共等左翼势力遭受严重冲击，日本社会右倾化

[1] 参见朱艳圣:《冷战后的日本社会主义运动》，中央编译出版社2008年版，第23页。

越发明显，越来越多的民众对政治失去兴趣，对政党表示失望，主要表现在：（1）越来越多的普通民众选择做无党派，1995 年无党派阶层占比高达 54.6%；（2）选举投票率屡创新低，1995 年参议院选举投票率只有 44.52%，创历史最低。[1] 虽然无党派阶层的扩大对任何现有的政党都非常不利，但在日本政治生态中，这一状况对于日共这样的左翼政党却影响更大，因为执政的保守党有大量的政治献金可以进行各种造势宣传活动，可以通过利益诱导等方式吸引选民，而日共却是日本所有议会政党中唯一拒绝政治献金的政党，这也是近年来日共财政状况日益恶化的原因之一。除了这些外在因素外，日共自身存在的一些问题及应对国内外社会变革时党在理论认识、实践举措上出现的失误甚至错误等内在原因，也导致了日共的群众基础日益萎缩。日共陷入党员人数大幅度减少又难以重振的困境。

（四）国际共运跌宕曲折：与苏共、中共对立并受社会主义阵营解体的冲击

日共是在共产国际的支持和帮助下建立起来的，作为国际共产主义运动的一部分，不可避免地受到国际共产主义运动、世界社会主义运动的影响。20 世纪 50 年代，苏联推行大国沙文主义和霸权主义，导致中苏论战，进而世界社会主义阵营出现分裂。在此期间，日共为保持自身的独立性，先后与苏联、中国的共产党发生较长时间的矛盾、斗争。虽然这中间有特殊历史时期的无奈，日共也因此走上了独立自主发展道路，但日共遭受的打击也不小。一方面，在当时的历史条件下，党内的“亲苏派”和“亲中派”大量存在，导致党内矛盾和斗争激烈，使党走向严重分裂。比如 1950 年，共产党和工人党情报局批评日共提出的“占领下的和平革命论”，导致日共中央委员会形成以德田球一总书记、野坂参三为主的“所感派”和志贺义雄、宫本显治为主的“国际派”的矛盾和对立，进而导致日共中央委员会解体、党组织在全国范围的分裂等严峻局面，

[1] 参见朱艳圣:《冷战后的日本社会主义运动》，中央编译出版社 2008 年版，第 40—41 页。

使日共出现较大的混乱。[1] 斗争的结果是日共于1964年清除了包括党内主要领导人志贺义雄、铃木市藏等在内的“亲苏派”。[2]1966年，中共、日共两党关系破裂后，日共中央委员西泽隆二、安斋库治以及山口县的福田正义、原田长司等人因支持中国共产党而导致党内矛盾激化，1966—1967年，日共开除了西泽隆二等30多名“亲中派”中坚干部。[3] 日共再次出现分裂，同时中共、日共两党也陷入长达32年的党际交流中断的困难时期。另一方面，当时正处于资本主义与社会主义两大阵营对立明显、斗争激烈的国际大环境中，日共在国内还遭受来自美国占领军和日本政府的镇压，内外环境的恶化，使日共陷入更加艰难的境地。

苏联解体、东欧剧变后，国际共产主义运动全面陷入低潮，日本保守势力借机将反共攻势推向新的高潮，先后推出“社会主义、共产主义崩溃（破产）论”“共产党没有存在价值论”“资本主义万岁论”等反共反社会主义宣传[4]，与国际社会的“共产主义失败论”“历史终结论”等宣传一起，对日共造成很大冲击。虽然日共在1990年7月的第十九次党代会上提出要从“学说”“运动”“体制”三个方面认识社会主义的主张，认为这次剧变不是社会主义的失败，而是苏联体制自列宁去世后已变质为“对外是大国主义、霸权主义，对内是官僚主义、命令主义为特征的政治、经济体制”，已不是社会主义，以此来解释和反击“社会主义崩溃论”，但日共也不得不承认，这次剧变使自身遭受了“严峻的不利局面”[5]。

---

[1] 日本共産党中央委員会:《日本共産党の八十年》（1922—1992），日本共産党中央委員会出版局，第104—108頁。

[2] 共産主義問題研究会:《日本共産党五十年史》，心情公論社1973年版，第88頁。

[3] 共産主義問題研究会:《日本共産党五十年史》，心情公論社1973年版，第93頁。

[4] 参见朱艳圣:《冷战后的日本社会主义运动》，中央编译出版社2008年版，第10页。

[5] https://www.jcp.or.jp/web_jcp/html/28th-kaigi.

二、近年来日共对中国态度的转变及其原因

2017年以来，日共对中国、中共的批评走向公开化，不仅批评越来越多，而且有不断升级的趋势。这是自1998年两党恢复正常关系以来出现的极为异常的情况，令很多人费解，但这样的转变与日共近年来面临的国内外压力密切相关。

（一）日共对于中国态度发生重大转变

回顾21世纪以来日共召开的三次全国代表大会以及研究其对党纲进行的两次重大修改不难发现，其对中国的态度发生了明显的转变。2004年1月，日共第二十三次全国代表大会历史性地通过了全面修订后的新党纲，首次对于中国的社会主义市场经济建设给予了很高的评价："当今重要的事件是，一些已经摆脱资本主义的国家，尽管在政治上、经济上仍存在尚待解决的问题，但采取'通过市场经济实现社会主义'的方式，开始了以社会主义为目标的新探索，这一在超过13亿人口的广大区域中的发展，将成为21世纪世界史上重要的一部分。"并将中国、越南和古巴三国确认为"开始以社会主义为目标的新探索"的国家。[1]日共虽然对这三个国家没有给出具有社会主义性质的认可和判断，但承认这些国家是向社会主义发展和过渡的国家，是21世纪反对资本主义的世界史中的重要部分，表现出其对中国、越南、古巴三个社会主义国家发展和贡献的善意和期待。

然而，随着中国的快速发展和国际环境的激荡变换，2017年1月召开的日共第二十七次全国代表大会以及2020年1月召开的日共第二十八次全国代表大会都对中国的认识发生了重大改变，走向公开的指责和批评。

---

[1]《日本共産党綱領》,《しんぶん赤旗》2004年1月18日。

（二）日共对中国态度发生转变的原因分析

日共出现上述态度转变的原因，可以从以下三个方面来分析。

1. 受到日本国内对华负面态度的影响

一方面，第二次世界大战后日本因其经济实力及亚洲唯一发达国家的地位，成功跻身西方国家集团；特别是在日美安保协定的制约下，日本长期以来紧随美国的对华政策；另一方面，日本与中国地理位置临近、文化亲缘、经贸往来密切的同时，存在历史问题难消、领土问题争端等现状，这些因素都使中日关系存在着既相互吸引又相互排斥的复杂性。随着 2012 年 6 月美国提出“亚太再平衡战略”，9 月日本即挑起“购买”钓鱼岛闹剧，导致中日关系急剧紧张。再加之以 2010 年中国 GDP 超过日本、成为世界第二大经济体为标志，日本政府、主流舆论与西方国家一起压制中国、围堵中国，制造“中国威胁论”等原因，导致日本民众对中国的好感度不断下降。世界多家民调机构的调查报告显示，2012 年以来，日本民众对中国持负面印象的比例一直非常高。近年来，随着两国政府间的关系改善，这一比例有所下降。[1]2020 年，因中美关系进一步恶化，这一比例再度提升。日共作为希望通过议会选举扩大力量的政党，显然无法忽视日本的基本民意状况。

2. 日共提振党势、选举政治的需要

在国内，日共自 20 世纪 90 年代以来，党员人数持续减少，30 年间减少 21 万之多，同时面临老龄化严重、财务状况日益恶化的困难局面。为提振党势，志位和夫 2015 年提出与其他四大在野党（民主党、维新党、社民党、生活党）进行“五党合作”，推翻自民党、公明党政权，实现国民联合政府的构想。然而，该构想由于当时第一大在野党民主党反对日共加入而搁浅。2016 年参议院选举时，为避免各选区共产党与民主党候选人竞争而分散选票，日共又主动作出让步，事实上同意搁置国民联合政府的构想，甚至决定在所有单人选区，在野党

---

[1] https://search.yahoo.co.jp.

共同拥立一位候选人，如遇冲突，日共候选人放弃参选。[1] 志位和夫甚至提出，只要有利于日本政治，日共是否在内阁，都不重要；重要的是在野党联合选举，实现政权更迭，现在还不是考虑夺取政权的时候。日共以放弃建立联合政权为代价，换取了只为选举而合作的“野党共斗”的实现，因此被称为在野党中“最具柔软性的政党”。[2] 但就结果来看，执政的自民党、公明党却在 2016 年的大选中获得超过改选前的议席数，取得大胜，在野党联合策略以失败告终。而日共在 2017 年的众议院大选、2019 年的参议院选举中也接连在议席数、选票数、得票率方面出现大幅度倒退。可以说“野党共斗”并未给日共自身带来切实益处。尽管如此，日共依然为迎接建党 100 周年（2022 年）以及 2021 年的众议院选举和 2022 年的参议院选举，提出倾注党的全部力量，推进“党做强做大”、彻底扭转党的发展倒退局面；与各在野党全力合作，力争在两次选举中取得明显成效 [3]，而临近大选之际却又不得不承认，正面临着“保住现有议席还有相当大距离”的困境。[4]

可见，日共目前的主要目标是国内选举、扩大党势。然而，为了迎合“民意”及“野党共斗”的需要，过度妥协以及修改党纲等做法，最终很可能使日共进一步失去民心、民意，甚至沦为其他在野党谋求执政时利用的对象。

3. 对一些问题的认识存在分歧且沟通不畅

近年来，中共、日共两党的误解、矛盾加深的一个重要表现是，在对一些理论和现实问题的认识上出现越来越大的分歧。比如，在理论层面，两党对于社会主义的认识存在很大的不同。日共认为，社会主义应建立在发达的经济基

---

[1]《5 野党合意が開いた新局面参院選全党が心一つに野党の勝利日本共産党躍進必ず / 都道府県委員長 · 候補者会議開く志位委員長が報告》,《しんぶん赤旗》2016 年 2 月 23 日。

[2]《志位和夫 × 田原総一朗ギロン堂そこが聞きたい！ スペシャル対談》,《週刊朝日》2020 年 10 月 9 日。

[3] https://www.jcp.or.jp/web_jcp/html，2017 年 1 月 18 日。

[4]《都議選　共産党支持崩しの攻撃自民公明都ファ　政策抜き「大丈夫」論の本質》,《しんぶん赤旗》，2021 年 6 月 19 日。

础之上，因此中国等社会主义国家还不是社会主义[1]；而中国则认为，中国正处于社会主义初级阶段，虽然存在诸多问题，但中国是坚持了科学社会主义基本原则的中国特色社会主义。这样的分歧虽然与两党对于社会主义理论的理解存在差异有关，也与两党所处的政治地位、两国经济社会发展的历史和现实状况不同有很大的联系，但分歧巨大却是不争的事实。在现实层面，两党在涉及本国根本利益问题上矛盾难以调和。

三、启示

通过上述对日共百年历程中所遇到的困难及其原因的分析可以看出，发达资本主义国家的共产党在生存和发展方面都面临着诸多困难，这为我们带来如下启示。

（一）要做好全球范围内两种意识形态、两种社会制度长期共存与斗争的思想和行动准备

从日共的百年历程可以看出，当资本主义仍然在世界上占据绝对优势的情况下，只要坚持“共产党”的名称、进行社会主义建设或以实现共产主义为目标，就会遭到西方资本主义国家、垄断资产阶级以及国内外反共、反社会主义势力的打压和遏制。近年来，以美国为首的西方国家对中国的打压愈演愈烈，很多人还没有意识到或不承认这是两种意识形态、两种社会制度的斗争，认为只是经济层面出现的摩擦，只要我们让利、释放出善意就能够解决，然而美国却已经很明确地以实际行动给我们作出了回答。据“美国之音”网站 2020 年 10 月 4 日报道，美国公民及移民服务局发布政策指南，宣称不受理任何共产党员或与之相关的成员的移民申请。该政策指南还称，这项“不可受理”依据是美国

---

[1]《日本共産党第 26 回大会決議》，http://www.jcp.or.jp，2014 年 1 月 18 日。

国会通过的“应对美国安全威胁”更广泛法律的一部分。[1] 这里不仅包括现在是，而且包括“曾经”是共产党员；不仅涉及美国国外，而且包括美国国内的共产党员甚至与之相关成员，可见这一政策限制面之广、打击对象之明确。

习近平总书记早在 2013 年就指出，我们要“认真做好两种社会制度长期合作和斗争的各方面准备”，“在相当长时期内，初级阶段的社会主义还必须同生产力更发达的资本主义长期合作和斗争”。[2] 可以说，在经济全球化的当今世界，在中国已经融入全球经济大循环的现实面前，特别是以中国为代表的社会主义国家实力不断增长的情况下，两种社会制度的合作与斗争正在日趋激烈，我们必须充分做好思想和行动上的准备，运用智慧，采取积极措施加以应对。

（二）马克思主义是共产党的理论基础，需要在实践中不断坚持和发展

综上可以看出，日本马克思主义研究由盛转衰虽然有外部环境的客观因素，但也有内在的主观因素，特别是日本经济高速发展后，日本的马克思主义研究日益专业化、细微化，不少研究者远离日共，使马克思主义研究的理论与实践脱节，既没能及时回应民众所需所求，也没能使日共的实践得到更广泛的支持。

比较而言，我国的情况与日本有很大的不同。新中国成立以后，中国共产党成为执政党，坚持马克思主义在意识形态领域的指导地位，在研究方面拥有着令日本学者称羡的环境。我国不仅拥有一大批坚定的马克思主义学者，始终坚持并推进创新性马克思主义研究，而且拥有国家层面的对于马克思主义研究的大力支持，特别是党的十八大以来，党和政府为我国的马克思主义研究营造了更加良好的环境。尽管如此，我们也需要从日本马克思主义研究困境中汲取教训，特别需要关注在发展社会主义市场经济过程中，如何向普通民众宣传马

---

[1] 参见马晴燕：《美媒：美国移民局不再受理共产党员移民申请》，《环球时报》2020 年 10 月 4 日。

[2] 习近平：《关于坚持和发展中国特色社会主义的几个问题》，《求是》2019 年第 7 期。

克思主义理论，增强民众对马克思主义的信心，这将成为新时期我国马克思主义研究者的重要课题。

（三）要切实做到以人民为中心、为人民办实事，才能赢得人民群众的广泛支持

从日共的百年历程来看，虽然有国内国际环境的严酷、复杂等原因，但日共无法发展壮大的根本原因还在于没有得到日本民众的广泛理解和支持，而中国共产党却正好相反。据 2020 年 7 月，哈佛大学肯尼迪政府学院阿什民主治理与创新中心发布的一份题为《理解中国共产党韧性：中国民意长期调查》的报告显示，中国民众 2016 年对中央政府的满意度高达 93%。这是肯尼迪学院的三名专家于 2003 年至 2016 年在中国进行八次调查，同三万余名中国城乡民众进行面对面的谈话后，撰写的报告。报告得出的结论是，2003 年以来，中国民众对政府的满意度几乎全面提升。其中，内陆及贫困地区民众的满意度提升较大。[1] 这与我们党始终为实现和维护人民的根本利益而奋斗，将人民群众视为我们党力量的源泉、我们党执政的最大底气，从而得到人民群众的坚定支持有着密切的关系，也因此为中国的革命、建设和改革事业从胜利走向胜利奠定了最坚实的群众基础。习近平总书记说："民心是最大的政治。"中国党和政府正是因为在制定国家大政方针时，始终重视民心、尊重民意、顺应民愿，努力为最广大人民群众谋福祉，才能得到人民群众的真正认同，赢得人民群众的衷心拥护，带领人民走向民族复兴的伟大征程。今后，我们仍须时刻谨记党的初心使命，为人民办实事、谋幸福。

（四）要加强与各国共产党的沟通交流，认真研究各国共产党的情况，积极推动世界社会主义运动、国际共产主义运动向前发展

从日共的百年发展历程中不难发现，世界社会主义运动、国际共产主义运

[1] 参见《"韧性源于民众广泛支持！"哈佛大学这份调查报告今天仍值得细品：中国人民对政府满意度高达 93%》，环球网 2021 年 4 月 25 日。

动是否顺利对各国共产党的发展壮大有着重大影响。中国当前已经成为世界第二大经济体，中国共产党更是拥有9600多万党员的世界最大政党，理应成为世界社会主义运动、国际共产主义运动的中流砥柱，成为21世纪马克思主义和世界社会主义创新发展的有力引领者、重大贡献者。我们应进一步加强与各国共产党和左翼政党的沟通、交流，增进了解，广泛获取共识和认同，为新形势下进行反对帝国主义、垄断资本主义的斗争，为实现社会主义、共产主义的探索提供经验和借鉴，从而推动世界社会主义和国际共产主义运动迈上新台阶。同时，世界各国共产党的发展状况对我们也有着不可忽视的影响，因为资本主义力量是不会放松对代表无产阶级根本利益的共产党的打压的，只有各国左翼政党特别是共产党联合起来，我们的事业才可能在世界更广大的区域发展起来。因此，我们需要加强与各国共产党的交流、合作，深入研究彼此的历史和现实，从而增进相互之间的理解和信任，推动世界社会主义运动、国际共产主义运动不断向前发展，为人类走向社会主义、共产主义而不懈努力。

（五）谨慎应对日共当前变化，防止两党关系再度破裂

回顾两党的百年交往历史，在第二次世界大战最艰难的时刻，两党携手反战使双方度过了最困难的时期，并赢得了抗战的胜利；20世纪60年代开始的长达32年的矛盾、对立也使双方遭受了重大打击。为此，面对日共近年来的转变，我们需谨慎。要深入研究和了解其变化的原因，为推动两党今后的关系改善做好准备。目前我国对日共的研究虽然取得一些成绩，“但以日本共产党研究为稳定研究方向的学者却屈指可数”，其他学者的“研究成果整体水平有限”[1]，而日共方面对我们党和社会主义理论与实践也越来越缺乏深入的研究和理解，因此双方在遇到问题时很容易出现矛盾和障碍。日共现在仍是日本国内政坛最具影响力的左翼力量，不仅反对美国对日本的占领以及在世界上的霸权主义，而且

[1] 谢忠强：《1980年代以来国内学术界对日本共产党研究的回顾与反思》，《山西高等学校社会科学学报》2017年第5期。

坚决反对日本右翼政府利用中国“威胁论”图谋强化军事力量的动向，以及煽动“反中”的排外主义和美化过去侵略历史的历史修正主义，祈愿中日两国、两国人民的真正友好。[1]可见，在当前反华形势日益严峻的国际大环境下，日共是可以团结的力量。社会主义国家中最大的共产党与发达资本主义国家中最大的共产党的团结，对于未来世界社会主义运动、国际共产主义运动的发展也至关重要。

（原文刊载于《马克思主义与现实》2021年第4期）

[1]《もっと日本共産党中国をどう見る？》,《しんぶん赤旗》2021年3月29日。

张　雷　北京理工大学马克思主义学院、北京高校中国特色社会主义理论研究协同创新中心（北京工业大学）

印度共产党成立早期马克思主义在印度的传播特点探析（1920—1947年）[1]

印度是亚洲国家中较早接触马克思主义的国家之一，也是较早传播马克思主义的国家。1857—1858年，印度发生了第一次反对英国殖民统治的民族大起义。当时马克思虽然正在创作《1857—1858年经济学手稿》，但依然关注印度问题，撰写了《不列颠在印度的统治》《不列颠统治印度的未来结果》等文章。可见，印度社会是马克思主义经典作家非常关注的一个研究对象，留下了具有建设性和历史意义的理论观点，这为理解印度推动社会革命提供了坚实的理论基础。俄国十月革命胜利及后来共产国际的成立，对印度的民族革命运动产生了很大影响。此后，一些印度革命者在马克思主义影响下开始组织起来进行活动。1920年10月，罗易在塔什干建立了印度第一个共产主义小组，这一般被

[1] 本文系2019年度国家社会科学基金高校思政课研究专项“新时代国际化视野下高校思想政治理论课建设路径研究”（项目编号：19VSZ125）的阶段性成果。

认为是印度共产党的开端。[1] 印度共产党的成立对于马克思主义在印度的传播起到了重要作用。自此之后到 1947 年，在印度共产党的推动下，马克思主义在印度的传播呈现出从国外到国内“在传播中选择”、多路径传播与梯次性传播、在争论中与本土化探索中传播等鲜明特点，总体而言是在“历史的合力”作用下的传播。考察马克思主义印度传播史对于理解马克思主义在东方社会的传播和当今印度马克思主义问题具有重要意义。本文试图通过梳理和考证马克思主义在印度的传播情况，从传播史的角度揭示印度共产党成立到印度独立这一历史时期马克思主义在印度传播的内在规律。

一、从国外到国内“在传播中选择”

从国外到国内“在传播中选择”是指马克思主义在印度的早期传播是印度先进分子从国外向国内传播并选择了马克思主义的价值观念和部分理论内容进行传播，而不是把马克思主义作为一个整体性的科学理论体系传播到印度来的。1912 年 3 月，卡德尔党创始人拉拉·哈尔·达雅尔在《现代评论》上发表了“印度第一篇详细介绍马克思及其理论和著作的文章《卡尔·马克思：一位现代哲人》”[2]。印度共产党成立以后，马克思主义的传播依然是“在传播中选择”，经历了由少到多、由片段到著作的发展过程。

[1] 1920 年 10 月，罗易在苏联塔什干创立了印度第一个共产主义小组，也被称为侨民共产党；1925 年 12 月，在印度坎普尔召开了印度共产主义者第一次全国会议，印度各地的共产主义小组组织起来正式宣布成立印度共产党；1933 年 12 月建立全国性政党；1964 年 4 月，印度共产党分裂为印度共产党和印度共产党（马克思主义）。关于印度共产党成立的时间，有一定争议，有的学者认为印度共产党的成立时间是 1920 年 10 月，有的学者认为是 1925 年 12 月。印度共产党历史档案和印度共产党（马克思主义）网站关于印度共产党百年的纪念小册子均认为印度共产党于 1920 年 10 月成立，笔者同意这种观点。参见 G.Adhikary, *Documents of the History of the Communist Party of India*, New Delhi: People's Publishing House,1971, p.33; "100 Years of the Communist Party", https://www.cpim.org/documents/100-years-communist-party。

[2] G.Adhikary, *Documents of the History of the Communist Party of India*, New Delhi: People's Publishing House, 1971, p.5.

第一次世界大战结束和俄国十月革命的胜利为马克思主义在印度的传播提供了社会条件，影响了印度无产阶级意识的觉醒。“在战争的极大刺激下，阶级意识强烈的反抗资本主义剥削的思想在印度逐渐深入人心。”[1]印度共产党成立后，一方面在侨民中传播马克思主义，另一方面向国内传播马克思主义。马克思主义在印度的传播过程由于英国殖民当局的严格管制而较为曲折。这一时期，在为印度革命事业奋斗中一定程度上传播了马克思主义的先进分子，大体可以分为四部分：一是第一次世界大战期间在德国、美国、土耳其及阿富汗从事反英斗争的民族主义者，如克里希那·夏尔马、卡玛夫人、拉纳、维·札多巴塔雅、阿卡里亚、罗易等；二是泛伊斯兰哈里发运动的民族主义者，如默罕默德·阿里·息巴息、邵康德·乌斯玛尼等；三是锡克人及旁遮普侨美劳工组成的卡德尔党，如那檀·辛格、山托克·辛格等；四是印度国内的民族主义革命者，其中包括国大党的左派、阿卡利运动等。这四部分人来自不同派别，分属不同民族，信仰不同宗教，对马克思主义理论知识掌握不足，也缺乏斗争经验。要把这些分布广泛的印度先进分子聚集在一起，在思想上深刻理解马克思主义和世界共产主义战略，并将他们直接与共产主义国际联系起来，绝不是一件容易的事。[2]在这几支力量中，一些人后来转变成马克思主义者并加入了印度共产党。

这一时期印度先进分子传播马克思主义的目的各异，传播渠道也有所不同，但都对马克思主义作了“选择性”传播。印度先进分子积极推动马克思主义与印度反殖民运动初步结合，印度共产党成立后以组织力量来推动马克思主义的传播。从传播内容上看，“马克思主义被纳入更广泛的反殖民主义之中，超越了对马克思主义政治经济学的关注”[3]。

---

[1] G.Adhikary, *Documents of the History of the Communist Party of India*, Vol.1, New Delhi: People's Publishing House, 1971, p.53.

[2] Satyabrata Rai Chowdhuri, *Leftism in India, 1917-1947*, New York: Palgrave Macmillan, 2007, p.62.

[3] Shalini Sharma, *Radical Politics in Colonial Punjab: Governance and Sedition*, Abingdon: Routledge, 2014, pp.35-59, p.116.

第一，印度共产党在建立初期选择了对马克思主义的“观点”进行传播。这一阶段，罗易和少数受到马克思主义教育的先进分子对马克思主义观点进行秘密传播。为阻止马克思主义在印度的传播，英国殖民当局对新生的印度共产党进行了残酷镇压，先后制造了 1922 年白沙瓦阴谋案和 1924 年坎普尔阴谋案。这一阶段，罗易的主要工作是在共产国际的指导下传播马克思主义并发展印度革命运动。1920 年，罗易“依据《共产党宣言》的格式撰写了《印度共产主义者宣言》，发表在了《格拉斯哥社会主义者》报上”[1]。该文用马克思主义的观点分析了印度所处的国内外形势，指出了印度革命运动的发展趋向。1921 年 2 月，俄共（布）中央在莫斯科成立了东方劳动者共产主义大学，国际部专门培训东方各国政工干部，17 名印度学员成为该校的首批印度学员。他们在学习中接触到了马克思主义经典著作和俄国十月革命的斗争经验，对马克思主义的立场观点方法有了初步理解，对于马克思主义在印度国内的传播发挥了积极作用。1922 年 5 月 15 日，印度共产党的第一个机关在德国成立，印度共产党的移民部将其活动扩展到了德国，“在德国创办了每两周出版一次的英语报刊”[2]。

第二，印度各地共产主义小组组织起来后选择了对马克思主义的“片段”进行传播。1925 年 12 月，印度各地的共产主义小组组织起来，马德拉斯、孟买、加尔各答、拉合尔、坎普尔等地的共产主义小组在印度各地拓展了马克思主义传播，主要是一些“片段”，同时也开始探索经典著作名篇的传播。这一阶段，罗易在向国内传播马克思主义的同时，也在刊物上发表了不少文章并在共产国际三大至五大发表讲话，传播了自己的一些观点。这些观点实际上是他在共产国际二大草拟的《补充提纲》思想的进一步发挥和具体化。1925—1927 年，罗易和一些印度共产党党员在巴黎出版了《印度大众》，秘密运输到印度并分发

---

[1] G.Adhikary, *Documents of the History of the Communist Party of India*, Vol.1, New Delhi: People's Publishing House, 1971, pp.151-154.

[2] G.Adhikary, *Documents of the History of the Communist Party of India*, Vol.1, New Delhi: People's Publishing House, 1971, p.31.

到各地。1926 年，“《天才》周刊上刊登了孟加拉语版《共产党宣言》”[1]。喀拉拉邦共产主义者 P. 克里希纳·皮莱“在 1927 年前后已接触并学习了《共产党宣言》”[2]。1931 年 10 月，印度第一本马拉地语版的《共产党宣言》单行本在孟买由工人阶级文学传播协会出版发行。印度共产党这一阶段的活动依然遭到了英国殖民当局的镇压，特别是英国殖民当局在 1929 年制造了密鲁特阴谋案。但这一阶段，共产主义小组如雨后春笋般发展起来，推进了马克思主义的传播。

第三，1933 年印度共产党成为全国性政党后逐渐加强了对马克思主义著作编译与出版机构的建立与完善。这一阶段，印度共产党逐渐建立从中央到地方的完整传播系统，加强了马克思主义著作的传播并创办党校来传播马克思主义，开设学习马克思主义理论方面的课程，加强理论教育和组织训练，在党员和学生、工人、农民中传播马克思主义。如孟加拉省委会成立了一个教育小组委员会，建立了学校体系，并且提供了课程表和教师。“最初的课程是讲授关于印度共产党的任务及其纲领的初步知识；以后的课程是讲授党和民族运动的历史，马克思列宁主义基础以及共产党对各种问题——例如土地问题——的看法。”[3]此外，还经常举办与马克思主义相关的讲座并放映相关电影。印度共产党还强化了出版阵地，设立了专门出版机构，策划出版马克思主义理论著作，并组织出版教科书。印度共产党在党章中明确规定，党的出版事业由中央委员会领导，中央委员应“分担党中央机关报和党中央出版物的编辑”以及“党的印刷所和书刊的发行”等责任。[4]省机关报的编辑必须经中央委员会批准，并且必须从省委员会成员中选出。

---

[1] G.Adhikary, *Documents of the History of the Communist Party of India*, Vol.1, New Delhi: People's Publishing House, 1971, p.25.

[2] Robin Jeffrey, "Matriliny,Marxism,and the Birth of the Communist Party in Kerala, 1930-1940", in *The Journal of Asian Studies*, Vol.38, No.1, 1978, pp.77-98.

[3] [美]琴·D. 奥佛斯特里特、马歇尔·温德米勒：《印度的共产主义运动》，商务印书馆 1964 年版，第 424—425 页。

[4] 参见《印度共产党第三次代表大会文件选辑》，世界知识出版社 1955 年版，第 62 页。

第四，第二次世界大战前后对马克思主义著作进行了系统编译与传播。这一阶段，印度人民掀起了反帝反封建运动高潮，印度共产党在全国各地最前线领导革命运动，拓展了对马克思主义著作方面的传播渠道，还通过报纸、讨论、戏剧、电影等形式加强了对马克思主义理论著作的理解。印度共产党在1942年取得合法地位以后，加强了相关刊物的建设，在刊物中刊载了大量关于党的战略和策略、关于马克思主义理论和印度共产党的政策原则方面的文章，还经常从外国共产党报纸，特别是从苏联刊物转载相关文章。这一阶段，印度共产党建立了省机关报体系，陆续出版了一大批马克思主义经典著作译本，还翻译出版了马克思主义与苏联、中国等国实际相结合的理论成果，如“斯大林的《马克思主义与国家、殖民地问题》、毛泽东的《新民主主义论》、刘少奇的《论党》等”[1]。

二、多路径传播与梯次性传播

马克思主义是通过多条路径传入印度的。马克思主义在印度早期传播中，从原产地德国那里得到的原生态的马克思主义只是一小部分，除了通过德国传入之外，英国、法国、苏俄、美国、加拿大等国也成为向印度传入马克思主义的来源地。

十月革命前，马克思主义传入印度的主渠道是西欧，印度在西欧的留学生和各种团体向印度国内传播马克思主义。如这一时期长期旅居西欧的卡玛夫人对马克思主义传播起到了一定作用。19世纪末至20世纪初，卡玛夫人赴伦敦学医，在英国留学期间接触到马克思主义。后来迁居巴黎，结识了马克思的外孙、法国共产党员埃德加·尔·龙格和国际社会主义运动著名活动家、法国社会党的领导人让·饶勒斯等人，接触到了更多关于马克思主义的著作和活动。

[1] 曾枝盛:《20世纪末国外马克思主义纲要》，中国人民大学出版社1998年版，第382—383页。

1907 年，她参加了斯图加特国际社会党代表大会。卡玛夫人积极与印度先进分子联系，还曾同列宁通信，向印度国内传播马克思主义。1905—1907 年，面对英国殖民当局的镇压，一些印度爱国人士被迫离开印度，“分别在伦敦、巴黎和柏林成立印度革命委员会，在欧洲继续从事马克思主义传播与革命活动”[1]。

十月革命后，苏俄逐渐成为马克思主义传入印度的重要渠道。印度共产党成立以来更加重视马克思主义和十月革命经验的传播。在共产国际的推动下，苏俄路径逐渐成为马克思主义传入印度的最重要途径，通过苏俄路径不仅传入了马克思主义，还传入了列宁主义以及俄国十月革命的历史经验。作为共产国际成员早期之一的罗易、印度共产党成立初期的主要成员、在东方劳动者共产主义大学学习的学员、共产国际派往印度指导工作的一些人士、印度到共产国际开会或参与相关活动的人士都在不同程度上由苏俄路径向印度传播马克思主义。马克思主义不仅是多路径传入印度的，而且是通过多梯次传播才逐步到位的。

第一梯次传播：早期接受马克思主义的先进分子从国外向印度国内传播马克思主义。马克思主义使这些先进分子思维视野、思想境界有了提升，逐渐成为他们的信仰。一是发挥少数先进分子在国外的传播作用。克里希那·夏尔马、卡玛夫人、拉纳、罗易、维·札多巴塔雅等具有初步共产主义思想的知识分子从英国、法国、德国、苏俄、美国等国向印度传播马克思主义。二是发挥重点人物的引领和带动作用。少数先进分子逐渐坚定的理想信念为他们自觉传播马克思主义奠定了良好的基础，其中罗易是这方面的典型代表。他关于自己对马克思主义的信仰有过相关论述：“我对世界无产阶级的历史性任务和战无不胜的力量的信念尚在动摇之中，还处于理智上接受的阶段；现在这种信念在这位墨西哥的卡尔·马克思的象征性人格感召下，有了感情上的共鸣，从而使我的信

[1] “100 Years of the Communist Party”, https://www.cpim.org/documents/100-years-communist-party.

念增加并巩固了。”[1] 通过长期学习，罗易对马克思主义的理解逐渐深入并转化为信仰。在俄国的经历使他结识了马克思主义经典作家和革命家，对马克思主义的理论观点与革命行动背后的逻辑有了深入理解。三是通过重点人物拓展马克思主义的传播手段和渠道。在共产国际工作的早期几年里，罗易关心并指导印度共产主义运动。他在一些刊物和共产国际三大至五大上发表了大量文章和讲话，并出版了一份名为《先锋》的刊物，还出版了《不合作的一年》、《不合作的后果》和《印度政治的未来》等书籍。在印度海员的帮助下，罗易把共产国际的《国际新闻通讯》和出版的刊物与书籍寄往印度，促进了马克思主义在印度的传播。

第二梯次传播：印度共产党通过建立共产主义小组向各地区先进青年传播马克思主义。印度共产党成立后，一部分具有初步共产主义思想的知识分子加入党组织，并在传播马克思主义方面发挥了作用。一是扩大马克思主义宣传阵地。马德拉斯、孟买、加尔各答、拉合尔、坎普尔等五个地方的共产主义小组逐渐成为传播马克思主义的重要阵地。二是发挥马克思主义经典著作和译介书籍的作用。印度共产党陆续出版了马克思主义经典著作的译介书籍。丹吉负责的孟买共产主义小组建立了一个马克思主义著作的图书馆，出版了马克思主义经典著作的译本。三是壮大马克思主义者队伍。印度共产党这一阶段通过各级党组织培养了更多马克思主义者。如 1922 年 8 月，丹吉成为印度第一个名为《社会主义》的刊物英文周刊的编辑。他在一位富商资助下对马克思主义进行了较为深入的研究，在孟买建立了社会主义研究中心，并发表了大量关于马克思主义的短文。马克思主义在印度各地的多举措传播影响了一批青年先进分子，党小组成员逐步增加，马克思主义者人数逐渐增多。

第三梯次传播：印度共产党各级党组织向广大人民群众传播马克思主义。这一阶段，印度共产党不仅翻译和出版了马克思主义相关著作，还积极向广大

[1] [印度] M.N. 罗易：《罗易回忆录》，山东师范学院外语系等合译，商务印书馆 1978 年版，第 79 页。

工农群众传播马克思主义。一是发挥各协会和外围组织的作用。印度共产党通过全印工会大会、全印农民协会、全印学生联合会、其他群众组织和外围组织以各种形式将马克思主义传播给人民群众。这些地方组织通过理论学习、交流等形式向各界基层群众传播马克思主义并取得了良好的传播效果。二是发挥翻译的书籍和地方语言的传播作用。印度共产党出版了马克思主义相关书籍和小册子，翻译了英语书籍，各省组织也用本地的方言出版翻译书籍。印地语、乌尔都语、孟加拉语、泰卢固语、马拉雅拉姆语、泰米耳语、甘那达语和欧利雅语报纸在地方马克思主义传播过程中发挥了重要作用。三是发挥文艺形式的传播作用。通过创作一批与马克思主义及印度国内外形势相关的戏剧、电影等作品推动马克思主义的传播。印度人民戏剧协会组成了许多舞蹈和戏剧巡回演出队，到印度各地表演以马克思主义为主题的芭蕾舞和戏剧，这种“接地气”的传播形式受到了各地人民群众的欢迎，取得了良好的传播效果。

三、在争论中与本土化探索中传播

马克思主义是无产阶级解放全人类的思想武器，具有科学性和批判性等理论品质。马克思主义传入印度后曾受到一系列质疑，其在印度的传播是在争论中与本土化探索中的传播，这一传播过程也是结合印度国情对马克思主义进行吸收、消化、理解与实践的过程。十月革命前后，各种思潮粉墨登场，其中影响较大的主要包括改良主义、无政府主义、费边社会主义、甘地主义等。马克思主义在印度传播过程中与这些非马克思主义的思想观点进行了争论，印度共产党对于澄清人们对于马克思主义的各种疑惑起到了重要作用。

一方面，马克思主义与改良主义、无政府主义、费边社会主义在内的社会思潮进行斗争。一是与改良主义进行斗争。改良主义深受西方功利主义和自由主义的影响。列宁认为：“改良主义的实质就是削弱祸害，而不是消灭祸害。”[1]

[1]《列宁全集》第 28 卷，人民出版社 2017 年版，第 41 页。

印度国大党自 1885 年成立后，其温和派一直对英国殖民当局存在幻想，他们奋斗的目标不是印度的独立，而是争取在英国统治范围内的有限自治。印度民族解放革命运动失败后，改良主义的弊端日益显现，国大党逐渐突破了改良主义，接受了马克思主义部分观点。二是与无政府主义进行斗争。无政府主义的立场主要在于反对包括政府在内的一切统治和权威，提倡个体之间的自助关系，关注个体的自由和平等，其政治诉求是消除政府。一部分小资产阶级比较认可无政府主义，如印度早期接触马克思主义的民族主义者维·札多巴塔雅、阿卡里亚都曾参加过无政府主义组织，他们当时还认不清马克思主义与无政府主义的本质区别。在马克思主义的感召下，一些无政府主义者感悟到了马克思主义的真理力量，逐渐接受了马克思主义，并加入了印度共产党。三是与费边社会主义进行斗争。费边社会主义主张以渐进的、温和的手段，通过选举投票来解决问题，与马克思主义阶级斗争及革命思想相悖。尼赫鲁在英国留学期间接受了一些费边社会主义的思想观点，这也影响了他的“社会主义”观以及印度独立后他关于印度“社会主义类型”社会的构想。在马克思主义的影响下，尼赫鲁也逐渐接受了马克思主义的部分观点。

另一方面，马克思主义同印度本土的甘地主义也存在过争论。甘地主义是一种现代民族主义，逐渐成为国大党的“斗争武器”，在国大党内和印度民众中影响很大。甘地主义融合了一些其他社会思潮，其“国家观”类似于无政府主义和空想社会主义，其“分权观”与基尔特社会主义相类似。其核心理念主要包括宗教泛爱观和资产阶级人道主义、分治联合体、经济自主、社会平等，主张从道德上、从个人解放的角度争取民族独立和社会进步，把“非暴力”当作解决问题的灵丹妙药，通过非暴力不合作运动抵抗英国殖民者侵略，这种思想限制了群众运动的发展，难以指导印度革命取得成功。早在 1920 年共产国际第二次代表大会上，列宁与罗易就曾与这一思想进行了争论。随着革命运动的发展，马克思主义促进了印度革命事业的发展。

马克思主义在印度的传播过程始终存在着与非马克思主义的比较和争论，在争论中传播使马克思主义的真理性更加凸显，也使马克思主义传播更加广泛。

一方面，印度当时的历史情况亟须从马克思东方社会理论中获取理论支撑。西方资本主义文明的侵入、农村公社所体现的共同体所有制、自然经济与传统手工业对资本主义生产方式的抗争为重新思考马克思东方社会的历史发展道路提供了经典案例，这是印度马克思主义传播史的社会历史基础；另一方面，一大批先进印度知识分子，特别是印度共产党人对马克思主义的吸收和理解逐渐摆脱了共产国际的解释框架，结合印度国情寻求独立的发展道路，这种主观性因素塑造了印度马克思主义传播史的外在形式。马克思主义从传入印度开始就进行了本土化探索历程，一边传播马克思主义，一边探索本土化的马克思主义。

一方面，马克思主义传播过程中的理论阐释问题。准确把握马克思主义的核心要义是探索马克思主义本土化的基本前提，否则就谈不上马克思主义与印度实际相结合。印度共产党成立以来高度重视中央报刊的建议，希望充分发挥中央报刊在马克思主义传播中的作用。印度共产党不同阶段的中央报刊成为在印度传播与阐释马克思主义的重要阵地（见表1）。以唯物史观的传播与印度实际相结合为例，这些刊物陆续刊载或单独发表了《共产党宣言》等马克思主义经典篇章。唯物史观的内容，特别是“阶级斗争”思想被充分传播。印度共产党对“阶级斗争”思想进行了适合印度国情的阐释，这是因为阶级斗争思想的传播与当时印度面临的历史条件和革命任务密不可分。如罗易在《印度的过去、现在和将来》一书中第一次尝试运用马克思主义的立场观点方法来研究印度历史，在《过渡时期的印度》一书中第一次尝试运用马克思主义的立场观点方法来深入分析印度局势，这些早期著作对于马克思主义的理论阐释起到了重要作用。罗易在写作此书时还没有人知道马克思有过关于印度的著作。“后来人们发现马克思有关这方面的著作时，才知道罗易在许多论点上竟然和马克思的结论不谋而合。他集中力量要说服他们接受一个明确的民族革命纲领。”[1] 这一时期

[1] [印度] M.N. 罗易：《罗易回忆录》，山东师范学院外语系等合译，商务印书馆 1978 年版，第 584—585 页。

还提出了关于马克思主义印度本土化的相关观点，如辛加腊威鲁曾提出“印度马克思主义不是布尔什维克主义，因为布尔什维克主义是俄国在本国采用的一种共产主义形式”[1]。但由于主客观条件的限制及党内斗争等方面的因素，这方面的探索并没有取得成熟的理论成果和成功的实践经验。

表1 印度共产党的中央报刊（1920—1947年）

名称	地点	日期	主编
《印度独立先锋》（又名《前卫》）	柏林、苏黎世、安纳西	1922年5月—1924年12月	罗易
《印度群众》	巴黎	1925年1月—1928年	罗易
《民族阵线》	孟买	1938年2月—1940年左右	P.C. 约希
《人民战争》	孟买	1942年8月2日—1945年11月18日	P.C. 约希 G. 阿提加利
《人民战争》	孟买	1945年11月25日—1949年2月20日	G. 阿提加利 M.B. 腊欧 V.M. 高耳

资料来源：[美]琴·D. 奥佛斯特里特、马歇尔、温德米勒：《印度的共产主义运动》，商务印书馆1964年版，第560页。

另一方面，马克思主义传播过程中的实践运用问题。马克思主义在印度的传播从一开始就不是被当作“书斋学问”，而是被当作有鲜明实践特色的理论来

[1] Satyabrata Rai Chowdhuri, *Leftism in India*,1917-1947, New York: Palgrave Macmillan, 2007, p.66.

指导印度革命。这一时期对马克思主义的传播策略也有了拓展和优化。将马克思主义运用于印度革命实际是传播马克思主义的根本目的，印度共产党反对英国殖民统治，为争取民族独立解放而长期斗争，探索马克思主义本土化之路。马克思主义经典著作的编译与传播为探索马克思主义本土化提供了文本基础和思想资源。印度共产党积极探索将唯物史观、阶级斗争思想运用于印度革命，尝试把马克思主义基本原理同印度具体革命实际相结合。俄国十月革命胜利后，罗易领导了印度共产党的前期革命斗争，一边试图通过与国大党合作，另一边通过工人、农民及知识分子组织来发展革命运动。他和民族运动的领袖建立了联系，又和那些对甘地及其工作纲领和斗争方法日益不满和失望的青年知识分子也有了接触。1930 年，印度共产党发表的第一份纲领性声明引起了人们对民族革命和土地革命关系的关注。人们逐渐意识到，只有通过革命手段才能使印度赢得自由，这与甘地领导的民族运动的非暴力等思想相抵触。印度共产党与甘地主义进行了思想斗争，并组织了工人、农民和其他各阶层劳动人民反对压迫的运动，“数以百万计的农民参加了以工人阶级为首的革命运动”[1]。第二次世界大战时期，P.C. 约希领导印度共产党进行了反对帝国主义战争的英勇斗争。由于英国殖民当局的镇压、未能掌握全国范围内的革命领导权、自身革命斗争经验不足及对国情了解不够深入等因素，印度共产党领导的斗争遭遇了一系列挫折，这也促使印度共产党不断总结经验教训，在印度独立后继续探索马克思主义本土化道路。

四、马克思主义在印度的传播规律：在“历史的合力”作用下传播

恩格斯晚年提出的“历史合力论”对于把握马克思主义在印度的传播规律

[1] G.Adhikary, *Documents of the History of the Communist Party of India*, Vol.1, New Delhi: People's Publishing House, 1971, p.6.

具有重要价值。“历史是这样创造的：最终的结果总是从许多单个的意志的相互冲突中产生出来的”[1]。这表明在认识任何一个社会的历史发展过程中，既要坚持生产力与生产关系矛盾运动的宏观视角，同时也要注重多方面意志的“助推力”。马克思主义在印度的传播具有主客观因素，是在“历史的合力”作用下的传播。

第一，在特殊历史时期多重选择中传播。“要理解印度共产主义的背景根源及其发展因素，就需要把握更广泛的社会经济和政治环境。”[2] 在 20 世纪初期英国殖民统治下的印度，马克思主义作为无产阶级革命理论的引入是多重选择的结果。马克思主义并不是以完整的思想理论体系传入，而是以价值理念和具体理论的方式存在。这既是在特定历史阶段印度共产党选择了马克思主义作为其指导思想，也是特定历史主体对马克思主义“选择”吸收的产物。马克思主义的传播是在印度特定历史时期的选择，印度共产党的成立推动了马克思主义在印度的传播。当布尔什维克党在俄国建立起无产阶级政权，世界范围内的无产阶级革命运动逐渐兴起，作为英国殖民体系的轴心的印度一旦能够摆脱殖民体系并实现独立，那将对殖民地半殖民地国家的民族解放运动起到“示范效应”。印度除了可以作为反对英国殖民统治的武器，也可以通过无产阶级政党向其他国家特别是东方社会国家传播马克思主义。

第二，在印度共产党推动下传播。传播马克思主义是印度共产党的重要任务，印度共产党在马克思主义传播中发挥了主体作用。印度共产党成立以来，积极汲取马克思主义精髓，通过一系列有效举措翻译和传播了马克思主义著作，探索运用马克思主义解决印度革命问题的方案，探寻本土化的马克思主义道路。这一时期印度共产党对马克思主义的介绍与宣传，既涉及了马克思主义的阶级斗争学说，还粗略地涉猎了历史唯物主义的基本观点，并对其进行了局部性的

[1]《马克思恩格斯选集》第 4 卷，人民出版社 2012 年版，第 605 页。

[2] Bidyut Chakrabarty, *Communism in India: Events, Processes and Ideologies*, New York: Oxford University Press, 2014, p.11.

理解，有了初步运用马克思主义立场观点方法分析印度国内外形势的著作，但传播水平浅显，逻辑性不足，对马克思主义经典著作和马克思主义科学体系把握不足，党内派系斗争较为严重等问题影响了传播效果。早期曾为印度共产党和马克思主义传播作出重要贡献的罗易和部分早期共产主义者，有的后来偏离了马克思主义。但这一时期印度共产党能够采取多种形式传播马克思主义，为马克思主义传播所作出的努力依然具有重要意义。时至今日马克思主义在印度依然具有较大影响与印度共产党早期奠定的基础密不可分。

第三，在共产国际推动下传播。传播马克思主义是共产国际的基本任务之一，共产国际在印度马克思主义传播中起过组织领导作用。共产国际早期十分重视印度的马克思主义传播工作，为印度制定了具体的工作条例与策略。印度共产党成立初期，虽然没有加入共产国际，但罗易作为共产国际的重要成员之一，指导印度的革命运动和马克思主义传播活动。共产国际历次代表大会上通过的各项决议中都有关于马克思主义传播相关工作的部署。如 1921 年共产国际三大通过的《论策略》（提纲）中指出：“共产国际早在成立初期就要求各国共产党不是固步自封地成为一个个的宣传小组，而是要利用资产阶级国家被迫提供给它们的一切机会：如出版自由、结社自由以及各种形式的资产阶级代议机构（尽管这种机构已经失去了本来面目），作为共产主义的武器，来对工人阶级进行鼓动和组织工作。”[1]1933 年 12 月，印度共产党加入了共产国际，此后共产国际对于印度的具体指导进一步促进了马克思主义的传播。

第四，在革命运动与政党政治博弈中传播。在印度的革命运动中，印度共产党在马克思主义传播的过程中一方面受制于共产国际、英国共产党的指挥，另一方面也受制于印度国大党这一时期对国内政坛的主导。由于自身实力不足、领导层软弱等原因，印度的共产主义运动进展较为缓慢，这也在客观上影响了马克思主义的传播效果。在国际上，印度革命运动始终围绕着印度共产党、英

[1] [匈] 贝拉・库恩编:《共产国际文件汇编》(第二册)，中国人民大学编译室译，生活・读书・新知三联书店 1965 年版，第 262 页。

国共产党、共产国际之间的博弈而展开。作为早期依靠共产国际支持而建立的印度共产党，自成立初期就并非具有独立性的无产阶级革命政党，其扮演的角色主要在于执行共产国际决议，而在领导印度革命的过程中有意寻求一种巧妙灵活的策略以取得决策的自主性，因此在“共产主义大家庭”理念下的印度共产党与共产国际之间形成了周旋之势。作为本土力量的印度共产党与作为殖民体系下代表殖民宗主国无产阶级的英国共产党虽然保持着合作关系，但这种合作关系仅仅局限于表面的合作。印度共产党与英国共产党领导之间的争执到1925年7月开始表面化。在印度国内，印度共产党在与印度国大党领导的独立运动合作的同时，也致力于加强自身的独立地位，并努力争取领导权。马克思主义在印度的传播始终与革命运动和政党政治博弈相伴。

五、结语

1920—1947年是马克思主义在印度逐步传播并拓展的时期，面临着复杂的社会矛盾和国际国内斗争环境。这一时期，马克思主义在印度的传播经历了复杂而艰辛的过程，从国外到国内、多路径多梯次传播，在传播过程中为印度先进分子所选择；经过一系列争论，马克思主义的感召力逐渐展现，马克思主义的立场观点方法被越来越多的人接受，马克思主义者数量逐渐增多，印度共产党的力量逐渐增强。在马克思主义传播过程中还积极探索马克思主义在印度的本土化，虽然没有成形的理论成果，在实践方面也存在诸多问题，但这一探索过程具有时代意义和参考价值。恩格斯的“历史合力论”思想为我们把握马克思主义在印度的传播规律提供了新思路，为我们理解马克思主义在东方社会的传播规律带来了有效参考，促进了马克思主义传播史和国际共运史研究的发展。

印度共产党在1964年分裂为印度共产党和印度共产党（马克思主义）两个政党，近年来两党在印度政坛屡屡受挫，但依然是印度政坛不可或缺的力量。印度共产党（马克思主义）曾在印度的一些邦执政，至今仍然在喀拉拉邦执政，其执政经验为印度社会主义发展积累了宝贵经验。印度共产党、印度共产党（马克思主义）以及部分左翼政党依然在为马克思主义传播和共产主义运动而努力，马克思主义在印度依然具有生命力。

（原文刊载于《当代世界与社会主义》2020 年第 6 期）

赵 婷 山东大学当代社会主义研究所、政治学与公共管理学院

澳大利亚共产主义运动的百年历史与发展前景[1]

2020年是澳大利亚共产党（以下简称“澳共”）成立100周年。在这百年的发展中，澳大利亚共产主义力量不畏困难，在开展工人运动、争取工人阶级团结、维护原住民权利、取消移民限制、推进澳大利亚的民主进程等诸多方面发挥了积极作用，对澳大利亚的政治、经济、文化和社会产生了重要影响。澳共曾是第一个“将土著人当作人”来对待的政党，在推动澳大利亚种族平等和解放的运动中起到了先锋作用，也曾长期是反对法西斯主义和反对帝国主义战争的主角。回顾澳大利亚共产主义运动的百年发展历史，分析其面临的现实挑战与未来发展前景，有助于我们了解澳大利亚共产主义力量的社会主义探索之路。

一、澳大利亚共产主义运动的兴起与发展（1920—1955年）

澳大利亚的共产主义运动是在其工人运动不断发展的基础上逐渐兴起的。在澳共的领导和推动下，经过30年左右的发展，其影响力在第二次世界大战时

[1] 本文系2019年度教育部人文社会科学研究规划基金项目“21世纪西欧发达国家共产党适应性变革与政治走向研究”（项目编号：19YJA710064）的阶段性成果。

期达到顶峰。

早在19世纪20—30年代，澳大利亚的一些熟练技术工人就开始自发地组织起来，在悉尼、墨尔本等城市建立了多个工会或行会。随着“黄金热”的出现以及自由工人数量的增多，澳大利亚工人运动迎来了大发展。各个行业的工会组织纷纷建立，并由分散趋向联合和统一，从行业工会发展到地区性工会，开始组织大规模罢工、争取八小时工作制等。到19世纪末期，澳大利亚的工人运动已取得不小成就，不仅迫使当局通过一系列立法和劳资仲裁条例，维护了工人的权益，还在各殖民地以不同的名称建立了工会的政治组织——工党。

工人力量和工人组织的不断发展，为澳大利亚社会主义和共产主义运动的兴起奠定了坚实基础。加上第二国际的影响，移民中的一些先进分子开始从事社会主义活动，并建立了各式各样的社会主义组织，如社会主义联盟（Socialist League）、澳大利亚社会党（Australian Socialist Party）、社会主义工党（Socialist Labor Party）等。在俄国十月革命的鼓舞下，澳大利亚的社会主义者于1920年10月30日召开会议，决定正式成立澳共，并很快成为共产国际的支部。澳共的成立开启了澳大利亚工人运动的新篇章。这一时期，以澳共为代表的共产主义力量站在了工人运动的最前列，积极领导工人斗争，组建人民阵线反对法西斯主义，与澳大利亚政府的反共政策作斗争，推动了澳大利亚共产主义运动的进一步发展。

第一，积极为工人发声，维护工人阶级利益。澳共成立后，便即刻投入到工人运动当中。当时，由于受到经济大萧条的影响，澳大利亚多个城市失业现象严重，工人生存环境比较恶劣。积极支持工人的经济斗争、维护失业工人权益成为这一时期共产党工作的重心。在澳共的领导和组织下，新南威尔士、昆士兰等地的煤矿、铁路和码头工人多次发起罢工和示威活动。1928年，在澳大利亚首次庆祝国际妇女节之际，澳共积极组织党内的妇女团体参与在悉尼的集会活动，提出了同工同酬的要求。[1] 特别是1930年，澳共派遣许多组织员到煤

---

[1] Vinnie Molina, “For a Revolutionary International Women’s Day”, in *Guardian*, Iss.1905, 2020, p.3.

矿区去协助被解雇的矿工，建立了一些基层委员会，并提出了“全体罢工”的口号。[1]

第二，反对法西斯主义，反对帝国主义战争。在第二次世界大战期间，澳大利亚国内的反苏运动达到高潮，此时共产主义力量处境艰难。不过，澳共仍是反对法西斯主义的主要力量，4000 余名共产党党员参加了此次斗争，为世界人民赢得反法西斯战争的胜利作出了极大贡献。[2] 由于拒绝支持帝国主义战争，澳共曾被罗伯特·戈登·孟席斯（Robert Gordon Menzies）政府以战时预防措施为由宣布为非法团体。但澳共并没有被击垮，而是领导澳大利亚人民全力开展反对法西斯主义和反对帝国主义的斗争，积极组织工人运动，最终赢得了胜利。在禁令被解除后，澳共的党员人数不减反增。

第三，与澳大利亚政府的反共政策作斗争。随着东西方冷战形势的加剧，意识形态冲突凸显，澳大利亚政府为了自身利益开始迫害澳共党员。20 世纪 50 年代初，孟席斯政府以共产党企图以暴力颠覆现政府为由通过《解散共产党法案》（*The Communist Party Dissolution Bill*）。该法案指出，澳共及其所领导的工会与类似组织均为非法组织，应予以解散；政府机构、煤矿和造船厂等大企业一概不得雇用共产党员；继续开展活动的共产党员将被逮捕。不过，由于澳共的积极活动、澳大利亚工人运动和工会组织的支持，该法案被高等法院认为不符合宪法规定而驳回，1951 年 9 月在全国举行的“反共”公民投票也未能通过。[3] 孟席斯政府企图使共产党非法化的行动没有成功。

由于澳共的不懈斗争，共产主义运动在这一时期有了相当大的发展。第二次世界大战后初期，澳共的党员人数由最初的 26 人一度达到历史最高峰——

---

[1] 参见杨成果：《澳大利亚共产党的社会主义理论与实践研究》，中国社会科学出版社 2014 年版，第 10 页。

[2] 参见杨成果：《澳大利亚共产党的社会主义理论与实践研究》，中国社会科学出版社 2014 年版，第 12 页。

[3] Laurence W.Maher, “Dealing with the King’s Enemies: The Drafting of the Communist Party Dissolution Bill 1950”, in *Australian Historical Studies*, Vol.44, No.1, 2013, pp.37-53.

2.5万人（当时澳大利亚人口总共才500万左右），而且，共产党在煤矿工人工会、码头工人工会、钢铁工人工会、海员工会、金属板工人工会等几个大的工会中占据主导地位，对社会的影响也在逐步扩大，在议会选举中的得票率已接近3%。[1] 可以说，经过最初30余年的发展，澳大利亚的共产主义力量已经成为一支比较重要的政治势力。

二、澳大利亚共产主义运动的分裂与衰落（1956—1990年）

20世纪50年代中期至90年代，由于国际形势的影响及内部思想的混乱，澳大利亚的共产主义运动并没有迎来更进一步的发展，而是在经历了多次大大小小的分裂之后逐渐萎缩。分裂与分歧基本上是这一时期共产主义运动的主旋律。

在国际共产主义运动历史上，1956年是一个分水岭。苏共二十大的召开特别是赫鲁晓夫所作的"秘密报告"，很大程度上削弱了苏联模式的权威。再加上随后苏联对匈牙利的军事干预以及中苏之间的全面论战，国际共产主义运动内部产生了严重的思想分歧。这一系列事件给澳大利亚共产主义运动的发展带来极大挑战，共产党力量内部开始出现意见上的分歧。[2] 早在1956年10月苏联决定出兵匈牙利时，澳共对苏联的支持政策就遭到一部分党员的质疑，在随后的两年中大约有2000名党员因此事而陆续选择退党。[3] 紧接着，中苏之间全面论战的爆发直接导致了澳共的又一次分裂。澳共的领导层采取亲苏的立场，以爱

---

[1] 参见秦德占：《塑造与变革：澳大利亚工党社会政策研究》，河南人民出版社2009年版，第45页。

[2] Phillip Deery and Rachel Calkin, "'We All Make Mistakes': The Communist Party of Australian and Khrushchev's Secret Speech, 1956", in *Australian Journal of Politics and History*, Vol.54, No.1, 2008, pp.69-84.

[3] Tom O'Lincoln, *Into the Mainstream: The Decline of Australian Communism*, Sydney: Stained Wattle Press, 1985, p.98.

德华·弗勒·希尔（Edward Fowler Hill）为代表的数百名共产党员则坚定地站在中国共产党这一边，发表了《澳大利亚马克思列宁主义者宣言》，谴责澳共领导人背叛了马克思列宁主义。[1]1964年，希尔、培迪·马龙（Paddy Malone）等带领一部分共产党员和工会会员成立了新的共产主义组织——澳大利亚共产党（马列）[CPA（M−L）]，不再接受澳共中央委员会的领导。

不过，在20世纪60—70年代，澳大利亚共产主义运动内部始终没有处理好苏联问题。围绕1968年苏联出兵捷克斯洛伐克一事，澳共内部又产生了思想分歧。以埃德加·罗斯（Edgar Ross）、阿尔夫·瓦特（Alf Watt）为代表的亲苏派不同意领导层批评苏联的做法，公开谴责劳里·阿隆斯（Laurie Aarons）等领导人犯了机会主义错误。[2] 阿隆斯接替劳伦斯·夏基（Lance Sharkey）出任总书记后，澳共开始强调独立自主，但却越走越远，逐渐迷失了方向。1970年3月，澳共第22次代表大会取消了马克思列宁主义的意识形态指导地位，认为其已经“过时”。[3] 这次会议促使共产主义力量进一步分化。1971年12月，800名亲苏的成员脱离澳共，正式成立澳大利亚社会主义党（Socialist Party of Australia，简称SPA）。[4] 澳大利亚的共产主义运动再次陷入分裂，这次分裂使共产党党员数量出现断崖式下跌，极大地削弱了澳大利亚共产主义的力量。据统计，截至1972年初，澳共党员人数已不足3000名。[5]

---

[1] Nick Knight, "The Theory and Tactics of the Communist Party of Australia(M-L)", in *Journal of Contemporary Asia*, Vol.28, No.2, 1998, pp.233-257.

[2] Edgar Ross, *Of Storm and Struggle*, Sydney: Alternative Publishing Co-operative, 1981, p.140.

[3] Communist Party of Australia, *CPA Documents of the Seventies: 1970, 1972, 1974 and 1976 Congress Documents Plus a New Course for Australia*, Sydney: Red Pen Publications, 1977, p.6.

[4] Greg Mallory, "The Communist Movement and Australian, 1967-1975 and the Circumstances Surrounding the Formation of the Socialist Party of Australian", in *The Hummer*, Vol.3, No.7, Summer 2001-2002, pp.16-17.

[5] Richard F.Stear (ed.), *Yearbook on International Communist Affairs*, Stanford: Hoover Institution, 1973, p.408.

20世纪80年代，澳大利亚共产主义运动仍处在不断分裂之中，澳共和澳大利亚社会主义党内部出现派系纷争，分歧进一步加大。共产党内部围绕着与工党的关系以及党的改革方向等问题形成了左中右三个派别。以伯尼·塔夫特（Bernie Taft）为代表的右派认为，澳共没有取得任何进展，呼吁党员们弃党，另成立一个新的、更广泛的"社会主义组织"；中间派以阿隆斯为代表的悉尼领导层为主，也不主张保留共产党的领导权，但认为可以与其他社会主义者一起，组建一个新的社会主义政党；少数左派党员认为，澳共的改革是必要的，但必须坚持独立，必须保持马克思主义政党的革命性质。由于各派意见不统一，1984年4月，约40名澳共核心成员以建议受阻为由突然宣布退党，给澳共的发展带来极大困难。[1] 几乎在同一时期，澳大利亚社会主义党内部也出现了意识形态方面的分歧。该党成立以后，提出要重新组织澳大利亚的共产主义运动。1983年，党的战略问题引发了澳大利亚社会主义党的广泛争论，党主席帕特里克·马丁·克兰西（Patrick Martin Clancy）与党内其他领导人意见相左，克兰西认为他们在意识形态上具有教条主义和极权主义倾向。随后，该党全国委员会解除了克兰西的领导职务，克兰西及其支持者退党，组建了一个名为"共产主义团结会"（Association for Communist Unity）的新组织。[2] 澳大利亚社会主义党的分裂，使澳大利亚共产主义力量进一步分化，随后逐渐走向衰微。在1989年东欧剧变的冲击下，澳共党内思想更加混乱，在同年底的第30次特别代表大会上宣布逐渐停止其自身的政治活动，并于1991年最后一次会议上决定解散。

这一时期澳大利亚共产主义运动处在极其不稳定的发展状态，尽管在工人运动、新左派运动以及新兴的社会运动中都涌现了大量共产主义者的身影，他们在争取和平、维护原住民权利、反对种族隔离、争取妇女解放等方面发挥了

[1] CPA,"Statement from a General Meeting of Victorian Members of the Communist Party of Australia", http://www.reasoninrevolt.net.au/objects/pdf/a000497.pdf.

[2] Suzanne Jamieson, "Clancy, Patrick Martin (Pat) (1919-1987)", http://adb.anu.edu.au/biography/clancy-patrick-martin-pat-12320/text22131.

重要作用[1]，但是，持续不断的分裂与分歧严重影响了澳大利亚共产主义运动的内部团结，致使运动最后走向衰落。究其原因，还在于澳共疏于思想理论的研究，时常不加批判地吸收国际上或其他左翼运动的理论思潮，照搬的结果就是脱离群众，内部思想不统一，如“对于欧洲共产主义问题的争论就严重地影响了各派之间的团结；又如关于苏联出兵捷克问题的争论也造成了同样严重的后果”[2]。苏东剧变的发生和澳共的解散，使澳大利亚共产主义运动深受打击。整个澳大利亚左翼社会主义运动陷入危机，这也迫使许多共产主义者开始重新认识资本主义和社会主义，重新思考马克思主义与澳大利亚的结合。

三、澳大利亚共产主义运动的重组与新探索（1990 年至今）

澳共解散以后，澳大利亚社会主义党担起了重振澳大利亚共产主义运动的责任。苏东剧变以后，该党迅速作出反应，于 1990 年、1992 年连续召开会议，深入讨论了苏联东欧的局势、戈尔巴乔夫的改革等问题，并就如何开展澳大利亚的社会主义运动提出了自己的想法。该党认为，虽然苏联模式的社会主义失败了，但这并不代表马克思列宁主义的失败，澳大利亚社会主义党仍然应该坚持马克思列宁主义，切实将马克思主义与澳大利亚的实际情况结合起来。其实，澳大利亚社会主义党自成立后便自我定位为一个共产主义性质的政党，一直努力把工人阶级联合起来。在原澳共解散以后，该党希望重建一个新的共产党，继承原澳共的优秀传统。经过充分讨论，该党于 1996 年召开第八次全国代表大会，决定将党的名称改为“澳大利亚共产党”[与原澳共名称一样，简称 CPA，以下简称“澳共（CPA）”]。澳共（CPA）的成立，得到其他社会主义组织的支持。经过一段时间的探索和调整，澳大利亚共产主义运动迎来了新的发展，共产主义力量开始以更加积极的姿态活跃在本国政治舞台之上。

---

[1] Jon Piccini, Evan Smith and Matthew Worley, *The Far Left in Australia Since 1945*, New York, NK: Routledge, 2019, p.3.

[2] 王宏周：《澳大利亚左翼》，《国外社会科学》1986 年第 10 期。

（一）明确提出“21 世纪将属于社会主义”

以澳共（CPA）为代表的共产主义力量认为，人类社会已经进入历史的转折点，21 世纪将属于社会主义。自 2001 年至今，澳共共召开了五次全国代表大会，多次对党章和党纲进行修订，且每次代表大会都更新党的政治决议，既深刻总结了 20 世纪社会主义历史进程的经验教训，又结合国内外形势对当代资本主义进行了严厉批判，阐明了 21 世纪澳大利亚走向社会主义社会的方式和途径。澳共坚信，社会主义才是澳大利亚的未来，只有社会主义制度才能从根本上消除当今资本主义社会存在的种种问题和制度性弊病。

驳斥了“社会主义失败论”。苏东剧变后，“社会主义失败了”的论调在资本主义国家范围内甚嚣尘上，一时间使共产主义者们应接不暇，不知如何回应。针对这一问题，澳大利亚共产主义者在 21 世纪有了更为成熟的认识。一是高度赞扬了 20 世纪社会主义国家所取得的历史成就，如提高了人民生活水平、扩大了人民民主、实现了民族平等、维护了世界和平等。社会主义制度的确立，在人类历史上首次打破了资本主义的统治，开创了新的人类纪元。社会主义使人民享有更好的社会福利和教育资源、更完善的医疗保健和文化设施，为妇女、青年等群体提供更多的保护。二是深刻剖析了苏联模式社会主义失败的原因，系统总结了苏东剧变的经验教训。澳大利亚共产主义者认为，社会主义探索之路充满了困难和挑战，并不是一帆风顺的。苏联在建设社会主义的过程中背离了真正的马克思主义，因而犯了许多错误，如经济上不顾实际情况超越社会发展阶段、政治上高度集中缺乏民主、意识形态上忽略马克思主义的宣传和教育、党的建设上严重脱离群众等。一些社会主义国家之所以陷入危机，并不是由于实行生产资料公有制和工人阶级掌握政权而导致的，而是对社会主义基本原则认识不清、认识不到位的结果。[1] 社会主义本身并没有失败，失败的是早已问

[1] CPA, *Program, Amended CPA 13th National Congress December 2017*, Sydney: New Age Publishers Pty Ltd, 2017, p.66.

题从生的苏联模式的社会主义。

资本主义弊端凸显，只有社会主义才能挽救澳大利亚。21世纪以来，资本主义的制度性危机和结构性矛盾不断深化。特别是2008年以来席卷全球的金融危机，更是宣告了资本主义新自由主义议程的破产，使资本主义制度的种种危害暴露出来。马克思和恩格斯早在170多年前的《共产党宣言》中就曾预言了资本主义周期性经济危机的不可克服性。经济危机、粮食危机、生态危机、失业、剥削和不平等现象犹如资本主义制度的影子，这些危机可以被延迟、被缓解，但只要资本主义制度存在，这些危机就无法根除。澳大利亚目前深受经济危机和环境危机的困扰，工人们的生活状况也不断恶化，社会贫富两极分化严重。“30%的澳大利亚人没有一个安全的家，超过10万人无家可归，工资占国内生产总值的比例已经下降到53%，而利润占GDP的比例已经上升到27.6%。由于工资增长滞后于通货膨胀，工人的税收负担有所增加。”[1] 澳大利亚共产主义者认为，社会主义才是彻底解决现有社会问题的最佳替代方案。[2] 只要坚持社会主义的基本原则，将马克思列宁主义与澳大利亚实际结合起来，社会主义不仅可能，而且可行。

（二）“团结就是力量”成为新口号

澳大利亚共产主义运动在20世纪中后期的发展中多次陷入分裂，力量比较分散，而且各个社会主义和共产主义组织之间也存在着多种分歧。共产主义力量的散乱状态，使它们“既没有一个明确的短期奋斗目标，更缺乏一个长远的行动纲领”[3]，也难以抵挡澳大利亚新右翼政治力量的冲击。虽然在20世纪80

---

[1] Bob Briton, “20th International Meeting of Communist and Workers’ Parties”, https://www.cpa.org.au/amr/69/amr-69-01-20th-international-meeting.html.

[2] Socialist Alternative, “Statement of Principles”, https://www.sa.org.au/node/3924; CPA, *Program, Amended CPA 13th National Congress December 2017*, Sydney: New Age Publishers Pty Ltd, 2017, p.2.

[3] 王宏周:《澳大利亚左翼》,《国外社会科学》1986年第10期。

年代中后期，原澳共、澳大利亚社会主义党等组织曾提出构建“新左翼党”的设想，也召开过“左派磋商会”，但由于随后发生的苏东剧变，澳大利亚的共产主义运动遭到沉重打击，左派联合并没有取得实质性进展。

进入 21 世纪，经过一系列探索和调整，澳大利亚共产主义力量的态度更加积极。“团结就是力量”（Unity Is Strength）成为澳共（CPA）和其他社会主义组织的新口号。它们认为，要想进行社会变革，必须把社会上不同的进步力量真正团结起来，建立最广泛的联盟。具体来讲，最广泛的联盟包括三个层次，即左派的联盟、工人阶级的联盟以及广泛的人民或民主联盟。首先，承认阶级斗争、代表工人阶级利益的左派政治力量先团结起来。以往各派的分裂与分歧严重影响了澳大利亚共产主义运动的发展，但大家的目标和基本主张却是共同的，如反对资本主义制度，主张和平与裁军、人民民主、充分就业、妇女解放等。所以，左派政治力量可先就某些具有共识的政策共同行动，然后逐步协商，从而达成联合与团结。其次，广大的工人阶级要团结起来，组成统一战线。澳大利亚的工薪阶层有着共同的经济利益和政治利益，有着组建工人阶级统一战线的基础。工人阶级统一战线将提高工人们的战斗力，从而使自己的主张和要求更容易实现。澳共（CPA）表示，将全力支持工人阶级统一战线的组建，维护工人阶级的利益。[1] 最后，努力建立一个广泛的人民或民主联盟，把社会上所有进步和民主力量团结起来。工人阶级在领导人民进行经济斗争和政治斗争的过程中，也应重视其他社会进步力量的作用。只有建立广泛的人民或民主联盟，实现最大程度的团结，才能实现澳大利亚的社会变革。

在澳共（CPA）的积极推动下，左派社会主义组织和共产主义者加强了团结，把组建左派联盟一事提上了日程。为了扩大澳大利亚共产主义运动的影响，共产党和其他支持共产党的组织和人士成立了一个新的选举联盟——“共产主义者联盟”。该党于 2009 年 3 月在澳大利亚选举委员会登记注册，并向新南威

[1] CPA, *Program, Amended CPA 13th National Congress December 2017*, Sydney: New Age Publishers Pty Ltd, 2017, p.40.

尔士州参议院和悉尼众议院推出了自己的候选人。虽然共产党人尚未在联邦选举中取得多少成就，不过，“由于澳大利亚共产党积极地开展竞选活动、捍卫人民的权利和生活水平，它赢得了许多社会人士和一部分工会运动的支持，提高了知名度”[1]，也扩大了澳大利亚共产主义运动的影响。

四、澳大利亚共产主义运动面临的现实挑战

经过 100 年的探索，澳大利亚共产主义运动在 21 世纪迈上了新的台阶。但是，客观地讲，由于受到诸多因素的限制，澳大利亚共产主义运动仍然面临许多挑战。

（一）新技术革命和产业转移引发了工人阶级内部构成的变化

在信息技术革命的影响下，当代发达资本主义社会的经济、政治和文化发生极大的变化。伴随着资本主义生产方式的“信息化重组”，发达国家工人阶级的内部构成不断演变。

一是工人阶级的层级化特征明显，少量工人成为核心雇员，享有较好的工作保障；大部分工人成为边缘雇员，工作不稳定，如非全日制工人、不定期合同工、临时工和转包合同的受雇工人等。这就使工人阶级内部越来越分裂，从而造成工人阶级力量的分散和对立。经济合作与发展组织的研究表明，澳大利亚有近 40% 的工作现在被归类为不稳定的，从事这类工作的工人没有什么保障，也没有什么权利。[2] 二是经济全球化对雇佣劳动者产生了重大影响，如全球化过程中产业结构的“去工业化”导致以“蓝领工人”为主体的传统产业工人力

[1] [澳] 温尼 · 莫利纳:《从国际金融危机看不断深化的资本主义制度性危机——以澳大利亚为例》，杨成果译，《马克思主义研究》2011 年第 4 期。

[2] OECD, "In It Together: Why Less Inequality Benefits All", http://www.oecd.org/social/in-it-together-why-less-inequality-benefits-all-9789264235120-en.htm.

量被削弱，企业经营的“业务外包”则使白领雇员的生存状况日趋恶化。[1] 澳大利亚的制造业曾在 20 世纪中后期蓬勃发展，但由于经济全球化的影响，目前已经大幅萎缩。澳大利亚在“去工业化”的进程中由制造业向服务业转变，劳动力市场也随之开始重组，传统的蓝领工人数量越来越少，取而代之的是新兴的中产阶层。这就进一步削弱了共产主义政党的组织基础。

（二）合作主义在资本主义劳资关系中占据主导地位

资本借助于信息技术和新自由主义政策的推行，使资本主义劳资关系发生新变化，合作主义盛行。资本在政府的支持下力量不断强化，劳工则被迫与雇主合作，在集体谈判中“自愿”缩减工资。典型的例子就是 1983 年澳大利亚工会理事会（ACTU）与霍克－基廷政府达成的《价格和收入协议》，以及 2005 年霍华德政府强行通过的《工作选择法》。根据这些协议，工会同意限制工人工资，以换取雇主允诺的一些医疗保险和福利，代价则是工人们不再进行大规模的斗争，以合作取代阶级斗争和冲突。之前，工会主要通过协商的办法来确定工人的工资和工作条件，但现在需要通过与企业谈判、签订个人合同的方式，而且，如果违反协议或合同，将被罚款或起诉，罚款有时甚至高达数万澳元。澳大利亚统计局数据显示，1985 年劳资纠纷共 1876 起，而到 2019 年 9 月，连续 12 个月处理的劳资纠纷才 154 起，数量削减 90%。[2] 劳资纠纷减少，并不是因为工人们的要求总是能够得到满足，而是因为维护自身利益的代价太大，多数工人只能选择在协议框架内活动。随着工资和工作条件的决定权越来越分散，工会的力量远不如从前，工人们的阶级意识也逐渐被削弱。

合作主义替代了阶级斗争和冲突，工人们的工资水平和工作条件得到一定改善，但是作为工人阶级共同体的意识却越来越弱了。由于历届政府和雇主们

[1] 参见孙寿涛:《当代西方发达国家工人阶级状况研究》，南开大学出版社 2017 年版，第 110 页。

[2] Anna Pha, “Stop the Wage Rorts! ”, in *Guardian*, Iss.1906, 2020, p.1.

发起的反工会立法，工会密度和工会战斗性有所下降。再加上澳大利亚政府近年来对工会的打压，“将工会在澳大利亚政治中的角色边缘化，并侵蚀了左翼政治运动的支柱性政治信念——团结一致”[1]，工人阶级越来越处于无组织状态，这些因素都动摇了左翼运动和共产主义运动的组织基础。澳共（CPA）认为，近 40 年澳大利亚有组织的劳工运动确实出现了衰退。[2]

（三）右翼民粹主义突起

澳大利亚目前经济转型任务艰巨，人民收入增长停滞，失业率不断上升，选民焦虑、排外情绪不断蔓延。在欧美民粹主义浪潮的推动下，澳大利亚本土民粹主义力量卷土重来，边缘政党兴起。近年来，澳大利亚的极右翼政党在联邦选举中比较活跃，选票逐渐增多。如单一民族党（Pauline Hanson's One Nation）在 2016 年联邦选举中获得 17.5 万张选票，2019 年其支持者增至近 44 万；帕尔默联合党（Palmer United Party）在 2016 年的联邦选举中只有 315 张选票，2019 年其领导人克莱夫·帕尔默（Clive Palmer）另以联合澳大利亚党（United Australia Party）重新参选，获得近 50 万选民支持，得票率为 3.43%，且在参议院赢得两个席位。[3] 此外，澳大利亚目前有多个新兴的极端政党，如鲍勃·卡特（Bob Katter）的“澳大利亚党”（KAP）、“雅基·兰比小组”（Jacqui Lambie Network）、由独立参议员尼克·瑟诺芬（Nick Xenophon）组建的“尼克·瑟诺芬小组”［NXT，该组织 2018 年 4 月更名为“中央联盟”（Centre Alliance）］、由退出自由党的参议员科瑞·伯纳迪（Cory Bernardi）组建的“澳大利亚保守党”（Australian Conservatives）、“澳大利亚崛起党”（Rise UP Australian Party）、“要么

---

[1] 袁野、姚亿博:《2019 年澳大利亚大选与政党政治新变化》,《当代世界》2019 年第 9 期。

[2] Bob Briton, “20th International Meeting of Communist and Workers' Parties”, https://www.cpa.org.au/amr/69/amr-69-01-20th-international-meeting.html.

[3] AEC, “First Preferences by Party, 2016 Federal Election”, https://results.aec.gov.au/20499/Website/HouseStateFirstPrefsByParty-20499-NAT.htm; AEC,“First Preferences by Party, 2019 Federal Election”, https://results.aec.gov.au/24310/Website/HouseStateFirstPrefsByParty-24310-NAT.htm.

爱澳大利亚要么离开”（Love Australia or Leave）等。

这些政党的兴起，虽未触及澳大利亚的主流政治，但它们打着极端保守主义和民族主义旗号，主张回归经济保护主义，抨击收入不平等，反对移民、自由贸易和全球化，直接抢走了大量传统左翼政党的核心支持者——中产的劳工阶层、底层的低收入者和失业者的选票。

（四）左翼社会主义力量分散

与右翼民粹主义形成鲜明对比的是，澳大利亚的左翼社会主义力量长期处于弱势地位，且派别比较多，联合难度大。目前，澳大利亚的社会主义和共产主义组织大约有十几个。其中自称为共产党的组织主要有三个，分别为 1964 年从原澳共分裂出来的澳大利亚共产党（马列）、1971 年成立并于 1996 年更名的澳大利亚共产党（CPA，其前身是 1971 年从原澳共分裂出来的澳大利亚社会主义党）以及 2019 年 6 月从澳共（CPA）分裂出来的澳大利亚人共产党（ACP）。比较有影响的社会主义组织主要有社会主义联盟（Socialist Alliance）、维多利亚社会主义者（Victorian Socialists）、社会主义替代（Socialist Alternative）、社会主义平等党（Socialist Equality Party）。除此之外，还有一些毛主义和托洛茨基主义政党。21 世纪以来，这些左翼社会主义力量曾多次尝试建立左翼联盟，但效果甚微。

它们虽以实现社会主义为共同目标，但具体的策略和途径不尽相同。社会主义联盟和维多利亚社会主义者认为，除了罢工、示威等斗争形式外，社会主义者还应积极参加议会选举，利用选举来宣传社会主义思想、改善自身形象，从而赢得广大选民的支持，进一步推动社会运动。在 2019 年联邦选举中，社会主义联盟获得 2447 张选票，目前在西澳大利亚弗里曼特尔和维多利亚州墨尔本有两名地方议员；维多利亚社会主义者通过与维多利亚州较大的托洛茨基派合作，在此次选举中共获得 12453 张选票。[1] 也有一些更为激进的共产主义组织不

[1] AEC, “First Preferences by Party, 2019 Federal Election”, https://results.aec.gov.au/24310/Website/HouseStateFirstPrefsByParty-24310-NAT.htm.

参加选举，如澳大利亚共产党（马列）认为，“议会和选举是一种肤浅的民主”[1]，强调要独立于资本主义制度之外开展社会主义活动，其目标是在“革命性变革”中消灭资本主义制度和帝国主义世界体系，建立“无产阶级专政”，并且认为必要时可采取非法行动，该党于2019年加入了主张“自治、独立和自力更生”的国际共产主义组织——“革命政党和组织国际协调”（ICOR)。还有一些无政府主义组织主张通过教育或者直接暴动来建立一个自由、互助和自我管理的社会，反对工人参加议会活动，如无政府工团主义联合会（Anarcho-Syndicalist Federation）。[2]

综上，新技术革命引发的一系列变革导致了澳大利亚产业结构和社会结构的巨大变化，不仅使工人阶级内部越来越分化，还使资本主义劳资关系发生了不利于劳工阶层的重组。再加上近年来右翼民粹主义突起，而左翼社会主义力量仍然分散，这些因素交织在一起，给当前澳大利亚共产主义运动的发展带来极大阻力。

五、澳大利亚共产主义运动的发展前景

虽然挑战重重，不过，在当前百年未有之大变局中，国际共产主义运动整体发展形势向好，资本主义的制度性弊端和结构性矛盾凸显，澳大利亚共产主义运动也面临着历史性的发展机遇。

一方面，由于全球金融危机的波及，再加上本身经济转型困难和一些自然灾害的影响，澳大利亚近年来经济形势不太乐观，铁矿石需求下滑、房价暴跌、农业损失惨重，家庭负债率创新高，失业率上升，人民生活状况不断恶化。澳大利亚前政府经济和政策顾问约翰·亚当斯（John Adams）称，澳大利亚的“经

[1] CPA(M-L), “Political Report of the Central Committee to the 15th Party Congress”, http://www.cpaml.org/congress.php.

[2] ASF-IWA, “Aims, Principles and Statutes”, https://asf-iwa.org.au/aims/.

济灾难”已经难以避免，然而政府并没有采取有效行动。[1] 而中国、古巴、越南等社会主义国家在经济危机和公共卫生危机中的表现则突出显示了社会主义制度的优越性，这表明，资本主义和帝国主义的替代方案确实是存在的，而且是可行的。另一方面，从澳大利亚目前的政治生态来讲，选民对主流政治感到失望。“澳大利亚选举研究”互动数据库近 30 年的调查数据显示，选民的政治态度和投票行为发生了极大变化，对于主流政党的认同在下降，具体表现为不具有政党认同的选民数量增多且选民的政党认同感和归属感变弱，具有“强烈”政党认同的选民减少。[2] 在 2016 年和 2019 年联邦选举中，25% 左右的选民没有把工党和自由党 – 国家党联盟作为他们的第一选择，而是投给了其他新兴小党。[3] 右翼民粹主义政党在澳大利亚的兴起则印证了这一点。同时，选民对政府的信任度也大幅减弱，尤其是最近两年来澳大利亚政府在应对自然灾害、族群分裂、公共卫生危机等问题上的表现遭受了广泛批评。目前的政治生态为左翼社会主义运动带来很大发展空间，这些对主流政党失望的选民正是社会主义和共产主义政党的潜在支持者。

机遇与挑战并存，而且挑战多于机遇，这是澳大利亚共产主义运动面临的现实。不过，尽管前路漫漫，澳大利亚的共产主义力量仍然满怀信心，积极开展活动。澳共（CPA）在最近一次代表大会上指出：“目前资本主义制度面临着前所未有的困境，社会矛盾激化，阶级斗争形势加剧，这正是我们走向人民的

---

[1] Frank Chung, “Six Pathways to Australia’s ‘Economic Armageddon’”, https://www.news.com.au/finance/economy/australian-economy/six-path-ways-to-australias-economic-armageddon/news-story/5f11849237d1621569e85 a9f2c2a1948.

[2] Sarah Cameron and Ian McAllister, *Trends in Australian Political Opinion: Results from the Australian Election Study 1987-2019*, Canberra: Australian National University, 2019, p.5.

[3] AEC, “First Preferences by Party, 2016 Federal Election”, https://results.aec.gov.au/20499/Website/HouseStateFirst PrefsByParty-20499-NAT.htm; AEC, “First Preferences by Party, 2019 Federal Election”, https://results.aec.gov.au/24310/Website/HouseStateFirstPrefsByParty-24310-NAT.htm.

机会。”[1]

共产主义运动在澳大利亚的百年演进，既是一部澳大利亚共产主义政党的发展史，也是一部工人阶级争取更好的工作条件、争取民主和解放的斗争史。虽然目前澳大利亚的共产主义力量规模有限，仍活跃在主流政治之外，但是它们一直走在为工人阶级争取权益、推动妇女解放、维护原住民权利、争取民主和平等的最前列，影响着澳大利亚政治、经济和文化的发展。

（原文刊载于《当代世界与社会主义》2020 年第 5 期）

[1] CPA, "Political Resolution: Taking the Party to the People", https://www.cpa.org.au/resources/cpa-doc-current/cpa-political-resolution-adopted-2017.pdf.

宋学增 | 中央党史和文献研究院第四研究部

新西兰共产主义政党百年兴衰探源

新西兰是大洋洲的主要国家之一，新西兰的共产主义政党是国际共产主义运动和世界社会主义的重要组成部分。1921 年 3 月成立的新西兰共产党，是推动新西兰共产主义运动的主要力量，见证了 20 世纪国际共运史上的重大事件。尽管新西兰共产党已于 1994 年解散，但是从中分裂而来的共产主义政党依然存在。现存的新西兰共产主义政党，是观察当代世界社会主义运动尤其是大洋洲地区社会主义发展状况，必须了解和研究的对象。以史为鉴，可以知兴替。研究新西兰共产主义政党百年历程，探讨其中的兴衰得失，不仅对于深化共产主义政党成长和发展规律的认识具有重要意义，而且对准确把握新西兰共产主义政党的发展现状及演进趋势也具有重要价值。

一、新西兰共产主义政党百年发展历程的回顾

早在 20 世纪初期，新西兰就被世界各地的国际社会主义拥护者视为社会民主政府的理想试验地。1894 年，新西兰制定了《产业调节与仲裁法案》来调节产业、资本与劳工之间的纠纷，大大减轻了阶级矛盾。当时，新西兰的工会组织无处不在，全国各地还建立了超过 200 家就业机构，按照“公平工作和公平报酬”原则，为每一个有意愿工作的人提供就业机会。独特的地缘特性与资源

禀赋使新西兰“没有需要解决的失业问题”[1]。然而，随着第一次世界大战的爆发，新西兰这种田园般的景象开始幻灭。超过 12 万人被征募加入新西兰远征军，而当时新西兰总人口才 114 万。[2] 随着伤亡人数的持续增加，公众的厌战情绪逐渐蔓延，加剧了对政治的不满，新西兰激进革命势力开始萌动。这期间，在新西兰南部的矿产业中逐渐形成了马克思主义研究的小型组织。1917 年俄国十月革命的胜利，进一步激发了人们的革命思想。1918 年，新西兰马克思主义协会成立。[3] 在该协会的促动下，描述十月革命的小册子《震撼世界的十天》以及列宁的《工作中的苏联人》开始在新西兰传播。到 1921 年，建立共产主义政党的条件逐渐成熟。1921 年 3 月，在惠灵顿社会党的总部惠灵顿社会主义大厅，新西兰共产党正式成立。[4] 回顾来看，新西兰共产主义政党百年发展历程可分为以下八个阶段。

（一）新西兰共产党的成立及早期探索（1921—1923 年）

新西兰共产党成立时，党员主要来自新西兰马克思主义协会和惠灵顿社会主义党。惠灵顿社会主义党曾是新西兰社会主义党在惠灵顿的分支机构。新西兰社会主义党成立于 1901 年，1916 年改组为新西兰工党。[5]1913 年，因政治和选举问题，新西兰社会主义党在惠灵顿的分支机构独立组建了惠灵顿社会主义党，主张采取直接行动，利用大罢工推翻资本主义。在成立之初，新西兰共产

[1] KS Girard & J. A. Wayland, “New Zealand in a Nutshell”, in *Wayland's Monthly*, No. 14,1901.

[2] “First World War-Overview : History Group of the New Zealand Ministry for Culture and Heritage, ”https://nzhistory.govt.nz/war/first-world-war-overview/introduction.

[3] Bert Roth,“New Zealand”, in Witold S. Sworakowski eds.,*World Communism: A Handbook*, 1918-1965,Hoover Institution Press,1973,p.337.

[4] Kerry Taylor,“Our Motto,No Compromise:The Ideological Origins and Foundation of the Communist Party of New Zealand”, in *New Zealand Journal of History*, Vol.28, No.2,1994.

[5] 参见中央编译局世界社会主义研究所编:《新编世界社会主义词典》，上海辞书出版社、中央编译出版社 1996 年版，第 1330 页。

党主要从事发动工人运动、组织工会和选举等活动，其影响力主要在矿工和海员工会中。1923 年，新西兰共产党第一次参加选举，其候选人在达尼丁市议会选举中获得了 2128 票。1924 年，新西兰共产党在奥克兰创建了官方出版物《共产党人》。[1]

（二）作为澳大利亚共产党下属机构时期（1924—1928 年）

尽管新西兰共产党建立了中央机构，但在成立早期组织仍然高度分散，各分支机构独立运作，难以形成组织规模。当时的新西兰共产党规模很小，党员总数不足百人。因主张较为激进，新西兰共产党自成立之初就受到新西兰政府的监控。这些不利条件严重影响了新西兰共产党的正常运作与发展。1924 年底，在一次由澳大利亚共产党代表参加的会议上，决定将新西兰共产党作为澳大利亚共产党的一个下属机构，以帮助新西兰共产党的成长与发展。[2] 这种情况一直持续到 1928 年，新西兰共产党才恢复独立。1926 年，新西兰共产党发行了月刊《工人先锋》，介绍和宣传新西兰共产主义运动情况。

（三）共产国际对新西兰共产党的改造（20 世纪 30 年代）

1928 年初，新西兰共产党收到了共产国际发来的第六届共产国际大会的参会邀请电报。迪克·格里芬作为代表，前往莫斯科参加了共产国际六大会议。会后，格里芬带回了共产国际《关于新西兰共产党任务的决议》。该决议指出新西兰的特点仍然是“资本主义发展稳步上升，工人的条件相对较好”，从而“防止了新西兰发生全面革命的可能性”，进而指示新西兰共产党将注意力集中在持

---

[1] Bert Roth,"New Zealand", in Witold S. Sworakowski eds.,*World Communism: A Hand book*, 1918-1965,p.338.

[2] James Bennett, Rats and Revolutionaries:The Labour Movement in Australia and New Zealand 1890-1940,University of Otago Press, 2004, p.84.

续的鼓动和宣传上而非革命起义。[1] 无论就当时情况还是事后来看，这是一份符合新西兰实际且非常中肯的指导文件。1929 年 8 月，格里芬担任新西兰共产党的总书记。

然而，到了 1930 年 3 月，新西兰共产党又收到了共产国际执委会的一封信函，指出新西兰共产党之前的政策是错误的，指示新西兰共产党要按照“第三时期”理论的要求，采取极端激进革命策略和夺权行动，以“揭露和摧毁所有工党、和平主义者、社会民主主义者……在现有政治和经济体制下解决社会问题的幻想”[2]。在这项错误政策的指导下，新西兰共产党由温和转向极端，引发了新西兰政府的强烈弹压。新西兰共产党的机构经常遭到突击搜查，新西兰共产党中央执委会的委员们被监控甚至被批捕。1930 年，三名新西兰共产党中央委员被逮捕。1933 年，因出版《卡尔·马克思和群众斗争》小册子，新西兰共产党七名中央委员悉数被捕。[3] 这期间，新西兰共产党的其他出版物也被查禁，大量党员失业，一贫如洗，不少人纷纷退党。因其主张激进，党还遭到了工人阶级的排斥与疏离，失去了早先一些工会的支持，影响力严重衰退。

1933 年，正当新西兰共产党陷入全面危机时，在共产国际工作四年的新西兰人弗雷德·弗里曼被派遣回国担任党总书记。随着德国纳粹党的崛起，共产国际的政策开始改变，逐渐放弃了“第三时期”策略。1935 年，共产国际提出建立“人民阵线”，以反对法西斯主义。为响应共产国际的政策号召，新西兰共产党在弗里曼的领导下，向新西兰其他组织团体提出了联合反法西斯运动的

---

[1] Kerry Taylor,"The Communist Party of New Zealand and the Third Period", in Matthew Worley,eds.,*In Search of Revolution: International Communist Parties and the Third Period*, I.B.Tauris,2004,p.270.

[2] Kerry Taylor,"The Communist Party of New Zealand and the Third Period", in Matthew Worley, eds., *In Search of Revolution: International Communist Parties and the Third Period*, p.274.

[3] Kerry Taylor,"The Communist Party of New Zealand and the Third Period", in Matthew Worley, eds., *In Search of Revolution: International Communist Parties and the Third Period*, p.278.

倡议，同时还制定了一种称为“下层统一战线”的策略，积极发展基层力量。[1]在1935年的新西兰大选中，新西兰共产党提出了“既不反动也不工党”的口号，但是选举结果却相当糟糕。随着“人民阵线”策略的转换，新西兰共产党逐渐恢复了成长。同期，共产国际指示新西兰共产党应该尽早与新西兰工党结盟，然而却遭到了党总书记弗里曼的反对。1936年，弗里曼被认为是新国际路线的障碍，被解除了总书记职位。次年，弗里曼被开除党籍。[2]

（四）迅速发展（第二次世界大战期间）

1939年，苏联与纳粹德国签署了《苏德互不侵犯条约》。受此影响，新西兰共产党遵照共产国际和莫斯科指示，反对新西兰政府的对德战争，理由是这是帝国主义国家之间的战争，不符合工人阶级的利益。新西兰共产党的这种行为在当时的新西兰国内备受指责。1941年苏德战争爆发后，新西兰共产党放弃了反战态度，积极支持参战。不少党员应征入伍，其中就包括之后担任新西兰共产党总书记的维克多·威尔科可斯。[3]这期间，得益于苏联与新西兰的军事同盟关系以及苏联的大力支持，新西兰共产党发展迅速，达到高峰时期，产生了前所未有的影响力。到1945年，新西兰共产党的党员数量达到了2000人，党刊《人民之声》每周发行量达到了14000份，都是历史最高水平。[4]

---

[1] Kerry Taylor,"The Communist Party of New Zealand and the Third Period", in Matthew Worley, eds., *In Search of Revolution: International Communist Parties and the Third Period*, p.289.

[2] Kerry Taylor,"The Communist Party of New Zealand and the Third Period", in Matthew Worley, eds., *In Search of Revolution: International Communist Parties and the Third Period*, p.294.

[3] 参见中央编译局世界社会主义研究所编：《新编世界社会主义词典》，上海辞书出版社、中央编译出版社1996年版，第928页。

[4] Bert Roth, "The Communist Vote in New Zealand", *Political Science*, Vol.17, No.2, 1965.

（五）发展遇挫（冷战初期）

冷战开始后，新西兰共产党仍然采用莫斯科的政治路线，坚决执行斯大林的政策，发展逐步受挫。[1]1956 年 2 月，赫鲁晓夫在苏共二十大上发表了所谓的“秘密报告”，企图全面否定斯大林；1956 年 10—11 月，苏联两次出兵匈牙利，制造了“匈牙利事件”。这些事件引发了新西兰共产党党内的激烈争论，不但动摇了人们对苏联的信赖，更动摇了一部分人的共产主义信念。党内的不少知识分子选择退出，其他失望的党员也纷纷退党。[2] 此后，新西兰共产党一蹶不振。这个时期，新西兰共产党曾多次参与地方议会选举，但获得的选票数量非常低，得票率从未超过 1%。[3]

（六）大分裂阶段（20 世纪六七十年代）

20 世纪 60 年代中期，受中苏论战和世界社会主义阵营分裂的影响，新西兰共产党也陷入分裂。中苏关系破裂后，新西兰共产党支持中国，亲苏派党员建立了新西兰社会团结党；1968 年“布拉格之春”事件后，新西兰共产党的惠灵顿支部成立了惠灵顿马列主义组织；1978 年，中国改革开放后，新西兰共产党转而支持阿尔巴尼亚，对此不满的党员成立了新西兰共产党（马克思列宁主义）筹备委员会。在不断的分裂中，新西兰共产党的组织和影响日益式微。

新西兰社会主义团结党成立于 1966 年，由以肯・道格拉斯・乔治・杰克逊和比尔・安德森为首的亲苏派组建。[4] 新西兰社会主义团结党自成立起就同

---

[1] A. C. Wilson, *New Zealand and the Soviet Union: A Brittle Relationship*, Victoria niversity Press, 2004.

[2] Barry Gustafson, “Chapter2: New Zealand in the Cold War World”, in Alexander Trapeznik & Aaron Fox eds., *Lenin's Legacy Down Under: New Zealand's Cold War*,University of Otago Press, 2004, p.29.

[3] Clifford Norton, *New Zealand Parliamentary Election Results 1946-1987: Occasional Publications No.1*, *Department of Political Science*, Victoria University of Wellington,1988.

[4] https://nzhistory.govt.nz/keyword/communism.

苏联保持着思想上和政治上的密切联系。尽管新西兰社会主义团结党在工会运动中有一定的影响力，但其亲苏的立场和行为一直饱受主流政治力量的批评。1980 年，苏联驻新西兰大使因涉嫌向该党赠送一万美元而被驱逐。1987 年，另一位苏联外交官也被时任总理大卫·兰格下令驱离，原因是被指控与新西兰社会主义团结党有牵连。”[1]1990 年左右，新西兰社会主义团结党解散，从中分裂产生了奥特亚罗瓦社会党。

惠灵顿马列主义组织成立于 1970 年。1980 年 1 月，惠灵顿马列主义组织和北方共产主义组织合并，组建工人共产主义联盟。该党曾在全国范围设立三个区委员会和八个支部。[2] 早期积极参与反种族隔离运动以及中美洲和亚洲的革命团结运动，还与美国革命斗争联盟以及挪威、秘鲁和菲律宾的共产党组织建立了联系。[3]1990 年 1 月解散。

新西兰共产党（马克思列宁主义）筹备委员会成立于 1978 年 5 月。20 世纪 70 年代，中国共产党开始积极推行“三个世界”理论，但当时的新西兰共产党对该主张存在分歧。以维克多·威尔科可斯、亚历克·奥斯特勒和唐·罗斯为首的支持“三个世界”理论的人被迫退出新西兰共产党，创建了该党。[4]1980 年 3 月，该党曾应邀访问中国。1988 年，新西兰共产党（马克思列宁主义）筹备委员会更名为马克思主义团结组织。[5]

---

[1] “Soviet Ambassador Expelled”, https://ory.govt.nz/page/soviet-ambassador-expelled https://nzhist.

[2] Barry Gustafson, “Chapter2: New Zealand in the Cold War World”, in Alexander Trapeznik & Aaron Foxeds., *Lenin's Legacy Down Under: New Zealand's Cold War*, Unirersty of Otago Press, 2004, pp.29-30.

[3] “Workers' Communist League”, https://www.marxists.org.

[4] “Preparatory Committee for the Formation of the Communist Party of New Zealand（Marxist-Leninist）”, https://www.marxists.org.

[5] “Organization For Marxist Unity”, https://www.marxists.org.

（七）新西兰共产党的后期改革与解散

20 世纪 80 年代以后，新西兰共产党开始追随恩维尔·霍查领导的阿尔巴尼亚，认为阿尔巴尼亚是世界上最后一个真正的共产主义国家。[1] 在阿尔巴尼亚劳动党政权垮台后，新西兰共产党彻底放弃了斯大林主义、霍查主义，转而对苏联展开批判，认为苏联从来就不是社会主义国家，甚至在斯大林时代也不是。此后，新西兰共产党逐渐转向新托洛茨基主义。这一态度转变激起党内的严重不满，引发了又一次分裂。1993 年，新西兰共产党党内反对派分别组建了奥特亚罗瓦共产党和马列主义集体，前者以毛泽东思想为主要指导思想，后者主要信奉霍查主义。1994 年，新西兰共产党最终解散。部分党员与信仰新托洛茨基主义的国际社会主义组织合作建立了新的政党——社会主义工人组织，但后者也于 2012 年解散。[2]

（八）日益萎缩的边缘化生存状态（20 世纪 90 年代中期至今）

1994 年，新西兰共产党解散后，当时全国范围内至少还存在五个共产主义政党：奥特亚罗瓦社会党、马克思主义团结组织、奥特亚罗瓦共产党、马列主义集体和新西兰工人党。其中，奥特亚罗瓦社会党 2014 年解散。自 1993 年起，马克思主义团结组织曾与奥特亚罗瓦共产党商谈合并事宜，未果。然而，自 2002 年起，奥特亚罗瓦共产党的党报《红旗》停刊，转而发行马克思主义团结组织的党报《斗争》。[3] 新西兰工人党成立于 1991 年，意识形态是共产主义、马克思列宁主义、反修正主义，总部位于奥克兰，2002 年解散。2016 年，新西兰人权活动人士、政治家迪恩·伯德曾提出为了解决新西兰日益严重的贫困和无家可归问题，要重新创建原来的政党“新西兰共产党”，然而短暂的宣言新闻过

---

[1] Robert Alexander, *Maoism in the Developed World*, Praeger, 2001, p.198.

[2] Bevan Rapson, “Communists Purge Name”, in *The New Zealand Herald*, 2 November, 1994.

[3] https://www.marxists.org/history/erol/new-zealand/index.htm#cpnz.

后再无相关资讯。[1]2019 年，新西兰又成立了一个共产主义政党——奥特亚罗瓦新共产党。[2] 该党以共产主义和马克思列宁主义为指导思想，宣称继承历史上的新西兰共产党的传统，实际上两者之间并无直接联系。截至目前，新西兰至少存在马克思主义团结组织、奥特亚罗瓦共产党、马列主义集体和奥特亚罗瓦新共产党等四个共产主义政党。但是，这些共产主义政党已经非常弱小。在资讯如此发达的今天，也很少有其公开组织活动的讯息。这些政党主要通过刊物出版、运营网站或官方账号的方式来发布宣言或公告，展示自身边缘化的存在。

二、新西兰共产主义政党百年历程的主要特点

概括来讲，新西兰共产主义政党百年发展历程，主要有六个特点。

（一）发展中的“依附性”

1924—1928 年，新西兰共产党曾是澳大利亚共产党的一个下属机构，接受澳大利亚共产党的组织领导。之后，作为共产国际的成员，它长期接受共产国际的指示和命令。1943 年共产国际解散后，新西兰共产党继续采用莫斯科的政治路线，坚决执行斯大林的政策。1956 年，苏共二十大和匈牙利事件之后，新西兰共产党虽然动摇了对苏联的盲目跟随，但之后面对中苏论战和世界社会主义阵营的分裂，又陷入“选边站队”的困境。20 世纪 60—90 年代，几乎每一次重大事件或时间节点，新西兰共产党都要面临一次重新“选边站队”的抉择。每一次“选边站队”都引发了组织的分裂，这种情况一直持续到新西兰共产党解散为止。可见，在其百年历程中，新西兰共产主义政党几乎一直扮演着对外部组织或势力的“依附性”角色。依附性的一个重要根源在于新西兰共产主义政党自身发展的资源困境。

---

[1] http://www.newzealandcommunistparty.org.

[2] http://www.cpa.org.au/guardian/2019/1897/11-ncpa.html.

（二）纲领上的“悬浮化”

在指导纲领方面，新西兰共产主义政党长期深陷“本本主义、教条主义、经验主义”的迷障之中，一直奉行“拿来主义”，从未产生民族化和时代化的指导纲领。这导致新西兰共产主义政党的指导纲领不仅往往脱离了新西兰实际国情，还常常与时代特征断裂，造成一种“悬浮化”局面。例如，新西兰共产党曾长期执行共产国际和莫斯科的政治路线。当这些政治路线契合新西兰国情实际时，会促进新西兰共产党的发展，例如第二次世界大战期间。但共产国际的很多指示，例如“第三时期”政策，完全背离了新西兰共产党的实际情况，导致新西兰共产党一度陷入全面危机。事实上，依附性意味着独立性、自主性的缺失。一个缺少独立精神的政党，是难以产生自主性的指导纲领的。从新西兰共产主义政党百年兴衰历程来看，指导纲领“悬浮化”，会导致南辕北辙的结果。这从新西兰共产党执行共产国际“第三时期”政策的境遇中可窥一斑。

（三）地位上的“边缘化”

除了第二次世界大战期间的短暂辉煌之外，大洋洲共产主义政党长期处于边缘地位，从未在大洋洲政治舞台上发挥显著作用。即使在发展的高峰时期，新西兰共产主义政党也从未获得过真正的影响力或真正获得政治权力。从地域特点来看，正如开篇所论述的“独特的地缘特性与资源禀赋使得新西兰没有需要解决的失业问题”，以及共产国际 1928 年的决议中所强调的“新西兰的特点仍然是资本主义发展稳步上升，工人的条件相对较好”，新西兰左翼势力一直很强大，代表广大工人阶级利益的新西兰工党长期执政。也就是说，与其他国家或地区的共产主义政党相比，新西兰共产主义政党面临全然不同的局面。然而，新西兰共产主义政党并没有从这一实际情况出发，正确处理与工党的关系，反而长期奉行激进政策，四处树敌，不仅受到右翼自由党政府的严厉打压，还遭受工党的排挤和工人阶级的疏离。在缺少社会根基的同时因策略失当而丧失民意基础，几乎注定了新西兰共产主义政党“边缘化”的生存状态。

（四）组织“内耗”严重

进入20世纪60年代，伴随着世界社会主义阵营的分裂，新西兰共产主义政党也同期陷入党内斗争、矛盾冲突不断的境地，一再分裂。新西兰共产党分裂更加频繁，前后经历了1966年、1970年、1978年和1993年四次大分裂，先后产生了五六个新组织。新西兰共产主义政党之所以出现严重的组织“内耗”，与其指导思想混乱和党内教条主义盛行有关，也与其独立自主精神匮乏和党内组织建设失当密切相关。党内指导思想混乱、党员的思想认识僵化和对“经典”的教条化解读，导致党内许多成员往往一言不合就“另立山头”。长期缺少独立自主精神，遇到矛盾纠纷，党内派系往往从外部寻求“势力靠山”，导致党的组织原则和组织制度形同虚设。历史地看，几乎在每一次重大事件或重要时间节点，新西兰共产党都会经历一次严重的组织“内耗”，必然日益式微。

（五）改革中的“盲目性”

20世纪80年代，面对新的时代变革需求，新西兰共产党又走向了与“本本主义、教条主义”相对的另一个极端，盲目“赶时髦”，无底线、无原则地否定一切，这不但没有挽救危局反而导致党组织最终解散。这期间，新西兰共产党先后经历了多次“转向”。中国改革开放后，新西兰共产党转而追随阿尔巴尼亚，改奉“霍查主义”，认为阿尔巴尼亚是世界上最后一个真正的共产主义国家。20世纪90年代初，阿尔巴尼亚劳动党政权垮台后，新西兰共产党在放弃霍查主义的同时转向新托洛茨基主义，近乎“改旗易帜”。在一次次“转向”中，新西兰共产党对先前的指导思想，不仅采取了“彻底”抛弃的态度，还通过大肆批判的方式予以“全面否定”。其结果是思想更加混乱、组织加剧动荡和再次分裂。这种改革上的“盲目性”，加剧了其组织涣散。

（六）体系上日益“碎片化”

在20世纪60年代之前，新西兰只存在一个共产主义政党——新西兰共产党。此后，在不断的分裂和演化中，新西兰共产主义政党的数量逐渐增多。截至目前，仅从前文的梳理来看，新西兰历史上至少建立过 12 个共产主义政党。其中，8 个已经消亡。从这个角度讲，自 20 世纪 60 年代至今，新西兰的共产主义政党格局日益呈现“碎片化”的特征，这是组织分裂的必然结果。需要指出的是，组织数量的增多并不意味着实力的增强。相反，在经历一次次分裂、重组之后，新西兰共产主义政党的组织规模日益萎缩，资源匮乏困境日益突出。加之历史纠葛，这些政党之间的合作与交流面临重重困难。因此，体系上“碎片化”所反映的更多的是日益衰微的发展困境。

三、新西兰共产主义政党百年兴衰的主要启示

他山之石，可以攻玉。探究新西兰共产主义政党百年兴衰的得失教训，对深化共产主义政党成长和发展规律的认识，具有重要启示。

第一，独立自主是共产主义政党成长和发展的基本前提和必要条件。新西兰共产主义政党百年兴衰的首要教训在于一直缺少独立自主精神，基本处于随波逐流的飘萍状态。新西兰共产党前期受共产国际和苏联遥控，后期陷入国际共运分裂后“选边站队”的困境。独立自主地位的缺失，使其必然沦为其他组织的“牵线木偶”或“附庸”，这一点教训在新西兰共产主义政党发展史中尤为深刻。

第二，防止“本本主义、教条主义、经验主义”，必须与时俱进、不断推进意识形态的具体化、本土化、民族化与时代化。列宁说过，没有抽象的真理，真理总是具体的。[1] 如何把马克思主义基本原理同各国具体实践正确地结合起来，是所有共产主义政党必须面对的根本课题，也是一项缺乏现成经验的历史性难题。反观新西兰共产主义政党百年来指导纲领上的“拿来主义”，可知坚持实事求是的思想路线是多么可贵。

[1] 参见《列宁全集》第 40 卷，人民出版社 2017 年版，第 447 页。

第三，避免“内耗”，全党指导思想的统一是基础，科学的组织原则和制度是保证。指导思想混乱、教条主义盛行、独立自主匮乏和组织建设失当，使新西兰共产党的后半部历史几乎就是一部分裂史、内耗史，前后经历了1966年、1970年、1978年和1993年四次大分裂。新西兰共产党的组织分裂往往缘起于对“指导思想”理解的不同，孱弱的组织原则与漏洞百出的党内制度难以消弭分歧，武断的压制和动辄开除党籍的鲁莽行为则助长了组织分裂。

第四，通过创新不断推进党的现代化以适应时代发展需求，要正确把握有所“变”与有所“不变”、价值目标与手段方式之间的辩证关系，才能避免改革上的“盲目性”。20世纪80年代之后，面对新的时代变革需求，新西兰共产党又走向了另一个极端，即盲目“赶时髦”，不断转向，无底线、无原则地全面否定一切，不但没有挽救危局反而导致党组织最终解散。汲取新西兰共产党的改革教训，应该深刻认识到，无论怎样的创新与现代化改革，所追求的目标都应该是让党变得更壮大，而不是相反。

四、新西兰共产主义政党发展的未来展望

从国际层面上讲，新西兰共产党几乎参与和见证了20世纪国际共运史上的所有重大事件；从国内来讲，新西兰共产党长期处于边缘化位置，几乎从未在国内政治舞台上发挥重要作用。在其百年发展历程中，新西兰共产主义政党组织开展了众多的活动，包括试图影响和渗透工党、发动工会运动、组织抗议团体或活动、引导公众对新西兰内政外交政策的意见、反对新西兰参与越南战争、鼓动反种族隔离运动和保护毛利人人权以及积极参与太平洋地区的反殖民主义运动，等等。[1] 然而，这些政党从未获得过真正的影响力或掌握政治权力。

[1] Barry Gustafson, "Chapter 2: New Zealand in the Cold War World", in Alexander Trapeznik & Aaron Foxeds., *Lenin's Legacy Down Under: New Zealand's Cold War*, Unrersity of Otago Press, 2004,p.30.

当前，新西兰仍然存在四个共产党，它们均源自已经解散的新西兰共产党或宣称是新西兰共产党遗产的继承者。然而，从实际处境来看，新西兰的共产主义政党已经非常弱小，处于非常边缘化的地位，其发展前景也并不明朗，主要有三点原因。

一是非常不利的外部竞争环境。作为一个相对独立的区域，得益于得天独厚的资源禀赋条件，新西兰的经济社会发展相对平稳，一直缺少孕育激进势力的土壤。长期执政的新西兰工党有着广泛的社会支持和民意根基，无论在国家还是地方层面，其他左翼政党的发展空间相对有限。就外部竞争而言，面对实力强大的新西兰工党，新西兰共产主义政党的力量几乎可以忽略不计。因此，在力量对比严重失衡的环境中竞争发展，其难度之大可想而知。

二是资源匮乏的困境日益突出。资源是组织赖以生存和发展的基础。资源多寡、获取难易程度及可持续性，对组织的成长与发展至关重要。从获取途径上讲，党费、国家提供的政党经费、捐献和自有产业是新西兰共产主义政党获取资源的主要途径。党费取决于党员数量多寡，政党经费补助取决于议会选举情况，捐献取决于社会支持情况，自有产业取决于政党实力。在这些方面，新西兰共产主义政党均处于非常不利的地位。它们所面临的资源匮乏不仅普遍，而且愈加严重。

三是社会支持度日益缩减。一方面，由于契合本地实际的纲领、政策的暂告阙如，导致社会的知悉度、关注度和支持度日益缩减；另一方面，面对日新月异的社会发展与进步，新西兰共产主义政党仍相对守旧，对社会年轻群体的吸引力日益衰弱。同时，资源匮乏的困境，使新西兰共产主义政党难以组织或发动相应的活动，提高社会关注度和支持度愈加困难，由此形成恶性循环。总之，无论从哪个角度讲，新西兰共产主义政党的未来前景都难以乐观。

基于以上状况的分析，展望新西兰共产主义政党的未来发展，本文得出两点判断：一是新西兰共产主义政党仍将继续处于大洋洲政治舞台的边缘位置。面对强大的工党势力的激烈竞争，新西兰共产主义政党一直缺少工人阶级或社会中间阶层的支持。同时，历史上政策失误所积累的负面形象，短期内很难改观。因此，边缘化仍将是新西兰共产主义政党未来的基本处境。

二是以互联网为基本方式的线上活动，日益成为新西兰共产主义政党的基本生存形态。新西兰现存的共产主义政党非常弱小。资源匮乏的困境使新西兰共产主义政党很难发动和组织线下活动。通过运营网站和社交媒体的方式，出版电子刊物和发布宣言，是一种低成本的生存策略，也是这些政党信息时代的必然选择。

（原文刊载于《马克思主义与现实》2021 年第 4 期）

张　凯　中共中央对外联络部《当代世界》杂志社

百年政治变迁下南非共产党的政策调适与实践探索[1]

成立于1921年的南非共产党至今已有百年历史。作为非洲大陆成立最早、规模最大的社会主义政党，南非共产党在百年历史征程中经历了种族隔离政权严厉镇压、南非民主转型、苏东剧变等一系列政治冲击，依然充满活力并在南非政治发展进程中有着重要影响。与其他资本主义国家的共产党不同，该党依靠与南非执政党——非洲人国民大会（以下简称“非国大”）和南非最大的工会力量——南非工会大会间的联盟关系，对政府决策与工人运动施加影响，积极探索推动南非由民族民主社会过渡到社会主义社会的路径。南非共产党历经百年而不衰，最根本的原因在于该党始终坚持运用马克思主义分析南非的具体形势，并根据形势发展变化及时作出战略与战术上的调整，从而使自身发展能够适应南非的具体国情。

一、种族主义政治与南非共产党的政策演变

白人政权实施种族隔离与广大黑人发起反种族隔离运动是种族隔离时代南

[1] 本文系2021年度教育部人文社会科学研究一般项目（青年基金）“‘一带一路’国际合作高峰论坛机制化问题研究”（项目编号：21YJCGJW009）的阶段性成果。

非政治发展的一条主线。南非共产党对社会主义目标的追求也离不开这条主线。基于种族主义的政治现实，该党提出“特殊类型殖民主义”与“两个阶段革命”的政治理论，并在实践层面与非国大建立起稳固的政治联盟。从 20 世纪 20 年代初到 1990 年德克勒克政府宣布解除党禁，南非共产党根据种族主义政治发展态势，不断调整政策立场和斗争策略，不仅经受住了种族隔离政权的持续打压，而且发展成为南非政坛的一支重要力量。具体来看，这一时期南非共产党的发展大致可划分为以下几个阶段。

（一）1921—1950 年：南非的共产党的成立与发展

南非共产党的前身是成立于 1921 年的南非的共产党（Communist Party of South Africa，CPSA），但是其起源可以追溯到第一次世界大战前夕。在是否支持南非参加第一次世界大战的问题上，南非劳工党内部产生分歧，以比尔·安德鲁斯（Bill Andrews）和 S.P. 邦汀（S.P.Bunting）为代表的革命进步派对参战持反对态度，他们脱党后于 1915 年联合世界产业工人联盟和社会劳动党的前成员，创立了国际社会主义联盟。[1] 受俄国十月革命和共产国际的影响，1921 年 7 月 30 日，国际社会主义联盟、开普敦社会民主联盟、开普敦共产党、开普敦犹太人社会主义协会、约翰内斯堡犹太人社会主义协会、德班马克思主义俱乐部等社会主义政党和政治组织合并组建南非的共产党。

南非的共产党在成立宣言中声称隶属于共产国际，并呼吁所有的南非工人，无论是有组织的工人还是无组织的工人，无论是白人工人还是黑人工人，一道推翻资本主义制度、剥夺资产阶级的权利，建立全世界工人的大联合。[2] 立党之初，南非的共产党深受苏联和共产国际的影响。一方面，在资金、人才培训

---

[1] 参见 [南非] 格里高利 · F. 休斯顿:《苏联社会主义政权解体背景下的南非共产党》,《世界社会主义研究》2017 年第 1 期。

[2] “Manifesto of the Communist Party of South Africa”, Adopted at the inaugural Conferenceof the party,Cape Town, 30 July, 1921, https://www.sacp.org.za/content/manifesto-south-african-communist-party-0.

等方面可以得到苏联和共产国际的支援。例如，1929 年，南非的共产党从苏联获得了 1.2 万镑的资金支持，这对于非洲的一个小党来说可谓一笔相当可观的收入。[1] 另一方面，在意识形态与政治理论建设方面，主要遵从共产国际的指示。1928 年，在莫斯科召开的共产国际第六次代表大会通过的“关于南非问题”的决议指出，共产党的任务是影响南非本土黑人中新生的解放运动，帮助这些解放运动发展并使其加入反对白人资产阶级和英帝国主义者的民族的土地革命中来。在工人运动方面，“关于南非问题”的决议要求南非共产党组织广大工人加入工会，促进包括白人工人和黑人工人的工会组织的发展。[2]“关于南非问题”的决议对促进南非的共产党增进与工会组织、民族解放组织的关系并扩大在这两大力量中的影响，发挥了重要作用。

从 1921 年成立到 1950 年解散这段时期，南非的共产党在实践层面取得了一系列积极进展，具体可概括为以下几个方面。一是促进了南非工人运动的发展。事实上，在南非的共产党成立之前，国际社会主义联盟的成员便组建了南非历史上首个非洲人的工会组织——非洲产业工人工会。其成立进一步促进了非洲人工会组织的发展。作为工人阶级的先锋队，南非的共产党与诸多工会组织联合发起工人罢工运动，为广大工人积极争取权利。二是密切了与民族解放组织的关系。根据共产国际“关于南非问题”的决议，南非的共产党虽然是独立的政治组织，但是需要积极参与土著人的民族主义组织，帮助这些组织不断壮大和扩大影响。这一决议为南非的共产党密切与民族解放组织的联系奠定了政治基础。南非的共产党不仅加强了与非国大的联系，而且加大了对全非洲人大会、印度人大会以及有色非洲人组织等政治力量的支持力度，对推动南非民族解放运动构建统一战线发挥了举足轻重的作用。三是传播了共产主义的政治理论与思想理念。南非的共产党创办了《工人》(*The Worker*)、《卫报》(*The*

[1] Tom Lodge, "The Communist Party in South Africa, Racism, Eurocentricity, and Moscow,1921-1950", in *South African Historical Journal*, Vol.68, No.4, pp.675-677.

[2] Resolution on "The South African Question", https://www.sahistory.org.za/archive/south-african-question-executive-committee-communist-international-1928-south-africa.

Guardian）等报刊，广泛宣传共产主义理念，在广大工农群众中产生了重要影响。共产主义理念的传播与共产党影响的扩大，引起南非执政当局的高度警惕，这也成为1950年《镇压共产主义法案》出台与南非的共产党自行解散的重要原因。

（二）1950—1960年：南非共产党的重建与地下活动

1948年，代表阿非利卡人利益的国民党上台执政后，出台一系列种族主义性质的法律法规，实施更加严格的种族隔离制度，南非政治发展进程更趋保守。鉴于在工人运动、民族解放组织中的广泛影响，南非的共产党成为国民党政府所要打击的首要目标。在国民党看来，南非的共产党是非洲人发起“抗议”的主要推手。[1]为应对其带来的挑战和威胁，国民党政府于1950年颁布《镇压共产主义法案》，试图剥夺它的合法权利。在该法案正式落地前夕，南非的共产党于1950年5月在开普敦召开中央委员会会议，决定解散党组织。诸多党员相信，中央委员会决定解散党组织是更为广泛的策略的一部分，其目的是建立新的地下党组织，以在非法状态下开展活动。[2]

南非的共产党虽然解散了，但是其对共产主义的追求并未消亡，一些共产党员依然活跃在工人运动和民族解放运动中，他们对工会、民族解放组织积极施加影响，一些前共产党员召开秘密会议，讨论重建党组织的问题。这些共产党员组成了一系列的讨论小组，每个小组不到四人，他们之间并不知晓彼此，也没有任何公开的接触和联系。经过三年的协调与酝酿，1953年初大约有25名党代表在德兰士瓦东部乡下的一家印度人商店召开会议，宣布重建党组织，并确立了党的组织原则和入党规则，同时将党的名称更改为“南非共产党”（South African Communist Party）。从1953年重建到1960年宣布公开存在，南非共产党一直处于隐秘活动的状态。

---

[1] Sheridan Johns,"Invisible Resurrection: The Recreation of a Communist Party in South Africa in the 1950s", in *African Studies Quarterly*, Vol.9, Iss.4, 2007, p.8.

[2] Sheridan Johns, "Invisible Resurrection: The Recreation of a Communist Party in South Africa in the 1950s", in *African Studies Quarterly*, Vol.9, Iss.4, 2007, p.10.

虽然20世纪50年代重建后处于秘密的地下活动状态，但是南非共产党积极运用马克思主义分析南非的具体形势，创造性地提出了“特殊类型的殖民主义”理论，从而为其与非国大进一步密切合作奠定了理论基础。南非共产党党内在如何处理阶级斗争与民族解放斗争的关系问题上存在分歧。特别是随着南非非洲民族主义和阿非利卡民族主义两种意识形态的兴起，该党迫切需要从理论层面作出回应，即回答在民族主义占主导的政治形势下，阶级斗争处于什么样的地位。针对这一问题，少数派的观点是，民族解放运动是资产阶级领导的，民族解放运动的领导力量——非国大不会维护工人阶级的利益，因此南非共产党需要以阶级斗争为先，维护工人阶级的利益。多数派的观点认为，南非不同于一般的殖民地，它具有自身的独特性，即在南非这片土地上存在“两个国家”，一个是处于半独立地位的“白人帝国主义国家”，一个是遭受白人剥削和压迫的“黑人国家”。因此，南非形成了一种“特殊类型的殖民主义”，其中南非白人处于优势地位，享有种种特权，而广大黑人则被剥夺了基本的人权。[1] 基于多数派的观点，南非共产党最终丰富和发展了“特殊类型的殖民主义”理论，并形成“两个阶段革命”的理论，即实现民族民主革命胜利后，再进入第二个阶段——建立社会主义社会。“特殊类型的殖民主义”理论将阶级斗争与民族解放进行了融合，亦被非国大接受成为该党的指导理论，从而为南非共产党与非国大继续深化合作奠定了坚实的基础。

（三）1960—1990年：南非共产党革命策略的转变

1960年3月，南非执政当局对黑人群众示威游行进行残酷镇压，酿成了震惊世界的沙佩维尔惨案。之后，南非执政当局宣布实行紧急状态法，并于4月8日取缔非国大和泛非大。[2] 显然，通过非暴力的和平抗议方式结束种族隔离制

[1] David Everatt, “Alliance Politics of a Special Type: The Roots of the ANC/SACP Alliance, 1950-1954”, in *Journal of Southern African Studies*, Vol.18, No.1, Mar., 1991, pp.19-39.

[2] 参见杨立华主编:《列国志 · 南非》，社会科学文献出版社2010年版，第111页。

度的斗争策略陷入了困境。面对民族解放组织“非法化”的政治现实，南非共产党将强化非国大的力量作为首要目标，[1] 并将反对种族隔离的斗争策略由非暴力和平抗议调整为武装斗争。1962 年，南非共产党在其纲领《南非通往自由之路》中指出，包括共产党在内的南非民族解放组织，在漫长而艰难的斗争中始终坚持和平的斗争方法。然而，南非的统治阶级却用暴力来回应非暴力。面对这种严酷的现实，南非共产党认为，民族解放运动别无选择，只能用暴力对抗暴力。

20 世纪 60 年代，非国大被取缔后，南非共产党基于自身开展地下活动的丰富经验，积极帮助非国大重建党组织，并于 1961 年帮助它创建了该党的军事组织——民族之矛。民族之矛也成为南非共产党与非国大联合开展武装斗争的重要工具。南非执政当局变本加厉，对黑人民族解放运动进行严厉镇压，非国大、南非共产党的诸多领导人被捕入狱，党的领导机构遭受重创后转移到了海外。60 年代中期之后，南非共产党与非国大间的战略合作进一步强化。依靠与民族主义力量的协调结束种族隔离制度，成为南非共产党革命策略的指导原则。1969 年非国大莫罗戈罗会议之后，非洲人开始被允许加入非国大。此后，南非共产党的诸多成员在遵守党的政策的同时加入了非国大，而非国大的一些成员也被有选择地招募到南非共产党。党员身份的重叠成为南非共产党与非国大联系密切的重要象征。

这一时期，南非共产党对非国大的组织建设、政策决策、军事斗争策略等都产生了重要影响。一方面，南非共产党通过增强与苏联、东欧社会主义国家执政党的联系，争取这些国家向非国大等民族解放组织提供资金、干部培训、军事训练等方面的支援。另一方面，南非共产党的诸多干部在非国大及民族之矛中占据高级职位，从而对非国大的战略决策和武装斗争策略发挥影响。例如，1985 年，在 35 名当选的非国大全国执行委员会成员中，有 21 名成员是共产党

[1] Raymond Suttner, "The Reconstitution of the South African Communist Party as an Underground Organization", in *Journal of Contemporary African Studies*, Vol.22, No.1, 2004, p.55.

人。对此，有学者指出，20 世纪 80 年代中期，共产党人在非国大战略制定过程中，特别是在其军事战略中发挥了核心作用。[1] 与此同时，20 世纪 80 年代后，南非共产党不断加强与工会组织的联系，积极在工人中建立党组织，通过《工人》等出版物加强对工人的意识形态宣传和政治教育，提高工人的阶级意识。1985 年，南非工会大会建立，成为南非最大的工会组织。1988 年，南非共产党与非国大、南非工会大会在津巴布韦哈拉雷组建了正式的三方联盟（Tripartie Alliance），其目标是推翻种族隔离制度。1989 年，南非共产党第七次全国代表大会在古巴召开，此次会议确定了党的新目标是夺取政权，并确定了群众政治运动与军事斗争相结合的新的战略构想，特别提出了通过谈判解决问题的斗争策略。[2] 七大的召开为南非共产党有效应对 20 世纪 90 年代初南非的民主转型指明了方向。

二、民主转型与南非共产党的适应性发展

1990 年 2 月，德克勒克政府宣布解除党禁，非国大、泛非大、南非共产党等政治力量恢复合法地位，南非政治发展进入民主转型的新阶段。与此同时，从国际格局的大背景来看，20 世纪 90 年代初，苏联解体导致两极格局崩塌，诸多国家的共产党改旗易帜，世界社会主义运动深陷危机。国内国际的政治转型给南非共产党造成两个方面的严重冲击：一方面，进入政治协商的民主转型阶段后，南非共产党与非国大的联盟关系面临考验，一些成员认为南非共产党是三方联盟中的“小伙伴”，在新的时代条件下已无存在的必要，同时，一些持有南非共产党和非国大双重党员身份的人放弃了其共产党员的身份。1990 年，南非共产党几乎半数的中央委员悄然辞职。在南非共产党的流亡领导者和成员

[1] Tom Lodge, “Post-Communism and the South African Communist Party”, in Problems of Post-Communism, Vol.66, No.4, 2019, p.289.

[2] 参见耿克民：《而今迈步从头越——南非共产党 80 年奋斗历程评析》，《西亚非洲》2000 年第 3 期。

中有这样一种观点，即“在英雄的斗争光环之后，党不能留存太久了”，尤其是在苏联解体的大背景下。[1] 另一方面，苏东剧变使南非共产党失去了苏联和东欧国家的外部支援，特别是世界社会主义运动陷入低潮，引发部分党员对社会主义的信任危机。在苏东剧变的背景下，如何重新认识社会主义，如何提升对社会主义的信心，成为摆在南非共产党面前的突出课题。为适应变化的政治格局并在新的历史条件下谋求生存与发展，南非共产党在意识形态、政策主张、组织建设、斗争策略等方面作出了一系列新的调整和探索。

（一）重新认识社会主义

东欧剧变、苏联解体引发了南非共产党党内对社会主义及其未来发展前景的深入反思和大讨论。1990 年 1 月，南非共产党领导人乔·斯洛沃（Joe Slovo）发表《社会主义失败了吗》（*Has Socialism Failed?*）一文，对苏东剧变、社会主义与民主的关系以及社会主义的未来前景等问题进行了理论反思。在他看来，柏林墙倒塌后社会主义面临自 1917 年布尔什维克革命以来最为严重的危机，但是苏东剧变并不意味着社会主义的失败，而只是体现了社会主义苏联模式的失败。以官僚威权领导模式为特征的斯大林主义损害了苏联共产党，也扭曲了社会主义的实践。虽然社会主义运动遭遇了挫折，但是南非共产党相信马克思主义理论在各个方面依然是有效的，为实现没有任何剥削的社会提供了不可或缺的理论指导。社会主义在实践中的弱点，是对社会主义扭曲和不恰当地运用所致。[2] 他认为，苏联、东欧政权是“没有民主的社会主义”，基于这些国家的失败教训，南非共产党需要在未来发展中给予“社会主义民主”以合理位置。后种族隔离时代的国家权力必须明确地归属于民选的代表，而不是直接或间接地归属于一个政党的行政指令。政党和国家机构间的关系不能以任何方式损害民

[1] 参见 [南非] 格里高利 · F. 休斯顿：《苏联社会主义政权解体背景下的南非共产党》，《世界社会主义研究》2017 年第 1 期。

[2] Joe Slovo, “Has Socialism Failed?”, https://www.sacp.org.za/content/has-socialism-failed-joe-slovo.

选机构的自主权。[1]

斯洛沃的文章在南非共产党党内引起了巨大争议。1991 年 12 月初，南非共产党第八次全国代表大会在约翰内斯堡召开，这是该党合法化后在南非境内召开的首次代表大会。斯洛沃在向大会提交的政治报告中主张用“民主社会主义”一词取代“社会主义”，但是未被大会所采纳。大会通过的新党章明确指出，在争取实现民族解放、社会主义与和平的斗争中，南非共产党是南非工人阶级的领导性政治力量和先锋队。南非共产党的最终目标是在马克思列宁主义的指导下，建立共产主义社会。[2] 在坚持马克思列宁主义指导的前提下，党根据南非民主转型的政治现实，承认政治多元主义，支持在南非实施多党制和竞争性选举，主张制定权利法案和组建独立的大众民主机构，支持代议制民主和参与式民主，并向人民赋权。[3] 南非共产党既坚持传统的马克思列宁主义，又在总结苏东剧变教训的基础上主张政治多元主义，这种看似矛盾的立场事实上是对南非政治现实的一种适应。正如南非共产党中央委员会讨论文件所指出：如果我们在南非建设社会主义，就必须根植于我们的现实，根植于我们自身革命斗争的丰富经验和传统。[4] 重新发现社会主义的民主价值，强调群众特别是广大工人的民主参与，既是南非共产党反思苏东剧变的结果，也是其以实用主义态度适应南非政治现实的体现。

---

[1] Joe Slovo, “Has Socialism Failed?”, https://www.sacp.org.za/content/has-socialism-failed-joe-slovo.

[2] Constitution and Rules of the South African Communist Party, https://www.sacp.org.za/content/constitution-and-rules-south-african-communist-party-0.

[3] Central Committee of South African Communist Party, “The Role of the SACP in the Transition to Democracy and Socialism”, https://omalley.nelsonmandela.org/omalley/index.php/site/q/03lv02424/04lv02730/05lv03005/06lv03006/07lv03051/08lv03 055.htm.

[4] Central Committee of South African Communist Party, “The Role of the SACP in the Transition to Democracy and Socialism”, https://omalley.nelsonmandela.org/omalley/index.php/site/q/03lv02424/04lv02730/05lv03005/06lv03006/07lv03051/08lv03 055.htm.

（二）建设"群众性的先锋党"

1990 年之前，南非共产党处于非法状态，党在这种状态的活动方式对党员的质量要求较高，亦未在群众中广泛发展党员。1990 年解除党禁后，南非共产党恢复合法状态，开始积极公开地开展政治活动。党员数量迅速攀升，仅 1992 年 1—11 月，就由 5000 名党员增长到了 21000 名党员。[1] 面对政治活动空间的迅速拓展，南非共产党党内出现了建设"先锋党"还是"群众党"的争论。对此，南非共产党认为，为适应新形势的发展，有必要将自己建设成一个"群众性的先锋党"，使党既有基层代表性，又保持先锋队的性质，而这个先锋队应始终是"工人阶级的政治先锋队"。[2]

工人阶级是南非共产党生存和发展的政治基础，维护工人阶级的利益是其战略追求。20 世纪 80 年代以来，南非的经济危机增加了工人阶级的复杂性，其中庞大的失业人口成为南非工人阶级的重要组成部分。20 世纪 90 年代初，南非大约有 700 多万的失业人口。南非共产党的政治盟友南非工会大会虽然具有战略上的重要性，但是其会员在南非工人阶级中仅占少数。占南非工人 70% 的绝大多数工人处于边缘地位，包括没有加入工会的非熟练工人、多数的移民、乡村劳工、非正规经济部门的就业人口以及失业人员等。面对这样一种现状，如何才能最大限度地维护工人阶级的利益？南非共产党作出的战略抉择是，在主要的工业中心发展党组织，聚焦于有组织的产业工人发展党员。[3] 对于那些处于边缘地位的占多数的工人，其策略是通过支持非国大使其出台向这些工人倾斜的政策，维护工人阶级的整体利益。在该党看来，这是利用有限资源实现

[1] The South African Communist Party, "Preparing for a New Era?" *in SA Labour Bulletin*, Vol.16, No.3, 1992, p.66.

[2] 张平:《冷战后南非共产党的新变化》,《当代世界与社会主义》2006 年第 2 期。

[3] Central Committee of South African Communist Party, "The Role of the SACP in the Transition to Democracy and Socialism", https://omalley.nelsonmandela.org/omalley/index.php/site/q/03lv02424/04lv02730/05lv03005/06lv03006/07lv03051/08lv03 055.htm.

产出最大化的最优选择。通过以上分析不难发现，随着南非民主转型进程的启动，南非共产党扩大了党员招募的范围，开始向群众性政党转变，但与此同时，其关注的重点依然是有组织的产业工人，这也是南非共产党作为“先锋党”的一种体现。

（三）在广泛的民族解放运动中建设共产党

在长期的反种族隔离斗争中，南非共产党将民族问题与阶级问题相融合，提出“两个阶段革命”的理论，并以此为指导，积极发展与民族解放组织特别是非国大的合作，在南非民族解放运动中发挥了重要作用。正因为如此，该党一直将自身视为民族解放运动的重要组成部分。1990 年南非民主转型启动后，民族解放运动的领导力量非国大与南非执政党国民党主导了谈判进程。面对民主协商后非国大即将执政的政治现实，如何处理与非国大等民族解放组织的关系、如何在后种族隔离时代建设社会主义，成为南非共产党必须予以回应的重大理论和实践课题。针对这一问题，南非共产党选择留在非国大领导的民族解放运动以及更为广泛的大众民主运动中加强党的建设。在它看来，这是其追求社会主义革命斗争的巨大优势。

基于同属于大众民主运动的政治现实，南非共产党强调要竭力避免发展狭隘的、竞争性的、重复性的功能。南非共产党不是要去做非国大所做的一切，而是要对非国大施加左翼的影响。[1]1990 年 11 月，南非共产党领导人杰里米·克罗宁（Jeremy Cronin）在接受采访时表示，南非共产党一定不会成为反对力量，这将削弱正在进行中的民族民主转型，从长期来看也会削弱社会主义事业。南非共产党的任务是建设一个进步的、以工人阶级为主导的非国大，确

---

[1] Central Committee of South African Communist Party, “The Role of the SACP in the Transition to Democracy and Socialism”, https://omalley.nelsonmandela.org/omalley/index.php/site/q/03lv02424/04lv02730/05lv03005/06lv03006/07lv03051/08lv03 055.htm.

保非国大不反对共产主义。[1] 南非共产党虽然将支持和影响非国大作为未来实现社会主义的重要路径，但是并没有排除独立参与选举的可能性。如果民族解放运动被自由主义事业所绑架，如果大众民主运动的团结遭到破坏并且失去了民族民主革命的目标，那么南非共产党便会选择作为一支独立的政治力量参与竞选。但是在以上情况出现之前，南非共产党会一如既往地支持非国大领导的民族解放运动，并在这一运动中加强自身建设。在此背景下，南非共产党选择继续强化与非国大、南非工会大会等政治力量的合作，并在 1994 年南非首次非种族民主大选中全面支持非国大，而没有独立地参与竞选。

总体来看，从 1990 年解除党禁到 1994 年南非举行首次非种族民主大选这段时间，南非共产党经受住了苏东剧变、南非民主转型的重大考验，通过对社会主义意识形态的深入反思，明确了建设“群众性先锋党”的性质定位，强调继续通过支持非国大和民族解放运动来追求实现社会主义的价值目标。南非共产党对历史传统的延续及其在新的时代条件下作出的策略调整，是其在南非政治转型进程中生存下来并发挥重要作用的根本原因。正如有学者所评价的：在 1990 年取得合法地位后，南非共产党先后实现了由非法政党向合法政党和由在野党向重要参政党转型的两大飞跃，其力量和影响不断壮大，并继续采取与执政党非国大合作的斗争策略。该党大批党员也都担任了非国大或南非工会大会的重要领导职务，成为南非政治生活中不可小视的力量，并在南非非种族化、和平民主变革、解决工人阶级贫困化等方面发挥了重要作用。[2]

三、后种族隔离时代南非共产党对社会主义的探索

1994 年 4 月，南非举行该国历史上首次非种族民主大选，非国大以 63% 的

---

[1] P.G.Eidelberg, "The Tripartite Alliance on the Eve of a New Millennium: The Congress of South African Trade Unions, The African National Congress and the South African Communist Party", https://core.ac.uk/download/pdf/39667577.pdf.

[2] 参见张平:《冷战后南非共产党的新变化》,《当代世界与社会主义》2006 年第 2 期。

得票率赢得选举胜利，成为执政党，开启了南非政治发展的新纪元。1994年以来，南非共经历五次大选，非国大赢得历次选举，一直维持执政地位，形成了一党占据主导地位、其他政党无法对其构成挑战的政党格局。[1] 从理论上讲，这种政党格局为南非共产党依托三方联盟和大众民主运动追求社会主义的价值目标创造了有利条件。虽然南非共产党坚持“两个阶段革命”的理论，但是民族民主革命与社会主义革命并不是割裂的，而是相互联系的。1994年民主转型后，南非虽然实现了民族民主革命第一阶段的胜利，但是传统的经济结构并未改变，广大黑人在经济上依然处于边缘地位。在此背景下，南非迈入民族民主革命的第二阶段，即在政治解放的基础上追求经济上的解放。在南非共产党看来，民族民主革命的过程需要注入社会主义的因素，以推动民族民主革命向社会主义革命的过渡。从1994年以来南非政治发展的实践来看，南非共产党总体上延续了与非国大、南非工会大会的战略联盟，并认为这一联盟当下依然是自身追求社会主义价值目标的有效途径。这一战略的核心就是通过参与和影响非国大政府的决策，使国家政策以社会主义为导向，努力维护工人阶级和贫困群体的利益。具体而言，该党对社会主义道路的探索主要从三个方面展开。

（一）参与执政

自1994年以来，南非共产党依托与执政党非国大的战略联盟关系参与政权建设。南非共产党不直接参与竞选，在历次大选中都给予非国大全面支持，大选后党的成员以非国大的名义进入内阁、议会、地方政府等公共机构任职。参与执政也成为该党分享国家权力和影响非国大政府决策的最直接途径。从1994年后的历史发展进程来看，该党对国家权力的分享和对非国大政府决策的影响并不均衡。1994年大选结束后，南非共产党在国家权力机构中的影响相当广泛。在当时的18个内阁职位中，该党占据了5个内阁职位，在国民议会中大约拥有51个席位（占全部议席的13%），在省议会中也大致维持了这一比例，同时在

[1] 参见张凯:《新南非政党格局：主导党政治发展的变化》，《西亚非洲》2020年第5期。

南非9个省中有2个省的省长系南非共成员。[1] 南非共产党在政府、议会中的广泛存在可以使其对非国大政府的政策规划产生巨大影响。

姆贝基执政时期，非国大政府采取了诸多带有自由主义色彩的政策，如对一些国有企业进行私有化、放松对金融市场的监管、弱化政府对市场的调节作用等。这些举措遭到南非共产党的强烈反对，许多党员也因此被排除在姆贝基政府的决策之外，党与非国大的关系一度受到冲击。2007年姆贝基辞职后，南非共产党对非国大政府的影响逐步增强。特别是2009年大选后，该党与祖马政府维持了良好关系，一大批南非共产党党员被安排在经济、基础设施、乡村发展、技能培训等相互联系的关键部门，他们成功地推动了一系列经济基础设施及相关部门的发展，特别是推动出台了新增长道路、工业政策行动计划等政策规划，并于2011年推动设立了总统基础设施协调委员会。[2] 非国大政府以发展型国家理念为指导，不断强化国家的功能与作用，其总体的发展方向符合南非共产党的政策偏好。

2017年7月，南非共产党召开第14次全国代表大会，选举产生新一届中央领导机构（2017—2022年），总书记为布莱德·恩齐曼迪（Blade Nzimande），全国主席为森泽尼·佐夸纳（Senzeni Zokwana）。2019年大选后，该党大批党员进入拉马福萨政府担任领导职务，特别是在教育、就业、矿产资源、农业发展、贸易工业等与民生和工人阶级利益直接相关的部门，南非共产党可以利用内阁职位产生关键影响。非国大在党章中明确将自身界定为“秉持非种族主义和非性别主义的民主解放运动”。因此，“运动”成为非国大的核心特征，即非国大所追求的不仅仅是成为得到民众支持的政党，而且是民众广泛参与的运动。非国大不是代表某一阶级或阶层利益的政党，而是各种具有进步意识形态倾向

---

[1] David Philip Thomas, "Hegemonic Struggle in Post-Apartheid South Africa: The Role of the South African Communist Party (SACP),1994-2004", A Thesis for The Degree of Doctor of Philosophy, Queens University, Dec., 2006, p.78.

[2] "Report of the Work of the South African Communist Party Central Committee Commission on the Party and State Power", http://www.sacp.org.za/main.php?ID=5168.

的民族主义者、非洲主义者、社会主义者以及承诺追求民族民主转型的各种阶级和阶层的政治家园。正是基于这种“大教会”（broad church）的属性，非国大会受到各种意识形态和政治思潮的影响。南非共产党支持非国大、参与非国大领导的政府，其目标就是使非国大走左翼路线，给非国大政府决策注入社会主义因素，从而推动民族民主社会建设向社会主义方向发展。

（二）重塑联盟

种族隔离时期非国大与南非共产党、南非工会大会结成的三方联盟在南非实现民主转型后得到延续，并转化成执政联盟。三方联盟是在特殊历史条件下形成的极具特色的政治组织，其核心目标是通过开展民族民主革命，破除殖民主义和种族隔离制度，进而建设一个没有种族歧视和性别歧视的民主、平等与共同繁荣的社会。从性质上来讲，三方联盟是一个有机的战略联盟，而不是简单的选举同盟，其中非国大在三方联盟中扮演着领导角色，南非共产党充当工人阶级先锋队角色，南非工会大会则是工人运动的组织形式，三方联盟因此被视为左翼进步力量的代表。在民族民主革命中，非国大承担组织上的领导角色，工人阶级作为主要的驱动力量承担着阶级领导的角色。[1] 三方联盟作为民族民主革命的“战略性政治中心”，在推翻种族隔离制度过程中发挥了关键作用。然而，南非实现民主转型后，非国大成为占主导地位的执政党，三方联盟战略性政治中心的作用遭到弱化。特别是姆贝基执政时期，政府决策受到新自由主义意识形态侵蚀，南非共产党、南非工会大会对政府决策的影响有所下降，它们与姆贝基政府的矛盾加剧。在此背景下，三方联盟日趋陷入功能紊乱的状态。[2] 为应对这一危机，南非共产党一方面积极探讨独立参与竞选的可能性，另一方

---

[1] “Towards a Reconfigured Alliance: A Joint Alliance Reconfiguration Platform”, https://www.anc1912.org.za/sites/default/files/ANC%20Discussion%20on%20Reconfigured%20Alliance%20-%2021%20November%202018-2.pdf.

[2] Martin Plaut and Paul Holden, *Who Rules South Africa*, Johannesburg and Cape Town: Jonathan Ball Publishers, 2012, p.5.

面将联盟重塑问题提上日程。2007 年，南非共产党在其全国代表大会上指出，如果要推进、深化和维护民族民主革命，实现在包括国家在内的所有权力机构中建设工人阶级主导权的中期目标，就需要对联盟进行重塑。联盟重塑必须包括两个方面：一是将自身打造为战略性的政治中心；二是这个政治中心必须有能力制定战略、影响政策、开展运动、部署干部和承担责任。[1]2007 年 12 月，祖马在非国大第 52 次全国代表大会上当选党主席，这为三方联盟的重塑开辟了政治空间。2008 年 5 月，联盟召开峰会，在总结历史经验与教训的基础上，创设联盟政治委员会（Alliance Political Council），该机构成为联盟伙伴围绕政策问题展开协商的常设平台。联盟政治委员会还可通过联盟秘书处，围绕具体问题或者领域建立相应工作组，为有效开展工作和实现目标创造条件。

2008—2015 年，由于南非共产党和南非工会大会认为一种新的政治气候已经出现，所以这两大政治力量内部关于联盟重塑问题的讨论有所消退。[2] 然而，2015 年后围绕腐败和"国家俘获"（state capture）[3] 问题，非国大内部的派系之争有所加剧，非国大在选民中的形象遭到弱化。在 2016 年南非地方选举中，非国大遭遇"滑铁卢"，失去在约翰内斯堡、茨瓦内、纳尔逊·曼德拉湾等大都市区的执政权，面临自 1994 年以来最为严重的执政危机。面对这一问题，南非共产党内部关于独立参与竞选的呼声再次高涨，联盟重塑问题也再次提上日程。2017 年 3 月，南非共产党总书记恩齐曼迪表示，"派系主义正在摧毁联盟"，"我们不

---

[1] ANC Discussion Document on the Reconfiguration of ANC-SACP-COSATU-SANCO Alliance,https://www.anc1912.org.za/sites/default/files/ANC%20Discussion%20on%20Reconfigured%20Alliance%20-%2021%20November%202018-2.pdf.

[2] ANC Discussion Document on the Reconfiguration of ANC-SACP-COSATU-SANCO Alliance, https://www.anc1912.org.za/sites/default/files/ANC%20Discussion%20on%20Reconfigured%20Alliance%20-%2021%20November%202018-2.pdf.

[3] 所谓"国家俘获"（state capture），是南非前总统祖马执政时期围绕古普塔家族对国家机构施加影响所带来的腐败问题所使用的一个政治术语，后演变为特指少数利益集团特别是资本集团腐蚀国家机构进而影响国家决策以攫取私利的腐败现象。

是非国大某个派系的盟友，而是非国大的盟友”。[1] 随着 2017 年 12 月拉马福萨在非国大第 54 次全国代表大会上当选党主席，联盟重塑迎来新契机。2018 年以来，南非共产党、南非工会大会和非国大相继就联盟重塑问题发表了立场文件，以阐释各自在联盟重塑问题上的观点。经过反复讨论和密切协商，三方于 2019 年底发表《迈向重塑的联盟：一个共同的联盟重塑平台》，一致认为联盟重塑是一个不断深入的过程，而不是一个孤立的事件，联盟重塑的核心问题是保持团结与组织更新，并随时代的发展不断调整；三方承诺，要将联盟政治委员会打造为寻求共识的协商机构和成功模式。[2]

从三方联盟的重塑进程来看，联盟伙伴在一些问题上的共识得到了明显增强，联盟峰会、联盟政治委员会、联盟秘书处等制度安排为联盟伙伴加强协商提供了有效平台，联盟的机制化水平显著提升。在南非共产党看来，要实现从民族民主革命向社会主义的过渡，必须强化三方联盟的作用，通过重塑联盟，提高联盟对非国大竞选纲领、政府决策、国会立法以及公共机构干部部署等的影响力。南非工会大会和南非共产党的领导层相信，当前的战略要务不是离开联盟，而是相反，要加强无产阶级在联盟和非国大中的存在，这被证实是一种正确的选择。[3] 依托重塑的三方联盟，积极推动建设民族民主社会，成为迈向社会主义社会的必要前提和重要基础。

（三）开展运动

南非共产党在依托三方联盟参与国家治理的同时，不断密切与工人阶级和

[1] Neo Goba and Nathi Olifant, “Factionalism Destroying the Alliance: Nzimande”, https://www.sacp.org.za/content/factionalism-destroying-alliance-nzimande.

[2] “Towards a Reconfigured Alliance: A Joint Alliance Reconfiguration Platform”, https://www.anc1912.org.za/sites/default/files/ANC%20Discussion%20on%20Reconfigured%20Alliance%20-%2021%20November%202018-2.pdf.

[3] Devan Pillay, “COSATU, the SACP and the ANC Post-Polokwane: Looking Left but Does It Feel Right?”, in *Labour, Capital and Society*, Vol.41, No.2, 2008, p.26.

广大穷人的联系，通过开展群众运动向政府决策施加影响，从而使国家的政策导向符合工人阶级和广大穷人的利益诉求。种族隔离时期，该党遭到白人政权的打压，无法作为合法政党在南非境内存在，这客观限制了该党与群众的密切联系。20 世纪 90 年代初，南非启动民主转型进程，为南非共产党密切联系群众开辟了政治空间。正是在此背景下，该党实现了向“群众型”政党的转变。南非共产党积极发起群众运动，依靠群众力量推动南非实现民主转型进程。时任南非共产党的总书记哈尼曾发起“3H”（医疗、住房和饥饿）运动，这一早期的政治运动对 1994 年非国大的竞选纲领“重建与发展计划”产生了巨大影响，确保非国大政府在执政初期以重新分配的方式将大量资金投入到住房、医疗卫生等基本民生保障领域。

非国大执政后，南非共产党虽然成为参政党，但是其对非国大政府决策的影响并不仅仅依靠参政这一渠道。在该党看来，国家权力是所有革命的中心问题，国家权力分布在不同领域，包括行政、立法、司法、国家安全、国有企业、公共机构等；选举政治重要，但并不是争取国家权力的唯一途径。[1]

通过开展政治动员和群众运动，同样可以获取国家权力。在“3H”运动基础上发展起来的红色十月运动（Red October Campaign）是南非共产党围绕具体议题发动群众的主渠道。1994 年以来，南非共产党通过红色十月运动，在推动金融部门转型、加速土地改革进程、构建公费医疗体系、打击腐败等领域取得一系列显著成效。以公费医疗体系为例，2007 年以来该党围绕医疗卫生改革发起一系列群众运动，推动非国大政府引入全国医疗保险（National Health Insurance）计划，其目标是实现针对全体国民的普遍医疗覆盖，以改变医疗卫生资源分配严重不平衡的现状。南非卫生部于 2018 年 6 月起草《全国医疗保险法案》（*National Health Insurance Bill*），并于 2019 年 8 月提交国民议会讨论。根据《全国医疗保险法案》，南非将建立“全国医疗保险基金”，以向全体国民提

[1] 参见张凯:《南非共产党探索建设社会主义的战略路径、困境与前景》,《当代世界与社会主义》2017 年第 5 期。

供免费医疗卫生服务。

从实践层面来看，南非共产党发起的群众运动可以产生如下几个方面的效果：一是密切党群关系，在开展政治运动的过程中，招募群众加入南非共产党；二是传播共产主义理念，揭露资本主义制度的弊端与缺陷，强化对广大党员干部的意识形态教育；三是依托群众运动，在某些议题上影响政府决策，使政府政策和国家立法以维护工人阶级和广大穷人利益为导向。南非共产党的前总书记哈尼曾一再表示，一定不能把社会主义看作遥不可及的、抽象的乌托邦；社会主义不是夸大之词，而是非常基本的事情——营养丰富的食品、体面的居住环境、安全的饮用水以及可获得的医疗卫生服务。[1] 正是从这种意义上讲，南非共产党认为建设社会主义应始于当下。在民族民主革命阶段，通过开展政治运动，满足人民群众的基本需求，自然成为该党探索建设社会主义的基本途径。

四、结语

在百年历史征程中，南非共产党在“特殊类型殖民主义”和“两个阶段革命”等理论指导下，与非国大、南非工会大会等政治力量结成战略联盟，并将三方联盟在后种族隔离时代延续下来。三方联盟这一特殊的政治组织形式为南非共产党参与政府决策、国家立法、地方治理等政治进程提供了制度保障。南非共产党积极利用民主转型开辟的政治空间，将自身打造成为拥有 30 余万名党员的社会主义政党。从规模上看，该党已成为仅次于非国大的第二大党。自 1994 年民主转型以来，南非共产党的核心战略是，依托三方联盟推动开展第二阶段激进的民族民主革命，进而为迈向社会主义社会奠定基础。这一战略发挥效力既需要非国大组织层面的领导力，也需要工人阶级作为一个整体发挥领导阶级作

[1] SACP Red October Campaign (2020-2021) Launch Statement, “Hunger Eradication, Health, Human Settlements, and Water”, https://www.sacp.org.za/content/sacp-red-october-campaign-2020%E2%80%932021-launch-statement-hunger-eradication-health-human.

用。然而，近年来，该党拓展影响所依靠的两大力量——非国大与南非工会大会都遭遇了严重困境。一方面，非国大深受内部派系之争和腐败问题困扰，其在南非政党格局中的地位呈衰退性走势，领导力有所下降；另一方面，南非工会大会产生分化，工人阶级碎片化现象严重，这对该党打造“统一的工会联盟”目标带来严峻挑战。

鉴于此，南非共产党积极推动非国大加强能力建设和重塑三方联盟，试图通过焕发非国大的革命活力、提升三方联盟作用，深入推进第二阶段激进的民族民主革命。与此同时，该党也在积极探索独立参与竞选的方式，以应对政治发展变化所带来的风险挑战。有学者认为，无论南非共产党与非国大维持着怎样密切的联盟关系，双方在目标与方法上迟早会陷入越来越多的冲突。[1] 从长期来看，非国大的目标是建设民族民主社会，而南非共产党的目标则是建设社会主义社会。但在后者看来，建设民族民主社会是建设社会主义社会的重要基础，民族民主社会与社会主义社会的内在联系为两大政治力量延续战略合作提供了保障。因此，就目前情况看，南非共产党依然会选择依托三方联盟探索建设社会主义。至于南非共产党最终是否会放弃联盟、走上独立参与竞选的道路，则取决于联盟伙伴关系的发展态势以及民族民主革命领导者非国大的发展方向。

（原文刊载于《当代世界与社会主义》2021 年第 5 期）

---

[1] Thomas Stanley Kolasa, *The South African Communist Party: Adapting to Thrive in a Post-Communist Age*, North Carolina: McFarland & Company, Inc., 2016, p.3.

丁波文 北京第二外国语学院欧洲学院

智利共产党百年社会主义探索历程与兴衰浅析[1]

智利共产党（以下简称“智共”）是拉美地区重要的共产主义政党，是智利一支不可忽视的左翼政治力量。作为一个有着100多年历史的左翼政党，其历经曲折，不屈不挠，始终在智利努力探索适合本国国情的社会主义道路。梳理智共的百年历程，对了解并分析发展中国家特别是拉美地区共产党的演进路径及经验教训有一定的意义。

一、从建党到第二次世界大战后获得合法地位前的发展历程（1912—1951年）

同拉美部分共产党的创立一样，智共也是从社会党脱胎而来。其前身是1912年6月由该国工人运动领袖路易斯·雷卡瓦伦（Luis Emilio Recabarren）等领导创建的智利社会主义工人党，1922年1月正式改名为智利共产党。[2]在改名时举行的智共第一次代表大会也即社会主义工人党的第五次代表大会上，

[1] 本文系北京高校中国特色社会主义理论研究协同创新中心（北京外国语大学）项目的阶段性成果，并得到北京第二外国语学院青年学术拔尖团队计划“欧洲语言国家国情基础研究团队”的资助。

[2] 参见钟清清主编:《各国共产党总览》，当代世界出版社2000年版，第729页。

通过了纲领以及《关于改名“共产党”的决议》等文件，雷卡瓦伦当选为党的第一任总书记。当时的智共纲领强调，该党致力于在本国探索社会主义的道路，并最终实现社会主义和共产主义的伟大理想。智共党章明确指出：“智利共产党信奉马克思、恩格斯、列宁、雷卡瓦伦以及其他马克思主义者和进步思想家的思想理念。”[1]

20 世纪前期，智共的主要任务是领导工人运动反对帝国主义在本国剥削与压迫的革命斗争。智共还未改名前，就致力于领导反对资本主义剥削和压榨的罢工运动与其他抗议活动，争取劳动人民的权利，如 20 年代初的圣格雷戈里奥工人运动、圣地亚哥工人运动等，但大多遭到反动当局的镇压。十月革命的胜利给智利社会主义工人党及后来的智共带来了极大的鼓舞和推动，使其立场从原来的社会民主主义转变为马克思主义，进而推动智利社会主义工人党转变为共产党。雷卡瓦伦为此于 1918 年在智利社会主义工人党的《前进报》上刊文表示，十月革命是奠定消灭剥削、压迫和贫困的资本主义制度并产生社会主义制度的基础的一次真正的革命，是全世界工人阶级的纲领。智共曾经梦寐以求的理想，“现在不仅已经成为现实，而且成了一切进步和人类幸福的源泉”[2]。

智共开展社会主义革命的斗争，多是在艰难环境下进行的。1926 年，该党主导的进步力量提出并致力于推动本国矿藏、铁路的国有化，并没收庄园主的土地。在 1927 年卡洛斯·伊巴涅斯（Carlos Ibáez）上台后，宣布智共为非法。许多领导人和党员被捕入狱或遭流放，但依然积极开展地下斗争。智共在 20 世纪 30 年代初参与和组织了圣地亚哥、瓦尔帕莱索、塔尔卡瓦诺等地的工人罢工、失业者示威游行以及农民争取土地的运动。1932 年重新取得合法地位后，智共继续领导工人阶级进行反对帝国主义和本国资产阶级的革命斗争，甚至针对执政当局的反共立场，提出成立苏维埃、实行无产阶级专政等口号。1948 年，智

[1] “Estatutos Partido Comunista de Chile”, http://www.pcchile.cl/documentos/Estatutos_PCCH_2020_06102020.pdf.

[2] [苏] 波波夫主编:《国际工人运动和民族解放运动史》第 2 卷，卢武、史奇译，生活 · 读书 · 新知三联书店 1964 年版，第 578 页。

共再次遭到执政当局迫害，处于非法地位，一直到50年代初转入公开活动后，才实现事实上的合法化。

智共早期致力于通过革命斗争的方式来探索社会主义，但并未放弃运用和平、合法的途径来推动社会变革，曾表示愿走“合乎宪法的选举道路”。自20世纪20年代起，智共就积极参加议会选举，并致力于通过与社会党和其他进步力量的联盟合作政策来推进社会主义。1925年，智共参加大选，获得了九个全国议席。在1933年的全国代表会议上，该党第一次提出智利革命的性质是土地的、反帝的资产阶级民主革命。1936年，智共遵照共产国际七大关于建立由广泛阶层参加的反法西斯人民阵线的建议，与社会党、激进党、统一民主党等资产阶级和小资产阶级的政党，共同组建了统一战线性质的人民阵线组织，并在1938年大选中取得了重大胜利，其推举的候选人当选为总统，人民阵线上台执政，成立了西半球第一个人民阵线政府。尽管智共没有参政，但为了不给政府制造困难，它接受了政府提出的“在农村休战”的要求，这是它的一个重大战略让步。智共为何要这样做？美国共产党主席威廉·爱德华·福斯特（William Edward Forster）对此作了阐述，“无疑地，在紧要关头的战前年代，这个民主政府使智利没有落入法西斯之手”[1]，这是整个拉丁美洲的民主力量在第二次世界大战前夕的一次最大胜利。正是在人民阵线取得胜利的基础上，1941年，智共八大决定把人民阵线逐步扩大成更加广泛的民主联盟，这一联盟随后在1942年大选中获胜。智共在推行“反法西斯全国联盟”政策的过程中，一定程度上受到了美国白劳德主义的影响，放弃了群众斗争，迷恋联盟合作政策，遭到党内外部分人士的批评。对此，1945年智共九大作出反思，对白劳德主义进行了批判，提出要加强党的领导。1946年大选，民主联盟再次获胜，所推举的候选人冈萨雷斯·魏地拉（Gabriel Gonz á lez Videla）当选为总统，智共也因此参政，获得三个部长职位。但是到1948年，智共被排挤出政府，随后又一次被宣布为非法。

[1] [美]威廉·福斯特:《美洲政治史纲》，冯明方译，生活·读书·新知三联书店1956年版，第563页。

二、第二次世界大战后的社会主义斗争与短暂的社会主义实践（1951—1973 年）

在这一时期，智共的主要任务有两个：一是摆脱非法地位的桎梏，推进事实上的合法化；二是推动新时期联盟政策的组织化、实践化，并最终使社会主义由探索走向现实，取得实践上的重大突破。

其一，关于合法化的推动过程。尽管智共在 1948 年再次被宣布为非法，但国内外的形势相对和缓，加上世界上民主进步浪潮的冲击，执政当局对智共活动的限制不断放宽。其间，智共通过参与创建新的统一战线组织——人民行动阵线而进行公开活动，得到社会党等进步力量的大力支持，执政当局也未进行实质干预。1956 年底，由多个左翼政党组织共同组成的人民行动阵线举行第一次全国代表会议，会场上智共的五星红旗与其他党的党旗并列，在法律意义上并未合法的智共主席埃利亚斯·拉菲特（Elías Lafferte）公开出席，智共代表也在会议上发言。人民行动阵线主席、社会党总书记萨尔瓦多·阿连德（Salvador Allende）在讲话中反驳了自由党参议员的反共言论。他强调，几年来，社会党一直同共产党并肩作战，因为它对国家的问题有认识，忠于自己对人民和对盟友承担的义务。这既表明了社会党对与共产党合作路线的肯定，也表达了该党对智共走向合法地位的支持。围绕 1958 年大选，智共在摆脱"非法"境遇上又同执政当局进行博弈。智共政治局在党的机关报《世纪报》上发表声明称，智利反动派对人民行动阵线的竞选活动感到恐慌，它们任意给候选人戴上"共产党人"的帽子，以便取消大量候选人的资格，称他们为共产党的暂时同盟者，以此挑拨共产党与人民阵线其他党派的关系，从而在选举中获胜。为此，智共将继续反对所谓的"保卫民主法"，重申关于废除总统制并建立"通过平等、直接、秘密和普遍选举产生的议会"的主张。1958 年，智共为其前总书记卡洛斯·冈萨雷斯（Carlos González）举行的葬礼成为国家政治中的空前事件，成千上万的群众加入送葬行列，葬礼成了一次真正的人民大游行，资产阶级报纸也不得不予以报道。智共以此为契机，号召全党要紧紧团结在党的中央委员会周围，保持铁一般的团结并提高警惕。时任智共政治局委员路易斯·科尔巴兰（Luis Corvalán）表示，现在党的第一个战斗就是要赢得自由，并宣布党的非法地位实际上已经结束，而且永远结束了。随后不久，智共呼吁一切民主政党、组织和阶层发起一场巨大运动以争取立即撤销镇压法令。[1]

其二，关于联盟路线的推进与社会主义实践的突破。1951 年，智共又开始公开活动，同社会党结成新的联盟性组织“人民阵线”，之后又有民主党加入，结成三党联盟。1956 年苏共二十大后，三党组建的“人民阵线”进一步扩大，成立了人民行动阵线，新参加阵线的政党包括劳工党、人民民主党和人民社会党。智共在当年召开的十大上为此作了思想与路线上的准备，认为智利现阶段的革命是人民民主的、民族解放的、反帝反封建的革命，可以通过和平道路来实现，为此要在智利打开一条和平道路。因此，党的任务就是要结成广泛的民族解放阵线，建立无产阶级领导的民族解放民主政府。1957 年，智利爆发了全国性的抗议物价高涨的示威游行，游行群众与警察、军队发生流血冲突。但智共等左翼政党未能有效利用有利形势，也导致人民行动阵线在次年大选中失利。智共在总结 1958 年大选失利时表示，由于反民主的选举法和各种镇压法令压制了劳动人民的意志，无产阶级的力量不能像资产阶级民主力量那样迅速而广泛地在政治和选举上表现出来，但资产阶级不能解决智利的问题，将来无论是国家长枪党还是激进党上台，都不是智利的出路。组成人民行动阵线的各党派应当为了共同的目标而进行共同的斗争，直至建立人民的政权。1958 年，智共中央全会进一步表示，要加强共产党与社会党以及参加或支持人民行动阵线力量的团结，扩大与其他进步阶层的合作，争取总统选举的胜利。

自 20 世纪 50 年代以来，智共在联盟政策上始终把社会党作为主导力量，力推该党领袖阿连德为“领头人”，多次支持他参加总统竞选。最终在 1970 年大选中，阿连德当选总统，在拉美建立了除古巴之外的另一个社会主义性质的

[1] 该法令包括宣布智共为非法等内容。

政权。智共在大选中赢得众院150席中的25席，参院50席中的6席，成为重要参政党，获得3个部长、6个省长和1个大市市长职位。[1] 这无疑是智共通过统一战线、走和平过渡道路走向社会主义的一个历史性突破，震动了整个拉美政坛和国际共运。

在智共的配合与推动下，阿连德政府在短暂的三年执政期间，通过了一系列具有社会主义性质的重大举措，包括：宣布实行人民代表大会制度而取代原来的两院制，扩大民众政治参与，通过法制和民主传统来实现社会变革；改革经济体制，谋求实现基本生产资料公有化，推行大规模的征收国有化，把200多家本国和外国资本控制的企业收归国有；推动土地改革，实施土地征收政策；扩大社会保障覆盖面，建立新的工资制度，缩小收入差距。这些举措引发了智利国内外反社会主义势力的强烈抵制和反扑。1973年9月，智利陆军司令奥古斯托·皮诺切特（Augusto Pinochet）发动军事政变，推翻了人民团结政府，解散议会，取缔政党，开启军人统治。阿连德以身殉职，智共再次处于非法状态，党的领导人被捕，后通过苏联政府与智利军政府进行协商，以人员交换的方式，使被关押的智共总书记科尔巴兰于1976年得以流亡莫斯科。

需要注意的是，智共党内在这一时期出现了思想争论和路线方针政策的争斗。党内左派力量对于和平过渡和结盟政策存在不同看法和立场，但被主流派压倒，为此部分非主流力量先后离党，于1960年新建智利马克思主义革命先锋党。1963年，党内左派力量成立了一个“半独立”的组织“斯巴达克派”，并于1966年正式更名为智利革命共产党。1964年，从智共青年团中分离出来的另一个左翼组织成立了“共产党起义联盟”。这三个政党的相继组建，一定程度上削弱了智共的组织力量。三党曾因共同反对智共修正主义的需要而一度酝酿组建统一的左翼政党，但因内部矛盾阻碍而未实现。

[1] 参见钟清清主编：《世界政党大全》，贵州教育出版社1994年版，第885页。

三、“智利道路”失败后的反思与策略调整过程（1973—1990年）

这一时期，智共面对着严酷的生存环境，着手对社会主义的主张与执政实践进行反思。仅在政变后的半年时间里，智共就先后三次发表声明，多次召开会议，发文就“智利道路”的夭折进行阐释，并对未来的政策走向进行思考。

其一，分析革命失败的原因。智共认为革命失败的主要原因是触动了资产阶级的根本利益，遭到反动派的围剿镇压。2020年9月8日，智共《世纪报》刊文回忆称，1977年和1979年，智共党中央曾深刻分析1973年“智利道路”的失败原因，认为“1973年的失败是因为每个革命进程都会面临资产阶级的某种反应，其中包括采取暴力反革命的形式，而1973年的政变正是如此”[1]。革命失败的内在原因是执政联盟内的“极左派”施压阿连德推行超越现阶段实际的激进策略，由此导致资产阶级的强力干预。智共在执政期间就曾对此加以干预，但未能奏效。

其二，对过度依赖和平过渡的社会主义策略进行反思和适度调整。1974年7月，智共发表声明表示，和平道路在智利已被封锁，对于无产阶级政党而言，暴力是工人阶级和人民力量取得政权的途径。1980年，智共总书记科尔巴兰在纪念人民团结政府取得选举胜利十周年讲话中明确表示，在军人独裁下，人民不得不“使用各种方法和斗争形式甚至激烈的暴力”来取得生存的权利，智共所强调的暴力也可以“非武装的形式表现出来”，通过一次政治总罢工就能把想发动反革命暴力的人的手脚捆绑起来。[2] 该党同时也宣称，在民主道路未完全堵塞之前，内战无论如何也不是人民的唯一道路。1985年8月，智利政府逮捕

---

[1] “Documento. El texto clave de discusión en el Partido”, https://elsiglo.cl/2020/09/08/documento-el-texto-clave-de-discusion-en-el-partido-comunista/.

[2] 参见钟清清主编:《各国共产党总览》，当代世界出版社2000年版，第731页。

了 11 名智共领导人，指控他们与不久前发生的社会动乱有关。为此，智共政治委员会委员博洛迪亚·泰特尔鲍姆（Volodia Teitelboim）在阿根廷首都举行记者招待会，阐述智共关于"人民起义"的主张和立场，并告诫邻国对智共"使用各种方式的斗争"无须担忧。1989 年，智共十五大强调，党的任务是团结一切民主力量，通过人民起义来结束军人统治，建立全国团结政府。

其三，依然肯定左翼联盟合作的必要性，继续探索进步力量联合的新路径。智共在政变不久后就表示，人民团结阵线作为左翼形式是有效的，现在的任务是要扩大左翼联盟，在新的水平上增进共产党与社会党的团结，表示今后要建立一个更加广泛的、更高的"思想多元化"的人民阵线。1974 年 12 月，智共发表声明，邀请基督教民主党加入联盟，并认为智利面临一个巨大的挑战，为此只有一个回答：成立一个广泛的反法西斯阵线。1976 年 9 月，智共同原执政的人民团结阵线的五个党在贝尔格莱德召开会议，以协调反对智利军政府的共同行动。1986 年，智共中央及领导人多次发表声明及文章，表示共产党愿意超越意识形态分歧，为建立民主政权的共同目标而斗争，号召智利各界人民团结起来，共同推翻独裁政权，建立一个恢复民主自由的临时政府。对于皮诺切特总统遭到袭击事件，智共于 1987 年 1 月发表声明称，共产党高度赞扬那些反对独裁斗争的勇敢行动，并于同年 6 月与其他六个党派一起组建了左翼联盟。

其四，进行组织上的恢复和重建，积极开展反独裁、争取民主的革命斗争。智共被取缔后，原来的组织体系也被摧毁。智共在非法状态下，提出党的中心任务是在所有有共产党员的企业、居民区、学校、庄园等地方建立组织，甚至帮助人民团结阵线的其他政党恢复党组织。同时，智共流亡海外的领导人和干部也在国外建立新的组织甚至是抵抗组织，积极开展反对军政府及资产阶级镇压的反抗斗争。1973—1989 年，智共发起了多次反独裁、恢复民主的运动。经过十几年的不懈斗争，到 20 世纪 80 年代中后期，智共在国内的境遇不断改善，甚至可以进行公开性的活动。1989 年，智共十五大支持基督教民主党领导人帕特里西奥·艾尔文·阿索卡尔（Patricio Aylwin Azócar）为次年的总统候选人，在艾尔文于 1990 年赢得大选而组建民选政府后，智共向政府登记，重新获得合法地位。

四、冷战后的转型与重振（1990 年至今）

智共在再次合法化后，致力于重返政治生活，推动左翼联盟重新执政，并在 21 世纪再次实现参政。

苏东剧变后，智共对戈尔巴乔夫解散苏共的行为进行了批评，重申智共对马克思主义和社会主义的坚持。1994 年，智共二十大对领导人进行了调整，老共产党员格拉迪斯·马琳（Gladys Marin）出任总书记。2002 年，智共二十二大改革了领导体制，马琳改任党主席，吉列尔莫·泰列尔（Guillermo Tellier）出任总书记。2006 年，智共二十三大提出要为建立一个民主的、社会主义的政府而团结奋斗，并选举泰列尔为党主席。2016 年，智共二十六大提出要继续推动国家政治、经济和社会的民主变革，努力延续新多数派联盟，加强党内团结与自身建设。泰列尔继续担任主席，劳塔罗·卡蒙那（Lautaro Carmona）出任总书记。2019 年，智共二十七大修订的党章依然强调："智利共产党是一个革命政党，始终坚持为社会主义而斗争，并坚信工人阶级是推动社会进步和社会转型的最主要力量。"[1]

同时，智共注重加强党的自身建设，长期重视对党员的管理，对入党筛选和党员行为规范都有着严格规定，制定了具体的道德和行为准则。[2] 党自称现有党员 6.7 万人，是目前智利党员人数最多的政党，总体上实现了 1973 年军事政变以来的重振目标。

冷战后，智共主要是通过参加选举活动回归国家政治生活的。20 世纪 90 年代，智共没有参加中左政党争取民主联盟，而是在政治生活中单独作战，在政坛上独自展示自己。1993 年，智共推举的本党总统候选人欧亨尼奥·皮萨罗

[1] "Estatutos Partido Comunista de Chile", http://www.pcchile.cl/documentos/Estatutos_PCCH_2020_06102020.pdf.

[2] "Código de ética del Partido Comunista de Chile", http://www.pcchile.cl/documentos/Código_tica.pdf.

（Eugenio Pizarro）获得 33 万张选票，得票率达 4.7%。1999 年，马琳作为智共推举的总统候选人参加大选，获得选票 26 万张，得票率为 3.16%，较上次大选下滑，此后与人道主义党结成了“团结就是力量”选举联盟。2005 年，在智共支持下，社会党总统候选人米歇尔·巴切莱特（Michelle Bachelet）赢得大选，但智共并未参加政府。2010 年，智共三位候选人在议会选举中当选众议员，这是该党自政变后首次进入国会。智共在 2013 年选举中调整策略，加入了中左政党联盟——新多数派联盟并在选举中获胜，实现再度参政，成为国家政治生活中的一支重要力量。2018 年中左联盟败选后在野至今，但在国会中仍有八个议席，影响力犹在。

五、对智共百年兴衰沉浮的几点思考

智共作为一个百年老党，在历史激荡、世事嬗变的洪流中挺立，总体上实现重振，这在发展中国家共产党中是较为突出的。当然，该党在发展演进过程中，也面临着不少问题与挑战。

第一，智共长期扎根基层，重视联系并争取民众，社会基础相对牢固。这是其虽屡遭磨难，但始终能够屹立不倒的主要原因。智共是智利工人运动的产物，其创始人——党的第一任总书记雷卡瓦伦就是工人联合会主席、早期著名的工运领导人，该党与工人阶级、农民群众素有深厚的阶级感情，也是通过组织和领导工人罢工、农民运动不断发展壮大起来的，特别是在社会矛盾相对尖锐的时候，智共在本国民众中的威望、号召力同步增强。纵观智利百年来重要的工人运动、农民抗议斗争，智共大都是其中的参与者、组织者乃至领导者，它愿意倾听劳动群众的呼声，注重维护劳动者的基本权益，所以在历次大选中，其得票率总体稳定在 3%—4%，基本上是长期支持者的铁票。自 20 世纪 90 年代恢复合法地位以来，智共还注意在青年群体中开展工作、扩大影响，长期重视在大学生中进行经营积累，在青年学生中具有一定号召力，智共青年团现有 5000 多人。智共能够成为本国党员人数最多的政党，主要原因在于：一是基层组织相对健全，党的体制较为完整，军政府统治时期处于地下状态的严酷环境，使党的组织和动员能力比较强，基层党员对党的忠诚度较高；二是智共的外部形象较好，在许多政党都接受大企业的政治献金而丑闻不断的环境中，唯独智共未卷入其中；三是智利目前的政治生态环境较好、社会民主氛围较浓，有利于智共进行组织发展。

第二，智共一贯重视联盟合作战略，依托统一战线，这是其重要的生存发展之道。智共自建党以来，就有联盟合作的传统，在革命斗争进程中十分重视推行“抱团取暖”策略，以争取尽可能多的同盟者来共同作战。智共领导人曾对此表示，在智利，共产党的力量有限，而资产阶级、反动派的力量相当强大，共产党如果不与社会党等进步组织结盟合作，就不可能实现自身的政策目标。智共的联盟合作策略，有着以下清晰的原则与思路：一是跨越意识形态，以实现革命斗争目标特别是选举的结果胜利为导向。所以，在 20 世纪 30 年代后期所结成的人民阵线组织中，既有社会主义性质的政党，也有资产阶级和小资产阶级类型的政党。政变后，智共甚至主动寻求与基督教民主党等中右翼政党结盟合作。二是把社会党推到前台，担纲主要角色。智共在 1957 年致社会党的公开信中曾明确表示，智共无意和社会党争夺对人民运动和工人运动的领导权。智共甘做配角，不同社会党在联盟中争权夺利，这就是阿连德能够代表左翼联盟连续参加总统竞选的重要原因。智共这样做，既能够减少左翼联盟内部的矛盾，也可以弱化国内外资产阶级对左翼联盟在意识形态上的打压。三是不因形势环境的变化而动摇对联盟合作战略的坚守。智利政变后，智共内部出现过对联盟合作政策质疑与批评的声音，但智共的主流势力依然坚定坚持左翼联盟合作的政策，其政治局还发表声明，强调“智利道路”失败并非联盟之过，今后还要进一步扩大进步力量之间的联盟合作。

第三，智共的改良主义立场与倾向明显，和平过渡道路初心总体未变。第二次世界大战后，智共革命性不足的问题为拉美其他一些共产党所指责，这也是导致智共部分左翼不断分离的重要原因之一。智利圣地亚哥大学历史学家卡萨尔·阿拉亚（Casals Araya）撰文认为，在 1956 年建立的人民行动阵线六大左翼政党之间，尽管存在一定的意识形态分歧，但“智共是阵线内部最为推崇和平过渡的政治力量之一”[1]。智共在智利政变不到半年所发声明中，尽管对和平过渡道路进行了反思，但依然强调非暴力方式的不可或缺性。智共表示，“通过非武装的道路夺取政权”的路线并不因为阿连德政府的失败而过时，恰恰相反，阿连德政府能够执政三年正说明“和平过渡”是可能的，即使在民主道路完全被堵塞的情况下，内战也不是人民的唯一道路。智共理想化地认为通过政治总罢工就能够制约本国反动势力。1975 年 6 月，泰特尔鲍姆在拉美共产党会议的发言中强调“和平过渡”，要继续研究不经过武装斗争道路通往革命的可能性。同年 9 月，泰特尔鲍姆在《和平与社会主义》杂志发文强调，走向革命的可能性不一定要通过武装斗争。1976 年 9 月，该党发表声明表示，一旦推翻了军政府，就要建立一个比阿连德政府更高级的“法治国家”，推行“新型的民主”，实行多党制，实现国家机构的民主化，承认反对派的权力。智共认为，社会主义还不是今天智共的目标，未来根据人民的意志走向社会主义时，将进一步发展民主，维持“多党执政的制度”。1986 年 12 月，智共总书记科尔巴兰同社会党、基督教左派党领导人签署共同声明，呼吁对国家的危机进行政治解决，认为在人民的积极参与以及在与武装力量达成一致的条件下，有可能真正实现向民主过渡的进程，认为虽然通过政治击败独裁政权很难，但道路却是可靠的。智共在 2019 年党的二十七大文件中重申：“社会主义应充分考虑世界和社会发生的深刻变化，捍卫人权，加强民主。”[2]

智共的和平过渡立场与策略虽然使其总体上未遭到反动当局的残酷镇压，避免了灭顶之灾，但也给其发展带来了不利影响。随着社会民主主义化倾向的蔓延，智共有被社会党同化的危险，而这一点也遭到了智共内“极左”力量的不满，造成智共组织上的分裂。就连智利社会党也曾感慨：“共产党过于推崇通

[1] Marcelo Casals Aray, El alba de una revolución la izquierda y el proceso de construcción estratégica de la "vía chilena al socialismo", 1956-1970, Santiago: LOM Ediciones, 2010.

[2] "Estatutos Partido Comunista de Chile", http://www.pcchile.cl/documentos/Estatutos_PCCH_2020_06102020.pdf.

过选举获得政权，和平过渡到社会主义，照搬当时苏联领导人的观点，忽略武装革命的作用。”[1]

第四，智共自身建设中存在的问题使其未来发展之路面临不少挑战。这主要表现在：一是智共长期在政治和思想上的自主性不够，尤其对苏共依赖性较强。第一次世界大战到第二次世界大战期间，智共在政治上较依赖共产国际，甚至党的纲领策略也由共产国际来制定或者机械照搬，二战后则是长期在政治、组织和财力上依赖苏共。智共的多届领导人缺乏理论建树，难以形成指导全党的独立的战略策略。苏东剧变特别是21世纪之后，情况才发生一定改变，智共独立思考、自主决策的思维渐显、能力增强。二是党内活力不足，官僚主义等不良习气不时出现。20世纪60年代中期，智共只有党员1.5万人，但专职政治干部却有300人、企业脱产干部达300人，官僚化明显。智共在数次参政期间，不同程度地沾上官僚习气。部分领导干部当上部长、省市长和各级议员后，开始高高在上，摆架子，图享受，不愿去感知体验底层民众的疾苦。智共的一些举措脱离实际，引发党内部分群众的不满。智共领导层长期僵化，科尔巴兰1958—1989年担任总书记达31年之久，有活力的年轻干部难以及时输送到党的高层，党内政治生活较长时间暮气沉沉，领导层的新老交替问题凸显。三是党员队伍年龄老化现象十分明显，党的战斗力下降。尽管智共总体重视做群众工作，也致力于争取青年学生，但年轻党员只占20%，而且党员队伍中的积极党员少，消极党员居多，党组织的凝聚力和行动力不足。四是党内思想与战略走向的统一仍未实现。党内经过反独裁统治斗争的老党员同在学生运动中涌现出来的新生代，对于新时期党的发展战略存在明显分歧。五是面临参政与维护民众权益的两难选择与分寸把握挑战。实现参政，走向政坛前台，是智共扩大政治影响力的重要途径，但参政又带来执政损耗。2013—2018年，在智共加入“新

[1] Marcelo Casals Araya,El alba de una revolución la izquierda y el proceso de construcción estratégica de la “vía chilena al socialismo”, 1956-1970, Santiago: LOM Ediciones, 2010.

多数派联盟”参政期间，智共因顾及政府的政策推行，一度弱化了对劳动者基本权益的保护，而让另一左派政党组织——广泛阵线成为劳动者的主要代言人，带走了智共的部分支持者。如何既能更好地维护劳动者利益，又保持在政坛的话语权，是智共面临的重要挑战。

（原文刊载于《当代世界与社会主义》2021 年第 2 期）

伍慧萍 同济大学德意志联邦共和国问题研究所

德国社会民主党的历史变迁与现实困境

德国社会民主党（以下简称“社民党”）脱胎于工人运动，是德国最早成立的工人阶级政党，是联邦德国现存历史最悠久的政党，也是欧洲国家执政时间最长的社会民主党之一。在近 160 年的历史发展中，社民党逐渐从无产阶级的利益代言人转型成为“中左翼的全民党”[1]，其党员规模最多时超过百万，目前仍是联邦德国党员人数最多的政党。进入 21 世纪，该党在多重因素的作用下陷入困境，并为此采取了一系列改革应对措施，其基本状况是当前西方左翼政党尤其是欧洲中左翼政党的一个缩影。

一、社民党的历史发展与纲领演化

（一）重要发展阶段

社民党迄今历经四个时期的风云变幻。它在德意志帝国时期遭到俾斯麦的打压，在魏玛共和国时期短暂上台执政，在纳粹帝国时期遭遇党禁和迫害，在

[1] Uwe Jun, “Parteien und Parteiensystem der Bundesrepublik Deutschland”, in Informationen zur politischen Bildung, Vol.328, Iss.4, 2015, p.38.

联邦德国时期则数次参与或者领导政府，以社会公正理念推动福利国家建设和劳工权益保障。在长期发展过程中，社民党见证了德国工人阶级的形成壮大与社会结构的重组变化，自身也完成了若干次路线转型。

社民党的前身是社会民主活动家拉萨尔 1863 年在莱比锡创立的全德工人协会（ADAV），这也是德国首个工人阶级政党。1869 年，倍倍尔和李卜克内西在爱森纳赫创建社会民主工人党（SDAP）。1875 年，两党在哥达举行的合并代表大会上正式合并为社会主义工人党（SAP），此后成为俾斯麦的重点打压对象。1890 年，在《反社会主义法》废除后，该党更名为社会民主党（SPD）并沿用至今。在次年的党代会上，社民党通过《爱尔福特纲领》，将马克思主义确立为指导思想。此后，社民党进入支持率稳步上升的阶段，党员队伍不断壮大，第一次世界大战前发展成为最大的政治力量。时至今日，党内对于建党年份的认定仍存在不同意见，从中也可见派系分歧：实用主义者将 1863 年全德工人协会的成立作为本党的创建源头，而支持马克思主义传统的派系更认可 1869 年爱森纳赫乃至 1891 年爱尔福特时期的社民党。

第一次世界大战末期，工人运动出现分裂势头。1917 年，党内围绕战争贷款问题产生分歧，部分主张颠覆体制的激进力量退出，成为德国共产党（KPD）的建党来源，社民党的实力相应削弱。在魏玛共和国时期，社民党对于民主共和制的确立发挥了关键作用，推举出首位总统艾伯特，在 20 年代维持了百万之众的党员规模，在 1932 年之前始终保持最大政治力量的地位，但仅仅短暂执政。1933 年 6 月社民党被纳粹解散，于 1945 年 10 月重建。

1949 年联邦德国建国后，社民党在很长时间里独占左翼阵营。德国共产党在 1956 年遭到党禁，后于 1968 年重组成立德国的共产党（DKP），但始终处于政治边缘地位，无法与社民党匹敌。尽管如此，社民党在建国初期的发展并不顺利，由于其主要的右翼竞争对手基民盟在实施社会市场经济理念方面大获成功，社民党的左翼纲领特色未能展现显著优势，影响力有限。直到 1959 年 11 月，制定《哥德斯堡纲领》，实现“开明的市民阶层与工人阶级”之间的政治结盟（勃兰特语），走上政治实用主义路线，该党才在六七十年代经历了一段上升期。1966—1969 年，社民党首次作为执政伙伴加入基民盟内阁；1969—1982 年，首次作为主要执政党，先后在勃兰特和施密特的领导下与自民党联合执政，并在 1972 年的大选中首次实现得票率超过基民盟。

在此轮执政期间，社民党为联邦德国的内政外交打下深刻烙印：在经济政策上，该党既与市场经济和解，同时又主张加大国家宏观调控和干预能力，通过强调凯恩斯式的国家规制来降低经济风险，在经济能力上针对基民盟扳回一局；在社会政策上，该党以扩建福利国家为方针，增加普通民众受教育机会，赋予工会更多参与决定权，主张文化多元和少数群体平等权利；在外交政策上，该党既接受了阿登纳的亲西方政策，同时又在勃兰特及其幕僚埃贡·巴尔（Egon Bahr）的设计和推动下，实施了“以接触促转变”的新东方政策，极大缓和了联邦德国与苏联和东欧国家的关系。

1982 年，社民党在大选中不敌科尔领导的基民盟，在八九十年代进入停滞阶段，直到 1998 年，才在施罗德的领导下终结科尔漫长的执政期，与绿党组成联合政府至 2005 年。执政期间，施罗德采取的经济社会政策未能立即扭转高失业率和公共债务的局面，只在外交上凭借对伊拉克战争的态度获得较多民众支持。自 2005 年以来，社民党尽管三度作为小伙伴参与大联合政府，但难掩下滑态势和危机症状，其第二大党和全民党的地位同时遭到来自左翼和右翼阵营的威胁。

（二）纲领路线的传承与演化

社民党建党以来先后制订过八部党纲，分别是 1869 年的《爱森纳赫纲领》、1875 年的《哥达纲领》、1891 年的《爱尔福特纲领》、1921 年的《格尔利茨纲领》、1925 年的《海德堡纲领》、1959 年的《哥德斯堡纲领》、1989 年的《柏林纲领》和 2007 年的《汉堡纲领》。历史上，社民党围绕着纲领和路线的内部斗争曾数次导致党派分裂，并创建新的政党。

建党初期，该党在马克思主义和现实政治之间展开激烈的路线斗争。以考茨基为代表的革命派捍卫马克思主义的正统地位，延续马克思、恩格斯对资本主义的批判和阶级斗争思想，要求颠覆资本主义，代之以社会主义体制；以伯恩施坦为代表的修正派则主张通过社会改良，逐步改善工人阶级社会现状。1875 年的《哥达纲领》偏重强调现实政治和折中妥协，而 1891 年的《爱尔福特纲领》虽由考茨基和伯恩施坦共同撰写，但清晰确立了马克思主义的指导思想地位。[1] 魏玛共和国时期，尽管社民党尝试维护国家稳定，在左右阵营之间发挥调解作用，但左翼阵营内部缺乏凝聚力，无法实现民主进步力量的联合并争取市民阶层的支持，最终未能阻止纳粹党的崛起。[2]

1959 年《哥德斯堡纲领》的推出是社民党历史上具有划时代意义的事件，标志着该党终结了在马克思主义和现实政治之间的摇摆，实现去意识形态化和思想路线转型，从工人阶级政党转变为中左翼全民党。社民党在纲领中明确将民主社会主义确立为指导思想，将扩建福利国家、提高社会保障和就业水平作为主要政策目标，并将自身定位为包括工人阶级在内的一切民主进步力量、代表全体人民利益的政党，由此向市民阶层开放，成为实用主义的改革党。[3] 在转型成为全民党之后，社民党在传统的产业工人以外争取到大量知识分子、自由职业者和处于社会上升通道中的中产阶层，党员和支持者队伍不断壮大。

1989 年，社民党制订《柏林纲领》，并于 1998 年进行了修订。新的党纲瞄准后工业化社会选民需求的新特点，告别旧的增长思维，更加强调诸如民主、自我决定、性别平等、经济与社会可持续性等后物质主义价值观目标，在生态、社会等领域纳入了新的时代议题。2007 年，该党推出《汉堡纲领》并沿用至今，充分吸取了施罗德时期劳动力市场改革和社保体制改革的教训，尝试在改革派和传统派之间寻求妥协，并强调必须顺应全球化世界的变化，相应调整基本价

[1] "Der neue Kurs der SPD im Erfurter Programm von 1891", https://www.vorwaerts.de/artikel/neue-kurs-spd-erfurter-programm-1891.

[2] "Die Parteien der Weimarer Repnblik",heep://www.bundebtag.de/resource/blob/190452/136d18f9322d451e7ab98e916bdf7d32/parteien_weimarer_republik-data.pdf.

[3] Uwe Jun, "Parteien und Parteiensystem der Bundesrepublik Deutschland", in Informationen zur politischen Bildung, Vol.328, Iss.4, 2015, p.38.

值观。在之后的三次大联合政府中，社民党的参政行为都表现出这种路线上的折中。

社民党在第二次世界大战后推出《哥德斯堡纲领》、《柏林纲领》和《汉堡纲领》，均延续了民主社会主义的历史传统，但同时也对这一指导思想进行了重新阐释，确立了自由、公平和团结的基本价值观。有学者认为，鉴于民主社会主义的概念同样被左翼党和共产党使用，存在相互混淆的风险，自《哥德斯堡纲领》起，社民党就已经采用更加精确的社会民主主义这一概念取而代之。[1]不过，该观点并未获得广泛支持，在三部纲领中，民主社会主义和社会民主主义这两种表述均同时并存，而《哥德斯堡纲领》中所确立的中左翼全民党的定位和社会民主主义的行动原则一直沿袭至今。[2]

（三）社会基础与组织结构

在社会基础方面，社民党表现出若干特征。

其一，从社会构成来看，产业工人和新中产阶层成为中坚力量。社民党早年曾长期定位为工人阶级党，其党员的社会组成也是以亲工会的产业工人为多。[3]不过，政党研究学者弗兰克·德克尔（Frank Decker）认为，社民党从来都不是纯粹的工人党，即便在《哥德斯堡纲领》之前的阶段，该党也并非单纯依赖工人阶级的支持，而是已经向进入社会上升通道的职员阶层开放。究其原因，一方面，社民党始终难以争取到信仰天主教的工人阶级支持；另一方面，该党只有在同时争取到工人阶级和新中产阶层支持的情况下才会有较好表现。

---

[1] "60 Jahre Godesberger Programm. 'Auf der H he der Zeit'", https://www.frankfurter-hefte.de/artikel/auf-der-hoehe-der-zeit-2833/.

[2] "Hamburger Programm. Grundsatzprogramm der Sozialdemo kratischen Partei Deutschlands", https://www.spd.de/fileadmin/Dokumente/Beschluesse/Grundsatzprogramme/hamburger_programm.pdf.

[3] Ulrich von Alemann et.al., Das parteiensystem der Bundesrepublik Deutschland, 4., vollständig überarbeitete und aktualisierte Auflage, Wiesbaden: VS Verlag für Sozialwissenschaften, 2010, p.170.

目前，社民党党员中有 42% 就业于公共服务部门。[1]

其二，从党员教育背景来看，整体学历水平稳步上升。该党党员平均受教育程度虽一度低于其他政党，但自 20 世纪 60 年代末以来吸引了大量处于社会上升通道、受过良好教育的中产阶层中的左翼进步力量加入。近年来，党员学历进一步提升，2017 年具备大学毕业文凭或者专科大学入学资格的党员比例达到 54%，远高于德国 33% 的平均水平。[2]

其三，从地区分布来看，东西部发展不平衡。该党在北威州、黑森州、莱法州等工业密集和信仰新教的西部地区拥有较为广泛的选民基础和传统票仓，而在德国东部的党员和选民基础十分薄弱，在其中三个东部州已经沦落为基民盟、左翼党和选择党之后的第四大政治力量。

在组织结构方面，社民党每两年召开一次的联邦党代会是其最高权力机构，领导层由专职的理事会和主席团组成，在联邦、各州和地方分别建立起各级组织机构。其基本组织模式是基于党员的委员会模式，按照工作领域建立起青年、女性和雇员问题等专业工作团体和委员会。社民党建党初期可归类为大众型政党，其党员人数众多而组织结构相对紧密，建立起密集的协会和工会组织网络和党校，创建自己的机关报和其他地方性报纸杂志，例如，1876 年创刊至今仍在发行的《前进报》，成为加强与党员的联系纽带。不过，自魏玛共和国以来，该党转型为职业选民党，不断提高政党组织的职业化程度，更多利用国家权力机关的既有机构实现自身理念，与工会之间的联系逐渐松动，其内部组织管理则趋向多元，与其他政党相比更加注重基层民主，力图在自上而下的领导和自

[1] "Wahlergebnisse und Wählerschaft der SPD", https://www.bpb.de/politik/grundfragen/parteien-in-deutschland/spd/42093/wahlergebnisse-und-waehlerschaft; "Die Organisation der SPD", https://www.bpb.de/politik/grundfragen/parteien-in-deutschland/spd/42090/organisation.

[2] "Wahlergebnisse und Wählerschaft der SPD", https://www.bpb.de/politik/grundfragen/parteien-in-deutschland/spd/42093/wahlergebnisse-und-waehlerschaft; "Die Organisation der SPD", https://www.bpb.de/politik/grundfragen/parteien-in-deutschland/spd/42090/organisation.

下而上的民主监督之间取得平衡。

二、当前现实政治中的危机症状

自2005年失去主要执政党地位以来，社民党虽然数次参与执政，但在现实政治和政党竞争中的发展态势不尽如人意，呈现明显的危机症状，具体表现为选举得票率持续陷入低谷，民调支持率整体走低，党员队伍长期萎缩，年龄结构呈现老龄化趋势。

（一）选举得票率持续陷入低谷

事实上，社民党在联邦德国领导政府的经历原本就远少于中右阵营的基民盟，迄今作为主要执政党的时间总计20年。1969年，社民党首次在联邦层面领导政府，并在1972年大选中取得45.8%的历史最高得票率。1998年施罗德上台之际，该党支持率还超过了40%。然而，自2005年以来，社民党在历次大选中一路滑坡并陷入危机，2009年仅有23%的得票率，为联邦德国建国以来的最差表现，与十年前相比损失了上千万选民，其中1/5以上昔日拥趸转而投票支持左翼党。[1] 值得注意的是，还有不少劳工阶层转而支持右翼民粹主义的选择党。[2]

在2017年大选中，社民党仅获得20.5%的选举支持，再次刷新了历史低位。在此次大选中，社民党大量失票，选民基础可谓摇摇欲坠。社民党向左右阵营净流失的选民规模大体相当，向左翼阵营的左翼党流失43万张选票，向绿党流失38万票，向右翼阵营的基民盟/基社盟流失2万票，向自民党流失45万票，

[1] "Wahlergebnisse und Wählerschaft der SPD", https://www.bpb.de/politik/grundfragen/parteien-in-deutschland/spd/42093/wahlergebnisse-und-waehlerschaft.

[2] Jan-Werner Müller, *Was ist Populismus? Ein Essay*, Berlin: Edition suhrkamp, 3. Auflage, 2016, p.30.

向选择党流失 47 万票。[1]

此外，在近年来各州层面的选举中，社民党的表现同样不尽如人意。在 2016 年以来举行的总计 20 场州议会以及欧洲议会选举中，只有三场州选的得票率略有增加，而在其他州选中延续了下滑趋势，尤其在萨克森、图林根和巴伐利亚等州选中，该党得票率甚至不到 10%。[2]

（二）民调支持率整体走低

社民党近年来的危机症状同样集中表现在民调支持率的发展走向上。自两德统一以来，该党的民调支持率在施罗德上台前后一度走高并经历剧烈震荡，但整体趋势一路走低，从 1998—1999 年 44% 的最高位跌至 2019 年 13% 的最低位。唯一一段例外是在 2017 年初，舒尔茨以 100% 的超高人气当选党主席并出任总理候选人，引发"舒尔茨效应"，短期内吸引大量新成员入党，社民党民调支持率激增，短暂回到 32% 的高位，甚至一度超过基民盟。然而，随着社民党若干次州选的失利和 2017 年德国大选的惨败，"舒尔茨效应"昙花一现。2020 年以来，社民党的民调支持率始终在 15%—17% 的低位徘徊，与全盛时期相比跌落半数有余，无法走出较长期的低谷，非但无法与基民盟分庭抗礼，而且已经持续为绿党所反超，也因此日益被质疑是否能维持全民党的地位。[3]

（三）党员规模长期萎缩

作为大众型政党，社民党在百年历程中经历过党员发展的若干高峰时期，并在联邦德国长期保持党员最多的政党地位，目前仍在勉强维持这一优势。

---

[1] "Wahl 2013-Wahl 2017", https://www.tagesschau.de/wahl/archiv/2017-09-24-BT-DE/wanderung_embed.shtml.

[2] "Landtagswahlen", https://www.bundeswahlleiter.de/service/landtagswahlen.html.

[3] "Politik I", https://www.forschungsgruppe.de/Umfragen/Politbarometer/Langzeitentwicklung_-_Themen_im_Ueberblick/Politik_I/#Projektion.

1914 年，该党党员人数首次突破 100 万大关[1]，在第二次世界大战结束后的 1947 年达到 87.5 万人的高峰，之后持续回落，并在 1954 年触及 58.6 万人的低位。60 年代末以来，社民党党员人数稳步回升，并在 1976 年创下 102 万人的历史最高位。1990 年两德统一之际，该党尚且拥有 94.3 万党员。[2]

然而，20 世纪 90 年代至今，社民党招募新党员的动力明显下降，党员队伍折损大半，尤其自 1998 年上台执政以来加速萎缩，2019 年该党仅拥有 41.9 万党员。与此同步的是，2006—2014 年，社民党地方党组织的数量从 1.2 万个减至 9000 个。[3] 党员人数的锐减是德国传统大党的共同趋势，基民盟的党员队伍在 30 年间同样损失过半，这两大全民党自 2005 年以来的党员规模基本持平，社民党甚至一度被基民盟反超，目前也仅有大约 1.4 万人的微弱优势。[4]

（四）党员老龄化现象严重

从跨党比较来看，社民党党员的老龄化趋势比其他主流政党更加严重。一方面，老年党员比例持续上升。1974—2019 年，60 岁以上党员占比从 17.6% 激增至 56.4%，即超过半数，这一比例在进入联邦议院的各大主流政党中达到最高，目前该党党员平均年龄为 60 岁。[5] 另一方面，青年党员占比持续下降。两德统一以来，社民党 30 岁以下青年党员比例逐年下降，自 1990 年的 10.2% 降至 2005 年的 5.8%，在发展青年后备力量的效果方面不及绿党和自民党。此后，

---

[1] "Etappen der Parteigeschichte der SPD", https://www.bpb.de/politik/grundfragen/parteien-in-deutschland/spd/42082/geschichte.

[2] "Die Organisation der SPD", https://www.bpb.de/politik/grundfragen/parteien-in-deutschland/spd/42090/organisation.

[3] Uwe Jun, "Parteien und Parteiensystem der Bundesrepublik Deutschland", *in Informationen zur politischen Bildung*, Vol.328, Iss.4, 2015, p.67.

[4] Oskar Niedermayer, "Parteimitglieder in Deutschland: Version 2020", *in Arbeitshefte aus dem Otto-Stammer-Zentrum*, Iss.31, 2020, p.6.

[5] "Mitgliederzahl der Parteien. Es war nur ein Sommertraum", https://www.sueddeutsche.de/politik/mitgliederzahlen-parteien-studie-oskar-niedermayer-1.4542671.

尽管该党采取措施提高对青年党员的吸引力，但与其他政党相比仍旧表现不佳。2019 年，左翼党 30 岁以下党员占比 19.3%，绿党占比 17.8%，而社民党仅为 7.8%。[1] 党员年龄结构趋向老龄化，既充分体现出社民党在争取新生血液方面的动员能力和激励机制仍旧逊于其他政党，同时意味着该党向各级公共机构中输送公职人员的人才储备严重不足，在一定程度上削弱了社民党在现实政治中的影响力和发展后劲。

三、危机根源：基于政党竞争分析框架的解释

社民党陷入当前困境既有政党自身的原因，也要归因于时代发展与社会变迁等整体环境变化给该党带来的严峻挑战。在此，笔者运用德国政党研究学者奥斯卡·尼德迈尔（Oskar Niedermayer）关于政党竞争研究的分析框架，主要从供求关系入手，分析社民党在“政治市场”竞争中面临的一系列问题与挑战，以期揭示造成社民党现实危机的主要原因，具体从三方面入手：其一，框架条件，包括外部环境、重大历史进程或者政治与法律制度等整体性因素；其二，供应方，包括政党及其对手的组织动员能力、在社会进程中的定位、资源等政党方面的因素；其三，需求方，包括选民的社会结构、价值导向、政党关联度等选民方面的因素。[2]

（一）整体内外环境的发展

1. 西方民主政治的结构转型削弱政党作用

社民党的处境是西方传统政党发展现状的一个缩影，而政党衰落研究自 20

[1] "Die soziale Zusammensetzung der Parteimitgliederschaften", https://www.bpb.de/politik/grundfragen/parteien-in-deutschland/zahlen-und-fakten/140358/soziale-zusammensetzung.

[2] Oskar Niedermayer, "Erfolgsbedingungen neuer Parteien im Parteiensystem", in Zeitschrift für Parlamentsfragen, Iss.4, 2010, p.840.

世纪 70 年代以来也相应成为政治学研究的显学。[1] 当前，信息技术革命和社交媒体的普及推动全新的政治动员方式和动员渠道不断涌现，政党在政治生活中作为政治代言人的功能削弱，公众对其信任度在下降，政党行动日益为相对松散的社会运动或是针对具体事由的临时性倡议行动所取代。在新兴社会运动中，政治“素人”成为政治领袖，核心人物凭借粉丝的力量而非政党的组织工作积聚人气。在法国、意大利等欧洲国家，这一发展趋势尤为明显，直接导致传统政党体制濒临瓦解。

与其相比，德国政党体制看起来仍旧稳定牢固，政党在政治动员和公共舆论场的形成过程中仍在发挥主要作用。不过，政党的影响力同样在下降，民众对于政党的信任度从 20 世纪 80 年代的 50% 跌至 2010 年的 29%。与此同时，各类社会运动成为引领和代言民意的重要渠道，例如青少年环保运动“星期五为未来”、右翼民粹的“爱国欧洲人反伊斯兰化运动”以及反对政府新冠肺炎防疫措施的“横向思维”运动等，均吸引大批支持者，产生了较为持久的社会影响。对此，政治学者亨里克·米勒（Henrik Müller）指出，西方民主正经历根本性的结构转型，“政治市场”的竞争加剧，参与门槛降低，不再需要复杂的组织结构和长期的联系纽带，有利于社会运动的组织动员，德国同样不能免于这一转型过程。[2]

作为西方民主政治转型的结果，政党在政治生活中的地位和作用下降，组织动员能力削弱，社会基础日渐松动。[3] 据统计，1980 年，德国符合入党年龄的人口中还有 4% 加入了某一政党，而目前这一比例仅为 1.7%，同时进入联邦

[1] Ulrich von Alemann et.al., Das parteiensystem der Bundesrepublik Deutschland, 4., vollständig überarbeitete und aktualisierte Auflage, Wiesbaden: VS Verlag für Sozialwissenschaften, 2010, p.232.

[2] "Strukturwandel. Brauchen wir noch Parteien? ", https://www.spiegel.de/wirtschaft/soziales/bundestagswahl-2017-brauchen-wir-noch-parteien-kolumne-von-henrik-mueller-a-1166946.html.

[3] Uwe Jun, "Parteien und Parteiensystem der Bundesrepublik Deutschland", *in Informationen zur politischen Bildung*, Vol.328, Iss.4, 2015, p.72.

议院的所有政党党员总人数则在 1990—2019 年从 240 万减半至 122 万人。[1]

2. 重要历史进程加剧政党竞争

对于社民党而言，第二次世界大战后一系列重要政治经济和历史事件对其产生直接影响和冲击，主要包括绿色环保运动、两德统一和难民危机。其一，70 年代以来德国兴起绿色环保运动，催生了绿党在 1980 年正式成立，社民党不再是左翼阵营唯一有影响力的政治力量，难以与其环保议题抗衡。近年来，绿党再度凭借气候保护议题强势崛起，大有取代其全民党地位之势。其二，在两德统一之际，社民党未能及时抓住历史机遇扩大影响力，在东部扩建本党的基层组织结构，无法阻止左翼党发展成为东部地区的全民党。目前，社民党在五个新联邦州的党员总数只有区区 2.2 万人 [2]，在萨克森州、图林根州和萨安州的民调支持率不及 10%。其三，自 90 年代以来，全球化步入新一轮发展时期，全球经济危机暴露超级全球化的负面后果，推动政党政治分野的裂变和全新社会分歧的形成。右翼民粹力量借助部分民众的不安和恐慌心理逐渐壮大，尤其是难民危机加速了选择党的崛起，建制派政党普遍受到冲击。社民党对于社会文化领域的新动向没有给出清晰的回答，其党员和支持者的相关立场分裂，不少支持者拒绝接受政治精英宣扬的世界主义思想，对于难民移民的涌入尤其是来自外来低薪劳动力的竞争忧心忡忡，导致该党向选择党流失大量支持者。

德国政党格局持续激烈嬗变，新的政党不断涌现并进入各级议会，政党格局从“两大一小”演变为“流动的多党制”。政党竞争态势日趋激烈，社民党同时面临来自左右两个阵营的政党竞争。

---

[1] Oskar Niedermayer, “Parteimitglieder in Deutschland: Version 2020”, *in Arbeitshefte aus dem Otto-Stammer-Zentrum*, Iss.31, 2020, p.2, p.6.

[2] Ulrich von Alemann et.al., Das parteiensystem der Bundesrepublik Deutschland, 4., vollständig überarbeitete und aktualisierte Auflage, Wiesbaden: VS Verlag für Sozialwissenschaften, 2010, p.228, p.229.

（二）选民社会基础的变迁

1. 社会结构变迁导致选民社会背景趋向多元

第二次世界大战结束后，西方发达国家实现经济复苏和崛起，产业重心向第三产业即服务业转移，并逐渐步入后工业化社会。根据德国联邦统计局的数据，1950—2020 年，产业工人在就业人口中所占的比例从 42.9% 逐渐降至 24%，反之，服务性行业就业人口占比从 32.5% 激增至 74.7%。[1] 随着社会福利制度不断完善，民众受教育程度整体提高，社会目标从改革转变为改良，德国的社会经济状况和社会结构相应发生变化，大量民众个人社会经济境遇持续改善，向上流动成为新兴中产阶级和社会的中流砥柱，从而使中产阶层的队伍日渐壮大，阶级对立趋于缓和，旧有的阶级和社会对峙被打破。选民作为政治市场的需求方，其社会背景日益复杂多元。德国西努斯研究所（Sinus-Institut）对德国社会环境展开的长期定性定量分析，认为德国社会可以根据文化生活方式和价值观划分成十类特征各异的社会环境，包括市民中产、保守建制、传统、社会生态、自由知识分子等，目前各类社会环境的占比分别为 7%—15% 不等。这一结果也充分印证了当前德国的社会环境整体呈现多元化和碎片化趋势。[2]

2. 价值观变迁导致选民选举行为日渐复杂

社会结构变迁带动价值观变迁。选民的长期政治联系，例如社民党与劳工阶层以及工会之间的天然纽带早已松动，传统的社会分歧日益为新的社会分歧所补充。社会生活方式和文化价值观取向表现出个人主义化、多元化、分散化和后物质主义的显著特征。不少学者认为，冷战结束后，社会经济维度上的劳资分歧不再是反映西欧社会主要矛盾的决定性分歧。在社会文化维度上，西欧社会出现了新的、基于文化价值观的社会分歧，即融入－划界，具体表现为世

---

[1] "Erwerbstätige im Inland nach Wirtschaftssektoren", https://www.destatis.de/DE/Themen/Wirtschaft/Konjunkturindikatoren/Lange-Reihen/Arbeitsmarkt/lrerw13a.html.

[2] "Sinus-Milieus Deutschland", https://www.sinus-institut.de/sinus-loesungen/sinus-milieus-deutschland/.

界主义式的开放包容与社群主义式的封闭划界之间的对立。[1] 价值观变迁动摇了政党赖以生存的社会基础，导致选民的政治偏好、核心诉求与参与形式难以固定为一成不变的模式。

价值观变迁给传统政党带来若干具体后果。其一，越来越多的公民不再参加大选。数十年间，各级选举参选率下降，以德国大选为例，其参选率从 1972 年 91.1% 的高位跌至 2009 年 70.8% 的最低水平。其二，选民对政党的认同感和忠诚度下降。选民流动性和选举行为的不确定性增强，连续两次大选投票给同一政党的忠诚选民成为少数派，跨党派甚至是跨阵营投票的现象司空见惯，中左翼的社民党选民可能在下一次选举中支持右翼民粹的选择党。1972—2009 年，铁杆选民在所有选民中的占比从 55% 降至 32%，而摇摆选民占比则从 20% 增至 38%。[2] 这对于长期依靠铁杆选民票仓的传统大党影响尤其大。其三，传统大党通过政治纲领吸引大量选民日渐困难。与专注担纲某个特定群体利益代言人的小党不同，传统大党的目标是争取尽可能多的选民，但随着德国社会环境日益复杂多元，全民党政治纲领和政策主张要么无法涵盖各方诉求，要么其内外政策与其他政党逐渐趋同，日益丧失本党纲领特色。

（三）政党自身的演变

1. 中间定位不利于凸显纲领特色

与基民盟、绿党或左翼党相比，社民党长期缺乏无可替代、具有单独代表权的纲领议题特色和核心能力。联邦德国建国初期，基民盟成功实践了社会市场经济理念，弱化了社民党在社会公正方面的特色优势。社民党人施密特执政

---

[1] Hanspeter Kriesi, "Restructuration of Partisan Politics and the Emergence of a New Cleavage Based on Values", *in West European Politics*, Iss.3, 2010, pp.673-685; Thomas Meyer, "Realitäten und Begriffe. Der Streit um Grenzen und die Sozialdemokratie", *in Neue Gesellschaft/Frankfurter Hefte*, Iss.6, 2019, p.36, p.37; Andreas Reckwitz, Die Gesellschaft der Singularitäten. Zum Strukturwandel der Moderne, Berlin: Suhrkamp Verlag, 2017, pp.2-4.

[2] Uwe Jun, "Parteien und Parteiensystem der Bundesrepublik Deutschland", *in Informationen zur politischen Bildung*,Vol.328, Iss.4, 2015, p.64.

时期，忽视环保议题的重要性，导致绿党的崛起。《哥德斯堡纲领》的出台推动该党转型成为中左翼政党，施罗德时代发表《施罗德－布莱尔文件》，试图推动该党在世纪之交走上社会主义和资本主义之间的第三条道路，进一步转向“政治中间地带”。为降低长期失业率，施罗德自2003年起对福利国家进行大刀阔斧的改革，先后在劳动力市场和社会保障领域推出以“哈茨法案”和“2010议程”为核心的市场自由主义色彩的社会改革措施，削弱了社民党在社会公正议题上树立的传统形象，导致工人及社会底层对其失望和摒弃。[1] 而自21世纪以来，在国际金融危机和欧债危机中，社民党作为参政党支持了基民盟的新自由主义路线和财政紧缩政策，同样被视为背离了社会民主主义原则，向新自由主义妥协让步。社民党向中间靠拢的策略尽管赋予其很强的政治结盟优势，但也导致其与中右翼政党的政治主张日益接近，纲领特色不再清晰，同时也在政治边缘地带留下代表性真空，为边缘小党的发展提供了空间。

2. 调和路线将自身拖入参政困境

作为广泛社会阶层的政治代表，社民党自觉发挥政治稳定锚的作用，承担起整体责任，习惯于支持“共识政治”，在公众沟通、妥协和政治调和方面发挥作用，谋求形成社会共识。社民党多次作为执政小伙伴参与执政，而大联合政府恰恰成为社民党难以打破的两难困境和“魔咒”，即越是参与执政，发挥政治影响力，民调和选举结果越差，对本党的损害越大。在大联合政府中，社民党始终无法走出基民盟的阴影，公众对其感知度偏低，将政绩功劳更多记在基民盟名下，或是转向支持在野党。由此，是否应当参与大联合政府也在党内引发持久争议。事实上，在数次大联合政府中，社民党成功推动了法定最低工资标准等一系列保护劳工权益的社会政策，但均未能将这些政绩转化为本党的红利。在2017年大选失利后，尽管社民党第一时间宣布不再参与大联合政府，但仍在基民盟陷入组阁僵局，且对其政策诉求和部长职位安排作出较大让步的情况下，

---

[1] 参见伍慧萍:《欧洲社会民主政党的生存现状与发展前景：从整体低迷到初现起色》,《当代世界》2019年第2期。

出于稳定德国政局的考虑再度参与执政。

3. 派系权力斗争影响内部团结

从以往经历看，社民党一直难以有效抑制内部的离心力、派系争斗和批评争议[1]，像20世纪六七十年代社民党总理勃兰特、施密特和议会党团主席维纳尔那样默契配合的局面在党内历史上不多见，领导层时常公开陷入个人矛盾，导致高层人事更迭频繁，给该党带来较大负面影响。施罗德时期，以党主席拉方丹为代表的“传统派”和以总理施罗德为核心的“改革派”围绕社会改革展开派系斗争，直接导致内部分裂，部分左翼高层和党员退党后成立劳动与社会公正选举联盟（WASG），并在拉方丹的推动下于2007年与东部民社党合并成立全德范围内的左翼党，成为左翼阵营的有力竞争对手。2018年，舒尔茨和加布里尔之间的内斗同样导致两败俱伤。

此外，除了党章中规定的委员会以及工作团体之外，社民党内部传统上存在一些非正式的派系团体，其中最有影响力的派系有偏右翼保守的“泽海姆团体（Seeheimer Kreis）”、由议员组成的偏左翼的“议会左翼团体（Parlamentarische Linke）”、由主张走改革路线的年轻议员组成的“网络派团体（Netzwerker）”，以及主要由议会外党员组成的“民主左翼21论坛（DL21）”。这些团体内的成员往往在党内重大问题上形成一致立场，其存在也一定程度上加深了内耗。

4. 领导层缺乏政治威信和稳定性

社民党领导联邦政府的20年间共推出3位总理，而基民盟领导政府52年间仅有5位总理，后者多为在党内拥有较高政治威信和影响力的政坛“常青树”，平均执政时间在欧洲国家较长。其中，阿登纳执政14年，担任党主席16年；科尔执政16年，担任党主席25年；默克尔执政16年，担任党主席18年。反观社民党，尽管也曾出现过倍倍尔和勃兰特这样的魅力型领袖，但在党内能够保持持久影响力的领导人较少。在科尔担任基民盟主席期间，社民党前后出

[1] Jürgen Kocka, “Eine historische Perspektive. Die gegenwärtige Krise der Sozialdemokratie”, *in Neue Gesellschaft/Frankfurter Hefte*, Iss.12, 2019, p.6, p.7.

现5位基民盟主席和多位总理候选人，默克尔担任基民盟主席期间，社民党更换过9位党主席。基民盟大多集党主席和总理候选人职务于一身，以彰显党内团结，而社民党内这两重职务时常分开，高层人事缺乏稳定性。例如，2021年的总理候选人奥拉夫·朔尔茨（Olaf Scholz）就在2019年的党主席选举中落败，且在财经政策上与现任双主席存在原则性分歧。此外，政党政治的职业化、精英化和高学历化趋势，也导致社民党的中高层政要、顾问和干部"不接地气"，较少接触基层群众，脱离生产生活实践。

四、社民党的应对举措

面对党内外关于纲领和方向迷失的批评之声，社民党自2009年大选失利以来，着力从核心特色、纲领内涵、组织结构和社会参与等方面实施改革。2017年大选失利后，社民党加速了对路线方向的反思和政策应对，2019年的高层换届折射了这一调整进程，在2021年竞选纲领中又进一步细化相关方案设想，努力凸显本党与其他政党尤其是基民盟的差别，希望由此改善政治动员能力，增强公众对本党的认知和接受度。

（一）重拾核心议题，强化社会公正传统

作为左翼政党，社民党的传统核心议题是通过劳工权益、分配正义和社会领域的可持续性来"驯服"资本主义。十余年来，该党致力于强化传统特色，将社会公正议题确立为优先政治议程，以重新争取中低收入阶层的信任，修复施罗德时期劳动力市场改革的后续负面影响。在社会福利、养老、劳动力市场、税收、教育、护理等政策领域，该党持续为弱势群体推出旨在实现新的平等权益诉求的政策，并促成政策落地。正是在社民党的大力推动下，德国引入了最低工作标准和基本养老金制度。在2021年竞选纲领中，该党又提出众多社会权益诉求，包括将最低工资标准提高至每小时12欧元，将"哈茨四"失业金改为"公民福利金"以提供更高水平的基本保障，扩建免费的托儿所、全日制中小学

等基础设施，加强对劳务工的政策监管，提高子女补贴金。

（二）充实纲领内涵，寻找时代机遇

社民党希望顺应经济社会新形势和时代要求，对其现有纲领内容进行相应的调整，在《汉堡纲领》中就已经明确了这一思路，而在 2021 年的竞选纲领中，更是注重结合时代议题，明确突出了数字化、社会、碳中和等任务和挑战。目前，社民党重点聚焦三大议题领域提出自身的创新政策主张。第一，资本主义批判与替代方案。面对资本主义的危机症状和贫富分化问题，社民党就所有制、社会福利等政策领域提出各种批判、革新和替代方案，并拿出具体的政策主张。例如，柏林社民党在执政期间出台有关房租上限的规定，以抑制大城市房租上涨的势头；社民党青年组织前党主席凯文·屈纳特（Kevin Kühnert）主张将宝马等大企业集团和大型房地产企业国有化。第二，数字化转型。社民党持续就“数字资本主义”和“劳动 4.0”展开深入研讨，探讨其对于工作世界和劳工权利保护等本党核心议题带来的影响并提出具体应对建议。例如，要求在企业数字化建设中保障职员的参与决策权。第三，气候保护。该党希望弥补在环保议题上的短板，2021 年竞选纲领中提出不少具体要求。例如，主张 2030 年前实现至少 1500 万辆电动汽车上路，2040 年前以可再生能源覆盖德国所有能源需求，高速公路限速 130 公里 / 小时。

（三）增强党内民主参与，创新组织形式

社民党近年来在政党组织建设方面重视创新组织形式，增加党员参与决策的直接民主程序，在重要的党内人事和政治事务中赋予普通党员更多权利。其主要目标，一方面在于强化高层决策的民主合法性，解决党内对于相关决策的纷争，另一方面在于创造民主参与的文化氛围，调动基层积极性，增强凝聚力。具体创新举措包括：第一，重要人事决定采取党内初选。在党主席、总理候选人等重要人事的推举上，候选人需要得到若干基层和联邦州党组织的支持方可获得提名，并需要在全国各地举行的地区大会上亮相拉票，与党员展开充分讨

论，然后通过全体党员的初选程序产生最终人选。2019 年，该党历史上首次诞生兼顾性别平等的双主席，经过数月竞选，最终通过初选的形式，由普通党员投票表决产生。第二，重大事务决策征求普通党员意见。2013 年和 2017 年，社民党两度采取党员问询的形式，由基层党员共同决定是否与基民盟组成联合政府，收到良好效果。在 2013 年的党员问询中，近 78% 的党员参加了问询，其中近 76% 对联合执政投了赞成票，有效平息了党内对于这一问题的争议。[1] 第三，推动党内数字化建设。该党将数字化手段运用到政党工作的所有领域，从选举程序到意见征询，以此提高相关决策的效率和透明度。

（四）促进社会参与，提高民众接受度

近年来，社民党日益寻求将直接民主原则从党内拓展到广大民众，实现某种意义上向非党员的开放。该党各级组织机构，尤其是地方和基层组织积极挖掘公民对话渠道，针对社会各界精心设计目标群体，组织定期或不定期、线上或线下的公民对话、论坛以及讨论会，商谈民众关切的问题，或者问计于民，邀请非党员为本党在竞选纲领或者是市政建设方面出谋划策，甚至为此设立专门的协调机构，以期由此夯实社会基础，更积极参与社会进程，促进民众对于本党的了解和接受度，提高本党的民众认可度以及对非党员的吸引力，与包括民粹政党和社会运动在内的各类政治力量争夺公众舆论的主导权。

五、结语

面对长期低迷的状况，社民党一段时间以来采取了各种危机应对措施，也收到一定成效。2021 年是德国的“超级选举年”，除最终取消了州选计划的图林根州，德国总共举行了一次联邦议院选举和五次州议会选举。在 3 月 14 日的

[1] Uwe Jun, “Parteien und Parteiensystem der Bundesrepublik Deutschland”, *in Informationen zur politischen Bildung*, Vol.328, Iss.4, 2015, p.70.

莱法州议会选举中，社民党以 35.7% 的得票率领先基民盟八个百分点胜出，而在 9 月联邦大选前一个月时间里，社民党更是突然一改颓势奋起直追，最终以 1.6% 的微弱优势跃升为得票率最高的政党。这一表现在很大程度上与联盟党、绿党候选人的失误以及社民党候选人肖尔茨发挥稳定有关。不过，社民党仍旧面临两个结构性问题，一方面，对于纲领发展的方向性问题，是彻底回归社会公正的传统核心特色，还是延续“共识政治”和政治妥协路线，党内仍旧存在较大分歧，而党内对于若干新主张，包括大型企业国有化、富人税、全民基本收入等，同样存在较大争议；另一方面，党内民主参与形式的增加并未迅速带来更多的直接参与，不少党内初选的参与度不够，普通党员对于重大事务上的参与热情尚未得到充分调动。

当前，西方资本主义社会加速进入后工业化、全球化和信息化时代，面临全新挑战和难题，包括福利国家分配冲突的加剧，劳动世界的结构转型，数据保护、网络安全和大型互联网企业的监管，气候保护目标的实现压力等，均迫切要求各大政党拿出调整和应对方案。如何在传统与改革、自由与安全、开放与封闭之间寻找恰当的定位与平衡，既保留自身在特色议题上的传承，又抓住时代机遇、因应时代变局、挖掘和充实纲领内涵、在激烈的政党竞争中彰显独特价值，是摆在社民党这样的百年大党面前的世纪挑战。

（原文刊载于《当代世界与社会主义》2021 年第 5 期）

桂森林 南京财经大学马克思主义学院

陈金祥 中共中央对外联络部当代世界研究中心

瑞典左翼党百年社会主义理论与实践探索的特点分析[1]

瑞典左翼党成立于 1917 年，作为一个拥有百余年历史的社会主义政党，其社会主义实践随着时代与形势的变化而不断演进，但一些核心理念则始终被坚守着。梳理和分析该党围绕实现社会主义目标所提出的理论主张及进行的实践探索，对于我们正确把握其百年社会主义的发展历程，加深对当前世界社会主义运动的理解具有重要意义。

一、瑞典左翼党对于社会主义理论的探索

瑞典左翼党原名为瑞典社会民主左翼党，1921 年改称瑞典共产党，1967 年改名为瑞典左翼党（共产党人），1990 年更名为瑞典左翼党。[2] 百余年来，该党

[1] 本文系 2020 年度江苏省社会科学基金项目“马克思主义在高校意识形态工作中指导地位的根本制度建设”（项目编号：20MLC005）和北京高校中国特色社会主义理论研究协同创新中心（北京外国语大学）项目的阶段性成果。

[2] 参见钟清清主编：《世界政党大全》，贵州教育出版社 1994 年版，第 407 页。

在社会主义探索过程中，不断调整理论主张，形成了自身的特色。

（一）坚持社会主义目标、拓展社会主义内涵

瑞典左翼党自成立起就一直坚信，社会主义是比资本主义更加优越的社会制度，并多次在党的重要纲领性文件中进行阐述。1961 年，瑞典左翼党十九大报告强调，“我党的目标是社会主义在瑞典的胜利”，而“一个社会主义社会只能在劳动人民完全掌握了国家政权并把最重要的生产资料归社会所有之后才能建立起来”。[1]1981 年，瑞典左翼党二十六大报告指出，当时出现的危机是资本主义的危机，要克服这一危机，就要“寻求社会主义的解决办法”。强调资本主义的各种矛盾必然导致社会主义的建立，“社会主义的出现造就了抗衡帝国主义的力量，促进了全世界人民的解放斗争”。党的目标是“领导工人阶级和人民通过斗争战胜资本主义，建立一个无阶级的社会”。1987 年，瑞典左翼党二十八大纲领明确表示，“党为之而奋斗的是一个社会主义社会”，但“社会主义的实现是一个世界范围内的发展进程，而我们仍处于开始阶段”。[2]

第二次世界大战后特别是 20 世纪七八十年代以来，瑞典左翼党逐渐将社会主义的内涵向民主、人权、环保、女权等维度拓展。

第一，认为只有通过扩大民主的斗争、争取民主全面发展和完善的斗争，才能达到社会主义的目标。瑞典左翼党十九大提出，“没有民主的社会主义是不存在的”，“社会主义能够完全实现民主的理想，只有社会主义才能完全实现人的政治、法律、经济和社会的平等的思想”，“争取民主的斗争也就是争取社会主义胜利的斗争”。[3] 瑞典左翼党认为，扩大民主的斗争将会提高工人阶级的觉

[1]《芬兰共产党第十三次代表大会、瑞典共产党第十九次代表大会、挪威共产党第十次代表大会文件》，世界知识出版社 1962 年版，第 129、167—168 页。

[2] 吴彬康等主编：《八十年代世界共产党代表大会重要文件选编》（下卷），中国广播电视出版社 1989 年版，第 57、61、62、63、79、86 页。

[3]《芬兰共产党第十三次代表大会、瑞典共产党第十九次代表大会、挪威共产党第十次代表大会文件》，世界知识出版社 1962 年版，第 125、126 页。

悟和社会斗争的水平，只会削弱而非加强改良主义的倾向。“社会主义既是民主斗争的必然结果，亦是人民政权的必要基础”，“只有社会主义才能使民主得到充分发扬”。[1]

第二，认为只有通过有组织的社会运动，为解放和公正而斗争才能实现人权。瑞典左翼党认为，自人类诞生以来，就存在着争取更加美好、更加平等的生活的斗争，正是这种不屈不挠的斗争捍卫着人权；尊重人权应当是所有政治活动的基础；人权作为一种进步的社会运动，也与反对种族主义、保护少数民族利益、尊重同等的性权利联系在一起。冷战结束后，瑞典左翼党在人权问题上大力强调政治与社会权利，突出自由、民主、公开、言论与结社权，抵制专制、歧视与虐待等一切反人权行径，呼吁要加大对妇女、儿童的国际保护。

第三，认为环境问题是资本主义所造成的，社会主义可以解决这一问题。20 世纪 50 年代，瑞典左翼党将生态环境问题纳入政治视野中。近年来，保护环境已成为“该党选举纲领中提及次数最多的三个议题”之一。[2] 在该党看来，“资本主义对大自然和人类的洗劫必须由民主的计划经济和为社会服务的生产取而代之”[3]。环境问题从根本上说是社会问题，需要通过政治途径解决。瑞典左翼党表示，要以人类生存的可持续性为导向，重塑社会各个领域，建设一个生态可持续发展的社会。2012 年，瑞典左翼党三十九大党纲更是将自身定位为一个基于生态考量的社会主义和女权主义政党。

第四，从阶级社会的不平等、性别差异所产生的不公正现象出发，将女权主义引入社会主义范畴中。2004 年，瑞典左翼党在三十五大党纲中自称是一个社会主义和女权主义的党，党长期以来是工人运动及妇女运动的一部分。该党将基于人人平等信念的社会主义和女权主义视为自己思想体系的一部分，坚信

---

[1] 吴彬康等主编:《八十年代世界共产党代表大会重要文件选编》(下卷)，中国广播电视出版社 1989 年版，第 60 页。

[2] 参见王聪聪:《试析北欧左翼政党的“绿色转向”》，《欧洲研究》2014 年第 2 期。

[3] 吴彬康等主编:《八十年代世界共产党代表大会重要文件选编》(下卷)，中国广播电视出版社 1989 年版，第 58 页。

人人都有创造力，把女性和男性看作独立的、有思想的个体，强调应把瑞典建成一个没有阶级、性别和种族压迫的社会。瑞典左翼党在2010年竞选纲领中强调它是瑞典社会唯一的女权主义政党，提出要打破男尊女卑的权力结构，尤其要改变资本主义社会中男女权力关系不平等的根本结构，缩小社会差别，扩大男女在社会生活各领域的平等，实现同工同酬，争取妇女全日制固定工作的权利。

（二）维护世界和平与安全

瑞典左翼党在1957年的十八大就定下基调，强调和平是“我们时代的最重要的问题”[1]，只有世界共产主义具有维护和平的权威和力量。其基本主张为：第一，重点阐释社会主义与资本主义的不同和平观。瑞典左翼党十九大提出，和平是社会主义的盟友，是党的盟友；和平使走向社会主义之路更顺畅、更稳妥、更迅捷；害怕和平与一贯反对和平的是资本主义；当前国际和平与战争的力量对比发生了有利于和平的变化，因此制止一次新的世界大战的可能性是存在的。瑞典左翼党也认识到，和平不会自动到来，需要社会主义阵营和资本主义、殖民地的和平力量共同进行坚决的努力。[2]

第二，明确社会主义在维护和平中的任务与使命。瑞典左翼党二十六大、二十八大为此表示，在其所面临的一切严重问题中，“关于和平与裁军的问题最为重要”；现有的核武器可以使人类遭到许多次毁灭，所以必须销毁和禁止一切核武器，必须解散一切军事同盟，确保北欧成为一个无核区，实现欧洲的缓和，把欧洲从美帝国主义的束缚下解脱出来。[3]冷战结束后特别是21世纪以来，瑞典左翼党一方面认为冷战结束意味着两个超级大国之间的核武器冲突的严重

---

[1]《北欧四国共产党论当前形势和党的任务》，世界知识出版社1958年版，第125页。

[2] 参见《芬兰共产党第十三次代表大会、瑞典共产党第十九次代表大会、挪威共产党第十次代表大会文件》，世界知识出版社1962年版，第117、175、176页。

[3] 参见吴彬康等主编：《八十年代世界共产党代表大会重要文件选编》（下卷），中国广播电视出版社1989年版，第55、90页。

威胁已不复存在，因此反对北约扩大以及欧盟的军事化，要求国际社会全面禁止各种形式的杀伤性武器和普遍裁军；另一方面更关注非传统安全问题，认为全球气候变暖、全球贫困、大规模传染病流行、全球难民潮等对世界的影响日益增大，应将这些问题放到全球可持续发展的层面来综合考虑和应对，联合国等多边机制应发挥重要协调作用。

（三）坚持和平过渡道路

在西方国家共产党中，瑞典左翼党是较早倡导走社会主义和平过渡道路的党。早在 1944 年的十二大上，瑞典左翼党就支持瑞典社会民主党关于瑞典可以通过和平、民主和议会道路过渡到社会主义的立场。1946 年，时任瑞典左翼党主席斯汶·林德路特（Sven Lindreuth）首次提出了走向社会主义的“瑞典道路”[1]，即通过议会选举方式和平过渡到社会主义。瑞典左翼党十九大纲领重申“我国的社会主义变革将通过和平的形式进行”，认为“马克思列宁主义关于社会主义革命形式的理论也从未排除和平过渡的可能性”。在瑞典，“不通过内战而将政权转入劳动人民手中和把最重要的生产资料转归人民所有的客观条件也是存在的”。[2] 瑞典左翼党二十八大对向社会主义和平过渡的思想作了清晰的阐述，认为向社会主义过渡的形式千变万化，在资产阶级不运用暴力来维护其特权的情况下，通过和平手段进行变革符合广大人民的利益。变革必须以广大人民的公开支持为基础。政变和不民主的手段与社会革命的含义和目的背道而驰。一场和平的、民主的社会变革的实现要靠大多数人的拥护。在瑞典，人民已经获得民主自由和权利，这些权利有助于开展争取社会变革的斗争和动员。一场社会主义的变革要代表人民在自由选举中所表达的意愿，要在尊重所有的人，也包

[1] 参见钟清清主编:《各国共产党总览》，当代世界出版社 2000 年版，第 843 页。

[2]《芬兰共产党第十三次代表大会、瑞典共产党第十九次代表大会、挪威共产党第十次代表大会文件》，世界知识出版社 1962 年版，第 141、143 页。

括反对派的平等自由和权利的情况下去进行，要赢得人民的支持。[1] 在瑞典左翼党看来，其社会变革就是要团结瑞典社会民主党等进步力量，通过选举获得议会多数来建立人民政权，由此而推行社会主义的政策和举措。

（四）主张无产阶级国际主义

20 世纪 30 年代，瑞典左翼党就提出坚持无产阶级国际主义。在 20 世纪五六十年代的党代会中，瑞典左翼党均强调，把它与世界各国共产党联结在一起的纽带就是马克思列宁主义的共同思想和无产阶级国际主义，要遵循无产阶级国际主义原则，保持同所有国家中的社会主义战士的亲密关系，支持所有国家中为和平、民主和社会主义而斗争的人们。在 70 年代，该党重点批评造成社会主义阵营分裂的“大国思想和民族主义”，认为国际共产主义运动用以反对民族主义和沙文主义的武器就是无产阶级国际主义。瑞典左翼党二十六大对无产阶级国际主义作了相对系统、详尽的阐述，表达了四层含义：一是无产阶级国际主义是反帝斗争的强有力武器，它意味着在行动上积极支持和声援其他国家的阶级兄弟，同时还意味着绝对尊重每一个国家在没有任何干涉的情况下，保持政策、战略和策略的独立性与主权。二是真正的无产阶级国际主义同自由和公开的辩论、同志式的批评丝毫不相矛盾。这种公开辩论十分必要，对于社会主义发展的讨论具有积极意义。三是没有哪个党享有比其他党特殊的地位。一旦出现这种情况，那就背离了无产阶级国际主义的真实内容，将会破坏国际团结，这是该党坚决反对的。四是有义务对违背社会主义原则、破坏社会主义发展的现象进行批判。瑞典左翼党认为自己不仅是瑞典工人阶级的一部分，也是世界范围内争取社会主义运动的一部分，因而它对国际社会主义事业的发展也负有责任。[2] 但是，随着国内外形势的变化特别是党自身转型的需要，瑞典左

---

[1] 参见吴彬康等主编:《八十年代世界共产党代表大会重要文件选编》（下卷），中国广播电视出版社 1989 年版，第 86 页。

[2] 参见吴彬康等主编:《八十年代世界共产党代表大会重要文件选编》（下卷），中国广播电视出版社 1989 年版，第 54、62 页。

翼党自1993年的三十大起不再提及无产阶级国际主义。

（五）强调共产党是推动瑞典社会主义的重要力量

第一，强调在瑞典推进社会主义，不能没有共产党的存在和影响。20世纪50年代，瑞典左翼党对自身职能作了如下定位：该党是重新使马克思主义成为工人阶级指路明灯的党，是一个维护阶级斗争和无产阶级国际主义精神的党，是一个能够正确指导工人阶级开展革命斗争的党，也是一个为了维护劳动者利益而走在社会运动最前列的党。到60年代，瑞典左翼党强调，“我们的共产党是一个瑞典的政党，它在全部活动中都感到对瑞典的工人阶级的责任”[1]，是一个积极而模范地为劳动人民的利益而斗争并加强在民众中的威信的群众性政党，也是一个致力于在更大范围内对瑞典的政治决定显示自身影响的进步政党，认为“共产党在瑞典工人阶级中有着深远的基础，因此就担负着引导向正确方向发展的重大责任”[2]。瑞典左翼党在80年代的二十六大和二十八上，重申党是工人阶级和群众性政党的定位，强调“左翼党是瑞典政治上的社会主义选择”[3]，党的斗争使命是实现社会主义。

第二，强调在探索社会主义征程中，共产党要加强历练和自身建设。这主要体现在：一是注重思想理论的学习。要加强对马克思主义理论和国内外形势的研究，强调“研究就是学习”，既要学习他人的经验，也要总结自身实践。该党在80年代还强调要加强社会主义的教育，在工人运动中普及科学社会主义理论的学习，以改变在瑞典社会的意识形态中资产阶级占统治地位的状况。冷战后，该党更为强调马克思主义是了解和改造世界的方法。二是加强党的建设。

[1]《芬兰共产党第十三次代表大会、瑞典共产党第十九次代表大会、挪威共产党第十次代表大会文件》，世界知识出版社1962年版，第129页。

[2]《芬兰共产党第十三次代表大会、瑞典共产党第十九次代表大会、挪威共产党第十次代表大会文件》，世界知识出版社1962年版，第139页。

[3] 吴彬康等主编：《八十年代世界共产党代表大会重要文件选编》（下卷），中国广播电视出版社1989年版，第74页。

注重扩大党的社会基础，积极做青年、妇女、工会群体的工作，大力增加新党员；努力发扬党内民主，鼓励全体党员积极参与党内民主生活；净化党内政治生态，提倡党内批评与自我批评，不断改进党的工作，不允许党内存在宗派活动，维护党的团结统一。三是要积极探索工作的方法与途径。较长时期以来，该党都提出要把劳动场所作为日常斗争的最重要战场，认为劳动场所是阶级斗争的中心，共产党人不能为了等待明天决定性的战斗而置身于今天小型的斗争之外；要积极依靠工会这个最重要的阶级组织，把社会主义融入工人运动中；要加强对党组织的政治领导，上级要进行经常性的政治指导，并重视发挥地方党组织的战斗力。

二、瑞典左翼党社会主义实施方式与路径的政策演进

在上述思想理论的指引下，瑞典左翼党在实践中努力推进其社会主义理论和目标，并为此进行了长期不懈的斗争。

（一）积极开展改善劳动者工作生活条件和推进福利国家建设的斗争

瑞典左翼党自成立以来，一直致力于通过改善劳动者工作条件、提高其生活水平来推进社会主义。早在20世纪初，该党就对法定劳动时间、各种假期、义务疾病保险、有关养老金改革与法案的通过发挥了重要作用。1952年，该党向议会提交了缩短工时的提案，并在1958年通过了每周工作45小时的法律。该党在50年代率先提出每周五天工作制的倡议，并为此进行了不懈斗争，最终于1971年实现目标。第二次世界大战后，该党致力于扩大经济民主，通过结构改革来实现社会主义，在政治活动中大力支持执政的瑞典社会民主党政府推行基金社会主义、职能社会主义的政策实践，同时进一步推动完善瑞典福利国家制度的斗争。自80年代至今，瑞典左翼党致力于开展一系列的经济斗争，包括阻止公开部门的商业化与抵制裁减政策，发展公共事业，实现就业，改善劳动

条件和居住条件，抵制削减现行福利的政策，遏制数字鸿沟，推动更广泛的经济平等。所有这些，都使该党成为劳动者利益的主要捍卫者之一。

（二）致力于推动联盟与阶级合作，通过参加议会选举的方式发挥政治影响力

瑞典左翼党的阶级合作，主要是同瑞典社会民主党的合作。第二次世界大战后，两党实力差距显著，在 1956 年选举中，瑞典社会民主党的选民数量与议席分别是瑞典左翼党的 9 倍和 21 倍[1]，到 2014 年两党议席之比仍达 5.4 倍。瑞典左翼党要想扩大影响、发挥作用，唯有通过左翼联合才有可能。1985 年，瑞典左翼党主席拉尔斯·韦尔纳（Lars Werner）撰文强调，政治妥协是瑞典左翼党长期战略的一部分。加强与瑞典社会民主党的联盟合作成为该党基本未变的战略。瑞典左翼党时任执委会主席、书记 K. 克维斯特（K. Kevst）在 20 世纪 80 年代末明确表示："我们党并不太大，处在更强大的力量——瑞典社会民主党的范围内，政治现实使得我们必须同瑞典社会民主党进行谈判并力求行动一致。"[2]为此，瑞典左翼党十八大就提出将"保卫社会民主党政府，反对资产阶级联合对它的进攻"视为当时最迫切的任务之一。直到今天，瑞典左翼党尽管屡屡被排挤在组建中左联合政府的名单之外，但依然在议会中支持瑞典社会民主党与环境党组建少数派政府，为的是阻止中右政党联手组阁，推动有利于劳动者权益的政策出台。瑞典左翼党的这种"大局意识"，是其获得部分左翼选民长期支持的一个重要原因。

瑞典左翼党自成立以来一直参加国家大选，其议会选举的成就不断强化了该党在议会框架内通过与瑞典社会民主党的联盟合作来取得国家政权的信念。瑞典左翼党 1921 年首次参选获得 7 个议席，1944 年大选则获得 10.3% 的得票率，是创

---

[1] 参见《北欧四国共产党论当前形势和党的任务》，世界知识出版社 1958 年版，第 148 页。

[2] [瑞典] K. 克维斯特、潘廷永：《瑞典左翼党与社民党在政治生活实践中有接合点吗？》，《当代世界社会主义问题》1990 年第 3 期。

立以来的最好成绩。此后，得票率多在5%左右，1968年下降到3%，为历史最低点。1985年回升至5.4%，1994年上升到6.2%，获得议会349席中的22席。[1]该党在1998、2003、2010、2014、2018年选举中分别获得43、32、19、21、28席。通过议会选举，瑞典左翼党始终得以组建议会党团，该党的议席是中左政权能否建立的重要砝码。

（三）积极参加国际共产主义运动

瑞典左翼党对国际共产主义运动史上的重大事件明确表达立场。20世纪30年代，瑞典左翼党秉持无产阶级国际主义精神，组织瑞典志愿军到西班牙进行反法西斯战斗；五六十年代，声援阿尔及利亚等非洲国家的民族解放斗争；七八十年代，声援尼加拉瓜反独裁统治和南非反种族主义的正义斗争。

瑞典左翼党在国际共产主义运动中总体上采取中立与平衡政策。例如，在国际共运大论战中，瑞典左翼党与北欧其他国家共产党不同，保持中立立场，认为中国和苏联的处境不同，两党两国有不同的策略和主张可以理解，因此不赞成公开批评中国共产党，反对倒向苏共。瑞典左翼党在1963年北欧五国共产党举行的会议上再次对国际共运大论战进行表态，一方面表示在国际共运中可以公开表达意见；另一方面也认为各国共产党应强调团结，搞公开的论战方式不好，一方公开批评另一方，只会离马列主义越来越远。1964年卡尔－亨利克·赫尔曼逊（Carl-Henrik Hermansson）出任主席后，该党在国际共运中更加强调反对霸权主义和独立自主，不接受来自他党或多边“会议声明和文件的约束”。1975年，瑞典左翼党二十四大发表声明，不赞成在当时召开世界共产党会议，认为这“不利于消除分歧”。该党也没有在当时举行的欧洲共产党联席会议所通过的涉及批评中国共产党的共同文件上签字。

瑞典左翼党对苏联及苏共的态度总体上前扬后抑。第二次世界大战前，瑞典左翼党与苏联关系较好，支持苏德互不侵犯条约。苏德战争爆发后，瑞典左

---

[1] 参见钟清清主编:《各国共产党总览》，当代世界出版社2000年版，第844、850页。

翼党积极参与到反法西斯战争中。在50年代，支持苏共二十大对斯大林的评价及和平过渡主张。赫尔曼逊上任后，该党反对苏联控制和干涉的斗争有所发展，取消了该党设在苏联的党校，减少与苏共的往来。对苏联1968年入侵捷克多次进行谴责，表示这是破坏不干涉的基本原则和破坏人民自决权的行为，甚至是违反社会主义准则的罪行，为此还在国内组织示威游行，要求瑞典政府冻结与苏联的关系。1969年，瑞典左翼党不惧怕苏共代表的退场威胁，依然在二十二大上对苏联入侵捷克事件进行谴责。直到80年代中期，该党一直抨击苏联对阿富汗的武装干涉，要求苏联从阿富汗撤军。瑞典左翼党曾对戈尔巴乔夫的改革给予赞扬，并加强了与苏共的往来。对于苏联解体，该党认为这表明了苏联长期所搞的那种“苏联模式”的失败，是苏共在历史上所犯的一系列严重的政治、经济和军事错误积累的后果。

（四）通过参加各种斗争扩大在社会活动中的影响

瑞典左翼党自称是一个行动的党。第二次世界大战后，它积极参与并倡导在各个领域中争取实现政治、经济、社会要求的斗争。自20世纪50年代以来，该党与北欧其他进步力量组织了一系列和平运动，包括和平反战、反对核军备竞赛、反对军事结盟、建立北欧无核区等活动。2003年还参与组织了反对美国发动对伊拉克战争的大规模游行集会活动。瑞典左翼党长期以来与其他左翼进步力量组织五一游行，借此提出该党的各类口号与诉求。1974年的五一游行，瑞典左翼党甚至提出了“打倒资本主义，争取社会主义”的口号。2018年5月，该党与瑞典社会民主党、瑞典共产党[1]等进步力量共同发起了“五一大游行”活动，打出“自由与面包，未来是红色的”“人的价值大于市场价值”“心在左边”等标语，要求维护工人权益、增加育儿妇幼投入、增加对残疾人的拨款，反对遣返阿富汗难民等。同时，瑞典左翼党还经常参与或组织国内的一些集会

[1] 这是1977年2月由瑞典左翼党前主席哈格堡在退党后另立的一个共产党组织，时称瑞典工人党（共产党人），1995年更名为瑞典共产党。

或抗议示威活动，包括实行每天六小时工作制的诉求，抗议政府的财政紧缩政策，反对削减社会福利的斗争等。

三、对瑞典左翼党社会主义探索演变的几点思考

（一）思想与策略的灵活推动瑞典左翼党不断转型，从共产主义政党演变为左翼政党

瑞典左翼党长期保持思想和策略的灵活性与可变性，反对僵化、教条，认为没有任何思想教义不需要补充或修改，党组织的封闭和固化与不断发展变化的客观事物相违背。从这一立场出发，基于对国际共运大论战的反思，该党于1967年二十一大将瑞典共产党改名为“瑞典左翼党（共产党人）”，认为这样可以团结更多的社会主义左翼力量，进而扩大党的基础。苏东剧变时，瑞典左翼党二十九大又一次转向，决定取消党名中的“共产党人”称号，改称左翼党。21世纪初，该党在继续强调它是一个社会主义政党的同时，又重申不再是一个性质单一的党，而成为一个开放、求实、不搞教条的党，致力于吸纳所有社会主义者、共产主义者、左翼人士、环保主义者和女权主义者融入。在生态政治与女权主义思想被整合到其社会主义价值理想中后，该党实现了从所谓“旧政治”到“新政治”的跨越，成为一个左翼力量的“大熔炉”，演变成类似德国左翼党属性的新型政党。因此，当今的瑞典左翼党与20世纪90年代之前相比，已不是真正意义上的共产党。它成了一种多元政治文化的聚合体，社会主义依然是其所有思想和价值理念中的一个标识，并没有被其抛弃，这也是使其基本支持群体能对之保持忠诚的原因之一，从而在一定程度上避免了它像其他共产党那样持续走衰或大起大落。自1968年以来，该党在议会中始终占有一定议席，形成了本党较为稳定的议会党团，在国家政治生活中基本保持二流政党的地位。

（二）在表现出社会民主主义化倾向的同时，又未被瑞典社会民主党同化，保持了自身特色

纵观历史，瑞典左翼党较长时期走社会民主主义化道路，但又未被瑞典社会民主党融化消亡，而保持了自身特色，这是西欧共产党中较罕见的现象。第二次世界大战后，瑞典左翼党在重大方针政策上明显地向瑞典社会民主党靠拢，声称两党有着共同的利益，并支持瑞典社会民主党的主要政策。为了应对中右翼政党的进攻，甚至在必要的时候迁就瑞典社会民主党，对其作出较大妥协。但该党也看到，处理与瑞典社会民主党的关系，应立足于两党联盟合作的基本格局，即社（民党）大共（产党）小。由于瑞典社会民主党的强大，瑞典左翼党确实面临被其同化甚至吃掉的风险。对此，瑞典左翼党领导层较长时期以来头脑相对清醒。在与瑞典社会民主党的联盟合作过程中，强调实行独立自主的政策，并不放弃自认为必要的原则，不是以一成不变的方式处理与瑞典社会民主党的关系，在支持瑞典社会民主党乃至对瑞典社会民主党政府誓以捍卫的同时，也对其进行批评甚至与其进行斗争，但程度上有所节制，是一种“建设性的抨击”。自 20 世纪 80 年代以来，瑞典左翼党秉持相对平衡的立场：既加强同瑞典社会民主党的合作，共同对付右翼势力的进攻；也不混淆同瑞典社会民主党的界限，保持自身独立性。特别是 21 世纪以来，随着瑞典福利国家体制的改革和福利水平的相对下降，以维护传统福利国家和反对福利部门赢利为核心立场的瑞典左翼党，获得了原瑞典社会民主党部分左翼选民的信任与支持。近几十年来，瑞典社会民主党在政策调整特别是在放弃相对“左”的立场以及作为一个传统大党不断走衰的过程中，其流失的选民确有一部分投入了瑞典左翼党的怀抱，这在相当程度上弥补了该党持续分裂、党员队伍流散所造成的损失，与西欧许多共产党的走衰有所不同。

（三）突出和平、民主人权与绿色政治等议题，使瑞典左翼党在对外活动中展现出鲜明个性

瑞典左翼党在本国政坛中，多是通过高举和平、民主、人权与绿色的旗帜来以小博大、吸引眼球，从而在瑞典、北欧获得一定存在感和影响力。该党在60年代初就特别重视和平理事会这一机构的作用，借助这一机制，调动一切追求和平的力量来促进和平与安全。半个多世纪以来，瑞典左翼党为世界和平、可持续发展、反对核武器和核军备竞赛进行了不懈斗争，瑞典在国际和平运动中的广泛性行动都有该党“间接的贡献”。瑞典左翼党虽不是纯粹意义上的环境党，但近几十年来该党的绿色政治也是其得分项，通过高举生态大旗，与其他左翼力量联手，不仅推动诸多环保倡议演化成为政府政策，而且推动环境政治日益个人化并成为民众日常生活的一部分[1]，为此赢得了不少环保主义者的好感与支持。不过，在民主和人权问题上，瑞典左翼党常以“道德法官”自居，在理论上表现出明显的理想主义，在行动上展示出一种激进姿态，尤其对发展中国家的民主人权进行攻击和制裁，以此来提升存在感。

（四）瑞典左翼党曾持续分化分裂，但又能不断吸纳新鲜力量而继续发展

从历史发展来看，瑞典左翼党的力量与影响总体相对稳定，21世纪以来甚至稳中有进。事实上，瑞典左翼党在百年中多次发生分化分裂。该党在初建后的12年中，就曾经历三次分裂。持续的震荡使党的力量从成立时的1.5万人下降到1932年的0.4万人。[2] 第二次世界大战后，瑞典左翼党在社会民主主义

---

[1] Annicaa Kronsell, “Sweden: Setting a Good Example”, in Michael Skou Andersen and Duncan Liefferinck (eds.), *European Environmental Policy: The Pioneers*, Manchester & New York: Manchester University Press, 1997, p.48.

[2] 参见钟清清主编:《各国共产党总览》，当代世界出版社2000年版，第852页。

化以及与瑞典社会民主党合作过程中，也付出了一定代价，主要表现在党内左翼力量在过去几十年中曾持续分离。例如，1956 年党内左翼领导人赛特·佩尔松（Seth Persson）另立瑞典共产主义劳工联盟。波匈事件后，党员队伍减少了1/5。1977 年，哈格堡和党内左派领导人罗尔夫·哈格尔（Rolf Hagel）组建瑞典工人党（共产党人），导致近 2000 名党员从瑞典左翼党流失。[1]

近几十年来，该党从其他左翼政党和组织中吸纳了不少温和力量，特别是瑞典社会民主党、环境党乃至中间党的支持群体。从党员人数来看，至今仍有 1 万多人的力量，排名处于瑞典第三到第六大党之间，是瑞典政坛一支不可忽视的力量。

（原文刊载于《当代世界与社会主义》2021 年第 3 期）

[1] 参见钟清清主编:《各国共产党总览》，当代世界出版社 2000 年版，第 855 页。

张淑兰　山东大学当代社会主义研究所、南亚研究中心

印度国大党的历史转型与现实危机

印度国民大会党（以下简称“国大党”）诞生于1885年，是发展中国家现代政党诞生第一波浪潮[1]中的典型。136年来，国大党经历了五次历史性转型，前四次转型均取得了明显成功，但在目前的第五次转型中遭遇了重大挫折，短时期内还看不到复兴的希望。2020年7月27日，国大党六名高级领导人和六名知名学者举行了关于国大党的专题座谈会，印度尼赫鲁大学资深政党政治专家佐亚·哈桑（Zoya Hasan）指出，国大党“目前的危机是史无前例的，2019年大选失败后迄今没有解决领导人问题更是加重了党的危机”[2]。2021年2月17日，23名国大党高级领导人共同签名并公开发表了给临时主席索尼娅·甘地（Sonia Gandhi）的一封信，声称为了挽救国大党，要求公开选举党的主席和工作委员会。这一事件（“G23事件”）表明，国大党自身出现了严重的问题，陷入了困局。本文聚焦国大党的自身建设，从其历史性转型出发，尝试解读国大党目前的困局。

[1] 发展中国家现代政党的诞生与发展有四个高潮点，即19世纪80年代，20世纪20年代、60年代和90年代。

[2] “Where Does the Congress Go from Here?”, https://search.proquest.com/docview/2427216713?accountid=13813.

一、国大党四次成功的历史性转型

1885年12月28日，英籍印度退休文官、激进自由主义者A.O.休谟（Allan Octavian Hume）与达达拜·瑙罗吉（Dadabhai Naoroji）等印度活动家在孟买创立了国大党，党的成立会议上通过了请求英国政府派皇家委员会调查印度行政管理情况等决议，宣称继续效忠英国统治。之后，国大党一直维持着松散的、俱乐部清谈式的活动方式，在传播民族主义思想、推进民族要求和组织民族力量等方面做了一定的工作，但是其不赞成武装斗争，只要求局部改良，是一个资产阶级改良型政党。20年后，在"亚洲觉醒"时期，国大党于1905年发生了第一次转型。在1906年的年会上，国大党第一次通过了要求印度自治、自产、抵制英货和开展民族教育等决议，实际上是接受了党内激进派领袖巴尔·甘加达尔·提拉克（Bal Gangadhar Tilak）提出的"四点纲领"。国大党由一个资产阶级的改良型政党转型为一个以暴力斗争为主的资产阶级民族革命党。

1920年，国大党开始第二次转型。提拉克去世后，国大党召开加尔各答特别会议，接受了圣雄甘地（Mahatma Gandhi）提出的不合作策略。同年12月，国大党那格浦尔年会正式通过了甘地主持起草的新党章，新党章明确规定，"用一切合法的和平的手段实现司瓦拉吉[1]"。国大党由以暴力斗争为主转变为以非暴力不合作运动为主的资产阶级民族革命党。

国大党第三次转型开始于1935年。1934年英印殖民当局提出《印度政府法草案》，希望印度立法会议讨论并接受这一法案。1934年5月国大党年会决定参加立法会议选举，但对是否组织省政府未作决定。甘地不赞同国大党参加立法会议选举，强调实施建设性纲领，于是退出了国大党。1935年《印度政府法》通过后，国大党参加了选举，在五个省获得了大多数的选票，在四个省获得了

[1] 司瓦拉吉（Swaraj），印地语音译，意为"自主"或"自治"。参见林承节:《印度近现代史》，北京大学出版社1995年版，第472页。

相对多数选票，取得了重大胜利。1936 年国大党年会上，贾瓦哈拉尔·尼赫鲁（Jawaharlal Nehru）在演讲中宣布国大党同意接管七个省并组织省政府。国大党由此转变为非暴力斗争和议会斗争同时并举的资产阶级民主议会党。

1945 年 11 月，印度举行中央立法会议选举，1946 年初举行省立法会议选举。国大党在全国十个省中的八个省组织了省政府。1947 年 8 月 15 日印度独立。1950 年 1 月 26 日印度宪法生效，确立了议会民主制。1951 年 10 月至 1952 年 2 月，印度举行了第一次全国性大选。选举结果是国大党不仅在中央执政，而且掌控了全国各个邦的政权。国大党从此开始第四次转型，由一个资产阶级民主议会党转变为新独立国家的执政党。国大党在中央连续执政到 1977 年，成为这一时期国家的主导性政党。这种一党独大的政党格局一直维持到 1989 年大选，国大党第二次丧失中央政权。1991 年 5 月，拉吉夫·甘地（Rajiv Gandhi）在大选中被刺身亡，国大党第一次由非尼赫鲁－甘地家族的纳拉辛哈·拉奥（Narasimha Rao）担任领袖并出任总理，组织了少数派政府。国大党在第四次转型 39 年后，于 1991 年开始第五次转型，直至现在仍未完成。

国大党之所以能够成功完成前四次转型，首要原因是党的目标、价值观和意识形态一直是与时俱进的。国大党一开始不是一个使命型政党，但是随着民族反抗运动的发展，到 20 世纪初，开始为国家的自治而进行暴力斗争。第一次世界大战结束后，随着甘地的加入并成为领导人，国大党开始为国家的独立而斗争，连续发动了三次大规模“非暴力不合作”运动和 1942 年“退出印度”等政治抗争运动。印度独立后，国大党将社会主义、民主主义、民族主义和世俗主义作为其意识形态的四大支柱。在国大党的推动下，1950 年印度宪法明确写道，要将印度建成“主权的、社会主义的、民主的共和国”，这一点至今未变。由此可见，国大党的前四次转型都是发生在印度历史发展的重要关头或者转折点，国大党也总是能够根据国际形势的发展变化和印度国内形势的发展需要，提出国家和人民需要的奋斗目标、价值观和意识形态。

其次，有魅力型杰出领导人带领。第一次历史转型归功于激进民主主义者领导人提拉克及其提出的“四点纲领”。第二次成功转型归功于甘地及其提出的非暴力不合作策略。第三次和第四次转型的杰出领导人是民族资产阶级代表尼赫鲁，他同时是国大党内左翼的精神领袖。国大党的第四次转型长达39年。1964年尼赫鲁去世之后，国大党内部发生激烈的权力斗争，直到1971年英迪拉·甘地（Indira Gandhi）在大选中获胜。她通过激进的国有化运动和民族主义使国大党成功渡过了这一次危机。1980年英迪拉再次赢得大选，担任印度总理。1984年英迪拉被暗杀，为她的儿子拉吉夫在1985年大选中赢得了大量同情选票，拉吉夫成功继任国大党主席和印度总理。自此到1991年拉吉夫被刺身亡，国大党才开始第五次转型。

再次，有人民群众的广泛支持推动。尼赫鲁在1957年发表演讲阐述了什么是国大党："它不是选出来的某一群人，而是有组织的群众力量。它不是脱离人民的东西。它属于你们所有人。"[1]国大党在成立大会上宣布，其中心使命是以民族团结的感情代替种姓、宗教信仰和地方偏见的分裂因素，以促使整个印度民族得到进步发展。这为国大党奠定了世俗主义和强调印度民族大团结的基调。[2]此后，"国大党在印度争取独立斗争中的英勇表现使其获得了合法性支持"[3]。独立后，当所有印度人都享有参与政治活动的资格后，国大党就把这种在印度人民中间的呼声转变为在议会中的成功。执政初期，国大党充分听取不同社会群体、不同领域人士、不同派别的意见，实行包容性的发展政策，使其执政地位具有了可持续性。百年间，国大党紧密联系群众，长期领导本国民族民主斗争，顺应历史潮流，才得以完成四次历史性转型。

最后，日益完善的组织体系及其有效运行为成功转型提供了有力保障。"国大党在领导独立运动中的重要作用以及该党广泛的社会背景，帮助其获得了主导性的优势地位，但是国大党能够持续维持这一地位还十分依赖于它的政党组

[1] Piyanat Soikham, "Revisiting a Dominant Party: Normative Dynamics of the Indian National Congress", in *Asian Journal of Comparative Politics*, Vol.4, No.1, 2019, p.32.

[2] 参见林承节:《国别史系列：印度史（修订本）》，人民出版社2014年版，第255页。

[3] Piyanat Soikham, "Revisiting a Dominant Party: Normative Dynamics of the Indian National Congress", in *Asian Journal of Comparative Politics*, Vol.4, No.1, 2019, p.27.

织的有效运行。”[1] 在第二次转型期间，甘地对国大党进行了民主改革，实行党内民主，给予有能力的基层工作者获得晋升的机会。国大党的组织机构逐步完善起来，分为中央、邦、县和基层四级党组织，中央组织机构包括党主席、工作委员会、全国代表大会、全印国大党委员会等，各级委员会及其任职人员的每届任期通常为五年，连续任职不得超过两届。党主席通过邦委员会不记名投票产生，获得超过 50% 选票的候选人才可以担任党主席。正是通过遍布全国的各级党组织以及功能相对完善的组织结构体系，国大党实现了内部的权力制衡，解决了内部分歧，从而保持了组织内部的一致性。[2]

二、国大党第五次转型遭遇的挫折

国大党从 1991 年开始第五次转型，目前却陷入严重危机，短期内仍然看不到完成转型的曙光，具体表现如下。

首先，国大党全国性政权和议会第一大党地位长期丧失。自 1996 年大选以来，国大党只有在 2004 年和 2009 年大选中以联合政府的形式上台执政，其余时间都不是执政党。在议会中，国大党在 1952—1962 年的三次大选中均赢得议席总数的 70% 以上，1967 年大选中下降到 54%，1977 年大选中减至 28%，首次丧失了第一大党的地位。在 1980—1991 年的三次大选中，国大党重回第一，但在 1996—1999 年的三次大选中均再失第一位。国大党在 2004 年和 2009 年大选中重回第一，但在 2014 年和 2019 年大选中均跌至 10% 以下，达到历史新低，连官方反对党的资格都没有获得。由此可见，自 1996 年至今的 2/3 时间里，国

---

[1] James Manor, "Parties and the Party System", in Atul Kohli (ed.), *India's Democracy: An Analysis of Changing State-Society Relations*, Princeton: Princeton University, 1990, p.66.

[2] Thiven Reddy, "The Congress Party Model: South Africa's African National Congress (ANC) and India's Indian National Congress (INC) as Dominant Parties", in *African and Asian Studies*, Vol.4, No.3, 2005, pp.294-295.

大党在印度政治中居次要地位。[1]

其次，国大党地方性政权颠覆性丧失。到 1989 年前夕，国大党在全国超过半数的邦中保持着执政地位。但是，在 1994 年的邦立法院选举中，国大党失去了安德拉邦、卡纳塔克邦、果阿邦和旁遮普邦的政权。1996 年全国大选后，国大党又失去了北方邦、比哈尔邦和奥德萨邦。这些邦再也没有回到国大党的手中。进入 21 世纪，国大党只在几个邦（包括边陲小邦）单独或联合执政。

最后，国大党民众基础全方位流失。哈桑指出，“国大党曾经声称代表国家，但现在不代表任何人，中产阶级和有抱负的阶级不能再与国大党产生共鸣，穆斯林、贱民和原住民现在也转而支持地方性政党”[2]。“今天的国大党既不是穷人和下层阶级的政党，也不是中产阶级的政党。”[3] 其实，国大党流失的不仅仅是中下层民众，还有上层人士的信任和支持。

从阶级构成看，国大党没有获得城乡中产阶级的支持。城乡中产阶级在印度的政治舞台上越来越活跃，在 2009 年、2014 年、2019 年三次大选中，其投票率分别是 60%、69% 和 69%，不仅是每次投票群体中占比最高的，而且超出了三次大选的总平均数。[4] 但是，国大党在这一群体中获得的投票率却呈整体下降的趋势。1996 年大选中，国大党获得的中产阶级投票率为 28%，1999 年下降为 27%，2004 年短暂上升至 30%，随后开始一路下滑，2009 年为 29%、2014

[1] 张淑兰：《印度独立以来左翼政党的政治地位评析》，《当代世界社会主义问题》2019 年第 3 期。

[2] "The INC Appraisal: Can the Congress Find Its All-India Relevance Again?", https://www.epw.in/engage/article/inc-appraisal-can-congress-find-its-all-india.

[3] Suhas Palshikar, "Congress in the Times of the Post-congress Era, Surviving sans Politics",in *Economic & Political Weekly*, Vol.50, No.19, 2015, p.44.

[4] Christophe Jaffrelot, "Class and Caste in the 2019 Indian Election-Why Have so Many Poor Started Voting for Modi?", in *Studies in Indian Politics*,Vol.7, No.2, 2019, p.150.

年为 20% 和 2019 年为 21%。[1]

从阶层构成看，国大党同时失去了社会弱势群体和高种姓的支持。印度的社会弱势群体包括山地民、贱民、表列部落、表列种姓、穆斯林和基督徒，他们都曾经是国大党的选票库。然而，1991—2014 年，国大党的得票率在表列种姓中由 39% 跌到 19%，在表列部落中由 45% 降到了 28%，在其他落后种姓中由 32% 下降到 15%，只有穆斯林对国大党的支持率保持在相对稳定的 38%。[2] 但是在 2019 年的大选中，穆斯林对国大党的支持率也降低到了 33%。[3] 与此同时，国大党在高种姓中的支持率也在降低。1991—1999 年，国大党在高种姓选民中的支持率从 36% 暴跌至 16%，在 2004 年回升至 21%、2009 年回升到 26%，但在 2014 年下跌至 12%，2019 年持平在 12%。[4]

从年龄结构上看，国大党没有获得年轻人的支持。1967 年大选中，25 岁以下的年轻人对国大党的支持率比国大党获得的整体选票率少了 7%[5]，国大党的主导地位开始受到挑战。2009—2014 年，国大党在 23—35 岁、35—55 岁的选民中的得票率从 28% 分别下降到 20% 和 19%，在 56 岁以上选民中的得

---

[1] 1996–2014 年的数据来自 Suhas Palshikar,"Congress in the Times of the Post-Congress Era, Surviving sans Politics", in *Economic & Political Weekly*, Vol.50, No.19, 2015, p.42；2019 年的数据来自 Christophe Jaffrelot, "Class and Caste in the 2019 Indian Election: Why Have so Many Poor Started Voting for Modi?", in *Studies in Indian Politics*, Vol.7, No.2, 2019, p.151。

[2] Adnan Farooqui and E.Sridharan,"Can Umbrella Parties Survive? The Decline of the Indian National Congress", in *Commonwealth & Comparative Politics*, Vol.54, No.3, 2016, p.353.

[3] Christophe Jaffrelot, "Class and Caste in the 2019 Indian Election: Why Have so Many Poor Started Voting for Modi?", in *Studies in Indian Politics*, Vol.7, No.2, 2019, p.155.

[4] 1991–2014 年的数据来自 Adnan Farooqui and E.Sridharan, "Can Umbrella Parties Survive? The Decline of the Indian National Congress", in *Commonwealth & Comparative Politics*, Vol.54, No.3, 2016, p.353；2019 年的数据来自 Christophe Jaffrelot, "Class and Caste in the 2019 Indian Election: Why Have so Many Poor Started Voting for Modi?" , in *Studies in Indian Politics*, Vol.7, No.2, 2019, p.155。

[5] Suhas Palshikar, "Congress in the Times of the Post-congress Era, Surviving sans Politics", in *Economic & Political Weekly*, Vol.50, No.19, 2015, p.41.

票率从 31% 下降到 20%，在首次参加投票的年轻人中的得票率从 27% 下降到 17%。[1]2014—2019 年，印度首次投票的选民增加了 1.87 亿[2]，国大党同样没有赢得他们的支持。

总之，从 1989 年开始，印度的政治生态发生了不利于国大党的重大变化，该党逐渐陷入史无前例的危机状态。

三、国大党的价值观和意识形态危机

从表面来看，1991 年以来，国大党仍然坚持社会主义、民主主义、民族主义和世俗主义。国大党 2010 年修订的党章宣称，国大党的目标是实现"印度人民的福祉和进步，通过和平与宪政手段将印度建成以议会民主制为基础的社会主义国家，以保证机会均等，保障政治、经济、社会权利的平等，实现世界和平与友谊"[3]。但是，事实并非如此。

首先，国大党社会主义价值观已经弱化。"社会主义"一词曾频繁出现在国大党的党章和竞选纲领之中。然而，在拉吉夫、拉奥和曼莫汉・辛格（Manmohan Singh）时期，随着自由化、全球化、私有化、市场化经济改革，国大党在意识形态问题上显得左右摇摆。由于坚持社会主义，国大党不能承认其已经改变了立场，[4] 但印度的政治经济现实使国大党在近年来降低了使用"社会主义"一词的频率，在官网上并未将社会主义与民族主义、世俗主义和民主主义一并列为

---

[1] Suhas Palshikar, "The Defeat of the Congress", in *Economic & Political Weekly*, Vol.49, No.39, 2014, p.60.

[2] "Congress at Crossroads?", https://www.proquest.com/magazines/congress-atcrossroads/docview/2465034290/se-2?accountid=13813.

[3] "Constitution & Rules of the India National Congress(As Amended upto 83rd Plenary Session,18-20 December 2010)", https://cdn.inc.in/constitutions/inc_constitution_files/000/000/001/original/Congress-Constitution.pdf?150564061.

[4] Suhas Palshikar, "The Curious Case of the Congress Party", https://www.scribd.com/document/481753971/The-Curious-Case-of-the-Congress-Party.

党的价值观，而是用更符合印度民众口味的“社会公正”和“包容性增长”来替代。[1]

其次，国大党提倡的民族主义已经陷入困境。民族主义曾经在印度发挥过巨大的历史作用，但却成为印度独立后的意识形态陷阱。受其影响，国大党在1991年经济改革之前采取闭关自守的进口替代战略；不重视经济建设，国家经济长期保持3%左右的“印度斯坦增长率”；愈来愈依靠社会上层，包括各类知识精英、政治家和政府高级公务员，而这些人却把国家权力私有化，极端腐败甚至出卖国家利益。在英迪拉、拉吉夫和拉奥执政时期，印度均爆发了影响恶劣的腐败丑闻，尼赫鲁－甘地家族和国大党的声誉严重受损，其民族主义口号已经无法再继续赢得民众的信任和支持。

最后，国大党主张的世俗主义和民主主义也陷入危机。20世纪80年代末期关于落后种姓的保留制度之争导致贱民们转向了大众社会党（Bahujan Samaj Party），印度教徒和穆斯林关于阿约迪亚寺庙之争导致印度教徒和其他落后种姓转向了社会党（Smajwadi Party）、全国人民党（Rashtriya Janata Dal）等。保留制度之争涉及社会公正与民主主义问题，阿约迪亚寺庙之争涉及宗教纷争和世俗主义的问题。在这两个关键性的问题上，国大党却一直未能澄清其立场。因此，虽然国大党的价值观和意识形态看上去仍然是包容性的，但其实质却模糊不清，缺乏时代特色和吸引力。事实上，自拉吉夫时期开始，国大党的意识形态建设就遭到了破坏。拉吉夫提倡一种所谓的现代意识，积极将新技术引入国大党的政策制定过程中，以取代党的意识形态建设。[2] 所以，“到目前为止，国大党仍然缺乏强大的意识形态，完全依赖尼赫鲁－甘地家族作为把党团结在一起的黏合剂”[3]。

---

[1] Indian National Congress, “Our Values”, https://www.inc.in/our-values.

[2] Suhas Palshikar, “The Curious Case of the Congress Party”, https://www.scribd.com/document/481753971/The-Curious-Case-of-the-Congress-Party.

[3] Aarthi Ramachandran, “Congress: Portrait of a Party in Decline”, https://www.deccanherald.com/opinion/congress-portrait-of-a-party-in-decline-746460.html.

四、国大党的组织结构及其运行困境

“G23 事件”要求选举国大党主席和工作委员会，实质上是要求改革国大党组织结构的核心——权力结构，这表明国大党的组织结构及其运行存在严重的问题。前四次转型过程中，国大党尽管进行了组织结构和组织规范的建设，但是，没有制定严格的制度实施的程序规则，所以，自尼赫鲁去世后，国大党逐渐踏上了去组织机构化之路。英迪拉执政期间，她的一名助手甚至提出“印度就是英迪拉，英迪拉就是印度”[1] 的口号，阴谋、个人崇拜和拉帮结派在党内蔚然成风。[2]1969—1997 年，国大党没有再举行过内部选举。1998 年，国大党象征性地选出索尼娅·甘地作为党主席。此后，她长期连任，超过了所有的前任。

就纵向的组织结构而言，国大党逐渐朝着强化中央组织机构、弱化地方党组织的方向发展。党的竞选候选人首先由邦一级的政党组织确定名单，然后由国家层面的领导人从中挑选；首席部长也是由国家层面的领导人决定；基层办公室经常无法正常运作。对此，一位党的领导人声称：“国大党最大的问题是一切都由德里控制。”[3] 去组织结构化使党内各派系没有了可以嵌入的结构空间，导致国大党分裂不断，很多党员没有原则地倒戈。一项对印度 15 个邦政党组织状况的研究表明，政党组织状况越差，政客叛变的动机就越强。2019 年大选后，有 31 名前国大党人民院议员倒向了印度人民党（以下简称“印人党”）；2015—

[1] Purnendra Jain, “India’s Congress Party Stares at Extinction”, https://www.lowyinstitute.org/the-interpreter/india-s-congress-party-stares-extinction.

[2] Steven I.Wilkinson, “Where’s the Party? The Decline of Party Institutionalization and What (if Anything) that Means for Democracy”, in *Government and Opposition*, Vol.50, No.3, 2015, p.425.

[3] Anshuman Kumar, “Crushing Blow to First Family”, https://www.proquest.com/magazines/crushing-blow-firstfamily/docview/1525737767/se-2?accountid=13813.

2020年，又有大约120名议员退党而加入了印人党。[1]在中央层面，国大党在英迪拉时期发生了三次重大的分裂，拉吉夫时期分裂了一次，拉奥时期又分裂了三次。多次组织分裂不仅导致国大党的聚合功能难以像以前一样实现[2]，而且很多分裂出去的人另组建的新党大都沿用国大党的名字，只是加上后缀或前缀，如前进国大党、草根国大党等，造成了选民对国大党的认知混乱，降低了对它的认同，分散了选票。在地方层面，国大党内部权力交接时经常发生派系斗争，特别是在中央邦、拉贾斯坦邦、曼尼普尔邦、哈里亚纳邦、旁遮普邦等地区。在派系斗争发生时，党中央领导没能及时干预、制止和妥善处理，最终失败的一方往往会退党，有时甚至造成某些国大党邦政府的解散。[3]目前，国大党仍然以混乱的方式管理着相关的邦政府。

就横向的组织结构而言，国大党逐步走上了家族化的发展轨道，由一个现代官僚政党组织变成了家族性政党。"1969—1989年，国大党成为一个集中的、以家庭为中心的政治组织。"[4]目前该党领导层已经抛弃了对组织原则的忠诚，他们对个人忠诚的重视程度超过了对党的忠诚[5]，丧失了一个现代政党所必须具备的现代价值观念。这表现在：第一，目前的国大党离不开尼赫鲁－甘地家族。随着一直在索尼娅和国大党之间充当和事佬和联络人的艾哈迈德·帕特尔（Ahmed Patel）的去世，目前党的"最高领导层"实际上是一个非常小的内部圈子，由索尼娅及其儿子拉胡尔·甘地（Rahul Gandhi）和女儿普里扬卡·甘地（Priyanka

---

[1] Kaushik Deka,"What's Wrong with the Congress?", https://www.proquest.com/magazines/whats-wrong-withcongress/docview/2427216902/se-2?accountid=13813.

[2] Pradeep Chhibber, "Party Decline in a Mature System: The Congress Party of India", in *Taiwan Journal of Democracy*, Vol.1, No.1, 2005, pp.49-76.

[3] James Manor, "Parties and the Party System", in Atul Kohli (ed.), *India's Democracy: An Analysis of Changing State-Society Relations*, Princeton: Princeton University,1990, p.68.

[4] Zoya Hasan, "Bridging a Growing Divide? The Indian National Congress and Indian Democracy", in *Contemporary South Asia*, Vol.15, No.4, 2006, p.476.

[5] Editorials, "Crisis of the Congress", in *Economic & Political Weekly*, Vol.55, No.36, 2020, p.8.

Gandhi）构成。第二，国大党的家族政治程度高。该党从一开始就不是一个基于人民基础之上的开放型政党，也不像印人党那样以精英为基础，而是吸纳了各个地方领导人和地区势力者的政党。尼赫鲁－甘地家族可以勉强实现中央层面的协调，但地方层面达不到。那些地方强人一般都是为权力而斗争的，并不受意识形态的影响。例如，曾统治印度中部大部分地区的辛迪亚家族一直摇摆于国大党和印人党之间。

可以说，在英迪拉之前，国大党的组织结构是健全的，组织运行也是基本顺畅的，之后，党的去组织结构化特别是家族政治的潜规则替代了正式的组织制度。这在中央和地方层面都阻止了强有力的大众型领导人的出现。在党内，普通党员日益遭到忽视，没有家族背景的年轻人也缺乏上升和发展的空间，落后种姓在国大党内几乎没有任何发言权。[1] 所以，20 世纪 90 年代后，不仅落后种姓纷纷脱离国大党，个别年轻的王公后裔也脱离了党。党员人数在 1931 年约为 500 万 [2]，1947 年增加到约 1500 万 [3]，1986 年增加到约 3000 万 [4]，在 20 世纪 90 年代中期接近 4000 万，到 21 世纪初下降到不足 2000 万 [5]，2015 年又增加到

[1] Devi Prasad, "How OBCs Have Had Little Say in the Congress Party", https://www.forwardpress.in/2019/09/how-obcs-have-had-little-say-in-th.

[2] Tom Kemp, "Leaders and Classes in the Indian National Congress, 1918-1939", in *Science & Society*, Vol.28, No.1, 1964, p.1.

[3] "Indian National Congress: 12 Facts about One of the Oldest Political Parties of the Country", https://www.indiatoday.in/education-today/gk-current-affairs/story/indian-national-congress-was-formed-on-this-day-facts-about-inc-1117601-2017-12-28.

[4] Prabhu Chawla, "Congress (I) Membership: Over 60% of Enrolled Members Either Non-existent or Not Eligible", https://www.indiatoday.in/magazine/special-report/story/19860615-congressi-membership-over-60percent-of-enrolled-members-either-non-existent-or-not-eligible-800969-1986-06-15.

[5] Britannica, "Indian National Congress", https://www.britannica.com/topic/Indian-National-Congress/Policy-and-structure.

4000万左右[1]，但是到2019年又下降到2000万[2]，党的吸引力大大下降。目前，党的多数领导人不知道该如何管理一个组织、如何建立党的社会基础并联系新的社会阶层[3]，因为家族政治的地方领导人往往囿于地方经验，不具有"全印"的视野。

目前国大党长期依赖的尼赫鲁－甘地家族也失去了在以往选举中的凝聚力和吸引力。[4]52%的受访者认为，如果没有尼赫鲁－甘地家族，该党将会运行得更好。[5]作为其核心领导人物的拉胡尔，"无法用真实的政绩而只能用作为尼赫鲁家族的继承人的身份来吸引大众"[6]。2015—2019年，拉胡尔平均每月五次出国旅行。几乎每当莫迪的决定引起国内的强烈反对并为反对派创造机会时，拉胡尔都在国外度假。[7]2018年，他发表了给国大党的公开信，表达了自己作为党的领导的尴尬和无力感，以及在党的组织建设、选举战略、意识形态

---

[1] Sandeep Phukan, "Here's How Manmohan Singh Will Renew His Congress Membership Today", https://www.ndtv.com/india-news/heres-how-manmohan-singh-will-renew-his-congress-membership-tomorrow-750585.

[2] Soni Mishra, "Congress to Go Digital for Membership Drive to Reach 5 Crore Target", https://www.theweek.in/news/india/2019/10/09/congress-to-go-digital-for-membership-drive-to-reach-5-crore-target.html.

[3] Suhas Palshikar, "The Curious Case of the Congress Party", https://www.scribd.com/document/481753971/The-Curious-Case-of-the-Congress-Party.

[4] Aroon Purie, "From the Editor-in-Chief", https://www.proquest.com/magazines/editor-chief/docview/2497953249/se-2?accountid=13813.

[5] Kaushik Deka, "Mood of the Nation Poll: What Do Indians Think of Congress?", https://www.proquest.com/magazines/mood-nation-poll-what-do-indians-think-congress/docview/2480203166/se-2?accountid=13813.

[6] Ramachandra Guha, "5 Reasons Why Rahul Gandhi Cannot Take on Modi for PM", http://ramachandraguha.in/archives/5-reasons-why-rahul-gandhi-cannot-take-on-modi-for-pm-ndtv-com.html.

[7] Kapil Komireddi, "As India Struggles, The Opposition Congress Party Prioritizes Dynasty over Democracy", https://www.washingtonpost.com/opinions/2021/05/04/india-congress-party-rahul-gandhi-dynasty-democracy/.

调整等方面面临的诸多困境。[1]2019 年竞选期间，在占人民院席位最多的北方邦，莫迪发表了 31 次演说，行程 13455 公里，而拉胡尔发表了 12 次演说，行程 6564 公里。在其他地方，两人的差距同样很大。[2] 由此可见，作为核心领导人物的拉胡尔既无心也无力重振国大党。

总之，目前的国大党没有一位领导人有自信能够获得全党的支持。在以前失去政权的时候，该党总是会认真分析原因，随后纠正错误，但是 2014 年和 2019 年大选后，它迄今没有总结失败原因，也没有公开讨论、辩论和决定党的领导、组织、结构或计划等 [3]，更没有制定党的复兴路线图，从而酿成了目前严重的组织危机。

五、国大党的选举策略落伍

印度独立后一直实行议会民主制，采取单名选区相对多数制的选举制度。在第五次转型之前，国大党是当之无愧的全民型大党，在历次选举中都获得了较高比例的席位。但是，目前该党遭遇了前所未有的重大挫折，一个重要原因在于选举策略的落伍。

第一，国大党的民众动员策略陈旧且提不出有效的选举议题。自 1991 年第五次转型以来，该党的选民支持率全方位下降，全民党的形象难以维持，但它仍将自己视为全体国民的代表。拉胡尔在 2013 年竞选演讲中强调："支持每个印度人的声音将永远是国大党的本质……我想再说一遍：每一个印度人都将得到

[1] Suhas Palshikar, "Letter from Rahul Gandhi-Party President in Search of a Party", in *Economic & Political Weekly*, Engage, Vol.53, No.6, 2018, pp.13-14.

[2] Nalin Mehta, "Digital Politics in India's 2019 General Elections", in *Economic & Political Weekly*, Vol.54, No.51, 2019, p.9.

[3] Suhas Palshikar, "The Curious Case of the Congress Party", https://www.scribd.com/document/481753971/The-Curious-Case-of-the-Congress-Party.

国大党的支持。”[1] 同时，国大党提不出有效的选举议题。1971 年大选中，国大党成功渡过危机的原因之一是英迪拉提出的两个议题切中要害：激进的国有化代表了穷人的利益，第三次印巴战争激发了全民的爱国热情。然而，2014 年大选后，随着既是经济学家又是印度经济改革设计师的辛格总理退隐，该党一直没有拿出自己品牌的经济议题。2019 年大选中，印度商人的最高代表机构——全印商人联盟（CAIT）指责该党的竞选纲领没有给予商人和商业问题以足够的重视。[2]

在 2020—2021 年全国性农民抗议中，该党也没有扮演任何重要的角色。由此可见，国大党对自身的社会政治地位还没有清醒的认识，无法把握印度民众的所思所想。

第二，在联合政治时代，国大党对联盟策略重视不够。1989 年大选开启了印度联合政治和联合政府时代的大门。但是，作为印度历史最悠久、规模最大的政党，国大党一直自视甚高，在 2004 年大选前坚持一党独立组织政府，不与其他政党组织联合政府，直到 2004 年大选，才第一次组成辛格联合政府，2009 年大选继续坚持了联合政府。但是，迄今为止，该党从未在选举前采取过结盟策略，而其在选举中和选举后的结盟均有临时性、机会主义的特点。由此可见，国大党对印度政治生态的右倾变化认识并不深刻，没有充分认识到选举前组织联盟的重要性，对联盟策略的调整和贯彻执行均不彻底。

第三，国大党筹集资金的能力较弱。据民主改革协会（ADR）的统计，在 2016 年 3 月之前的四年中，印人党从 2987 家公司筹到了 70.5 亿卢比的捐款，而国大党从 167 个商行得到了 19.8 亿卢比的捐款；在截至 2017 年 3 月的财政年度中，印人党宣布的收入是 103.4 亿卢比（1.52 亿美元），比前一年同期增长了

---

[1] Piyanat Soikham, "Revisiting a Dominant Party: Normative Dynamics of the Indian National Congress", in *Asian Journal of Comparative Politics*, 2019, Vol.4, No.1, p.32.

[2] "Congress Party's Manifesto Fails to Impress Traders, CAIT Says Issues Concerning Traders Overlooked", https://knnindia.co.in/news/newsdetails/economy/congress-partys-manifesto-fails-to-impress-traders-cait-says-issues-concerning-traders-overlooked.

81%，而国大党获得了22.5亿卢比，比上年度下降了14%。原因是“大企业正在逐渐远离国大党”，并且“与印人党相比，国大党没有通过选举债券获得太多资金，而这是向政党捐赠现金的新方法”。[1]

第四，在数字政治时代，国大党对现代社交媒体运用不充分。国大党2014年大选失利的一个原因就在于它固执地避免使用社交媒体，没有利用网络组织过任何大规模的活动。但是，该党并没有充分认识到这一点。在2019年大选期间，印人党的中央账户每天推文超过150次，而国大党每天只有约20条。对大选中127个政党17261名政客690万条推文的数据分析显示，在排名前10位的政客推特账户中，有8位是印人党成员，而国大党只有拉胡尔1人；在排名前500位的政客中，有228人来自印人党;无论是推文数量还是推文被转发的频率，莫迪都遥遥领先于拉胡尔。[2] 总之，在国家基本制度没有发生改变而政治生态发生较大变化的形势下，特别是在国际新技术革命蓬勃发展的趋势下，国大党没有及时改变选举策略，落伍于时代的发展，导致其“不再是一个有效的选举机器，更不用说组织曾经那样大规模的群众运动了”[3]。

六、结语

1885—1991年，国大党进行了四次成功的历史性转型，由一个上层人士的改革论坛俱乐部逐步变成了印度民族独立运动的领导力量、长期执政的国家主导性政党。从时间的轨迹来看，该党前三次转型的周期基本上是20年左右。但

---

[1] Bibhudatta Pradhan, Archana Chaudhary, Abhijit Roy Chowdhury, "Empty Coffers Hinder India Congress Party's Plans to Topple Modi", https://economictimes.indiatimes.com/news/politics-and-nation/empty-coffers-hinder-congress-partys-plans-to-topple-pm-modi/articleshow/64281830.cms?from=mdr.

[2] Joyojeet Pal and Anmol Panda, "Twitter in the 2019 Indian General Elections-Trends of Use Across States and Parties", in *Economic & Political Weekly*, Vol.54, No.51, 2019, pp.2-3.

[3] Editorials, "Crisis of the Congress", in *Economic & Political Weekly*, Vol.55, No.36, 2020, p.8.

是，第四次转型打破了这个周期规律，长达近40年，这在一定程度上预示了第五次转型的不寻常。1991年以来的第五次型转型已经历时30年，目前仍然看不到完成转型的曙光。但是，走过136年发展之路、成功完成四次历史性转型的老党，依然有着较大的生存空间。在当今印度，能够与右翼印人党力量相抗衡的只有它领导的中左翼联盟。[1] 因此，尽管其目前的危机是严重的，但并非没有复兴的可能。

（原文刊载于《当代世界与社会主义》2021年第5期）

[1] "Where Does the Congress Go from Here?", https://search.proquest.com/docview/2427216713?accountid=13813.

钱颖超 北京外国语大学欧洲语言文化学院

钟连发 中共中央对外联络部世界政党研究所

国外百年政党面临的主要挑战、经验教训及启示[1]

在中国共产党百年华诞之际，放眼世界，建党历史达到和超过百年且至今存续的知名政党至少还有70多个，包括英国保守党和工党及自由民主党、美国民主党和共和党、德国社会民主党（以下简称“德国社民党”）、法国社会党、瑞典社会民主党（以下简称“瑞典社民党”）、加拿大自由党和保守党、南非非洲人国民大会（以下简称“南非非国大”）和共产党、印度国大党和共产党、乌拉圭红党和白党、蒙古人民革命党（以下简称“蒙古人革党”）等意识形态各异的政党。在世界处于百年未有之大变局的今天，审视国外百年政党的发展历程、经验教训与挑战，对于我们正确认识中国共产党的百年辉煌史具有一定镜鉴意义。

[1] 本文系北京高校中国特色社会主义理论研究协同创新中心（北京外国语大学）项目的阶段性成果和2020年度国家社会科学基金社科学术社团主题学术活动“中国共产党的百年与国际共产主义运动”（项目编号：20STA042）的阶段性成果。

一、国外百年政党近期面临的主要困境与挑战

冷战后特别是21世纪以来，由于时代和环境的变化，国外现存的百年政党大都面临日益复杂的困难与挑战，暴露出一系列长期积累的矛盾与问题。概括起来，其共同点主要有以下方面。

（一）普遍面临全球化、信息化、民主化及民众生活方式多样化浪潮的冲击

一方面，全球化、信息化的深入发展，民主化、多样化势头的冲击，新媒体发展的突飞猛进，打破了多国原先相对封闭的执政环境，增加了传统大党、老党面临的挑战。当前，国外许多百年政党对国家政治经济生活的垄断或主导地位在不断被打破和弱化，使其在政策取向与施政力度的权威上面临艰难把握。例如，德国社民党在格哈德·施罗德（Gerhard Schroeder）执政期间在改革与保持传统特色上就曾严重失衡，革新过度导致的后遗症影响至今。另一方面，这些新的趋势与浪潮给不少老党的组织体制、动员模式、思维理念等方面带来重大挑战，导致部分党面临明显的不适应与反应滞后状况，一些党出现与社会不同程度的脱节，甚至自说自话，战斗力受到不同程度弱化。例如，葡萄牙共产党、希腊共产党这类管理制度相对垂直、宣传动员方式较传统的党受冲击较大，在中下层群众中的影响力下降；而像德国社民党、法国社会党、英国工党、瑞典社民党这类西方国家社会党，“一面大旗号召半边天”的风光不再，社会动员能力大幅下降，在竞选中表现尤为明显。在法国，一半以上的传统支持者尤其是年轻人，已经与社会党渐行渐远，不再听从其召唤。当前，国外多数百年政党所遭遇到的全方位、多层面的挑战，都是前所未有的，不少政党尚未找到可行的应对之策。

（二）大都面临社会思潮非政治化趋势冲击，民众对传统政党的不信任感增加

冷战后，意识形态因素在多数国家的政治与社会生活中的作用明显下降，政治冷淡主义思潮涌现，传统政党的吸引力、凝聚力、感召力、影响力下降。民众参与政治和社会治理的渠道明显拓宽，特别是多数年轻人倾向参与各种松散、灵活、便捷的非政府组织与社会运动，对加入传统政党的兴趣显著下降。鉴于不少百年政党长期存在的短板特别是腐败现象频频暴露，民众对其信任度不断下降，批评与指责增多。相关民调显示，21 世纪初，德国和法国民众对本国政党特别是传统主流政党的不信任度分别达到 61% 和 63%。[1] 在美国，2012 年，民主党和共和党的民意支持率已分别下跌到 30% 和 20%。[2] 拉美国家民众对政党的信任度不足 20%，而部分传统老党则更低，跌至 10% 左右。[3] 近几十年来，在民众对政党冷遇心态的冲击下，国外百年政党一方面面临党员人数普遍减少，如德国社民党、奥地利社会民主党（以下简称“奥地利社民党”）在 20 世纪 80 年代分别有党员 95.4 万、72 万人[4]，而到 2019 年，德国社民党党员人数下降为 419340 人[5]，奥地利社民党 2020 年党员人数减少到 157855 人[6]；另一方面面临党员对传统政党的离心倾向加剧，尤其体现为对本党忠诚度下降。相关数据显示，

---

[1] 参见于海青：《国外政党现代化的观察与思考》，《山东社会科学》2012 年第 1 期。

[2] 参见袁东振：《拉美国家传统政党的衰败与可治理性危机》，《拉丁美洲研究》2005 年第 5 期。

[3] 参见魏伟：《2012 年世界政党形势的突出动向》，《当代世界》2013 年第 2 期。

[4] 参见中共中央对外联络部《各国社会党手册》编辑会编：《各国社会党手册》，人民出版社 1992 年版，第 176、315 页。

[5] Statista Research Department, "Anzahl der Parteimitglieder der SPD von 1990 bis 2019", https://de.statista.com/statistik/daten/studie/1214/umfrage/mitgliederentwicklung-der-spd-seit-1978/.

[6] SPOE, "Ergebnisse, SP-Mitgliederbefragung2020", https://www.spoe.at/wp-content/uploads/sites/739/2020/05/SP%C3%96-Mitgliederbefragung-Detailergebnisse.pdf.

在当前部分西方国家传统政党中，党员的退党比例占本党党员总数的1/3—1/2[1]，而支持者在选举中对传统老党的反叛比例则更高。在2017年法国大选中，社会党中有不少人甚至关键人物，如后来出任内政部长的克里斯多夫·卡斯塔内（Christophe Castaner）都转而支持埃马纽埃尔·马克龙（Emmanuel Macron）与共和国前进党。[2]

（三）面临新兴政党特别是民粹主义政党不断崛起的挤压与挑战

冷战时期，世界上许多国家特别是西方国家的政党格局总体稳定，百年政党具有一定的控局能力。在德国、法国、英国、加拿大、澳大利亚、新西兰等多数西方国家，大多是中左与中右的传统主流政党发挥政坛“压舱石”的作用，它们在每次大选中的得票率之和一般能够达到80%左右。但自20世纪90年代特别是21世纪以来，大多数国家政党格局出现了不同程度的改变甚至重塑，这源自本国新兴政党尤其是民粹政党的强势崛起。例如，法国共和国前进党、意大利“五星运动”、希腊左翼与进步力量联盟（以下简称“希腊左联党”）、奥地利自由党、瑞典民主党、乌拉圭广泛阵线、巴基斯坦正义运动党、南非经济自由党等强势崛起成为重要政党或主流政党，乌拉圭广泛阵线、希腊左联党甚至一度上升为第一大党。[3]在这种形势下，西欧、拉美多国及印度、巴基斯坦等国老党的生存空间均受到不同程度的挤压，有的沦为二流甚至边缘政党。法国社会党近期就遭到“不屈的法兰西”、共和国前进党和法国国民阵线三个新兴政党的空前挤压。哥伦比亚保守党和自由党自19世纪中叶到20世纪末长期轮流执政，但自20世纪90年代政党法改革后，两党受到相继组建的哥伦比亚激进变革党、绿色联盟、民族团结社会党、民主中心党等新兴政党的严峻挑战而丧

---

[1] 参见代金平、唐海军:《政党指导思想的现代性演进探析》,《科学社会主义》2014年第1期。

[2] 参见[法]让－努马·迪康热:《法国社会党：2017年以来的法国社会民主主义力量现状》，赵超译,《当代世界与社会主义》2019年第5期。

[3] 参见王家瑞主编:《当代国外政党概览》，当代世界出版社2009年版，第1031页。

失执政地位。

（四）部分大党、老党自身加速衰落，面临严峻生存危机

苏东剧变后，不仅一些传统共产党尤其是西方国家的百年共产党，持续走下坡路，沦落到边缘地位，有的甚至改名或消亡。近些年来，还有一些百年大党也显现出疲态，甚至持续走衰，其中以中左翼的社会党更为突出，如法国社会党、英国工党、德国社民党、瑞典社民党、印度国大党、南非非国大等，其大选得票率持续下滑到历史低点。印度国大党在2009年的大选中还是第一大党，获得191个议席，比第二大党印度人民党多73席[1]，但在2014年大选中仅获得人民院543个席位中的44个，因未达到10%的法律要求，该党主席索尼娅·甘地（Sonia Gandhi）不能出任官方反对党领袖。这对于一个存在130多年的传统大党而言是前所未有的境况。英国工党在20世纪50年代三次大选的得票率分别为48.8%、46.4%、43.8%[2]，而在2015年、2019年大选中分别跌到30.4%和32.2%，为1935年以来"最惨痛的失败"。[3]法国社会党在参加2017年总统第一轮选举时，其总统候选人得票率仅6.36%，第一轮立法选举得票率只有7.44%。[4]德国社民党同年大选得票率也只有20.5%。[5]奥地利社民党大选得票率从1979年51%的顶点下跌到2000年的33%[6]，最近一次大选更低至21.7%。

---

[1] 参见代金平、唐海军:《当今国外一些社会党新情况新变化与困境探析》,《当代世界与社会主义》2013年第4期。

[2] 参见张契尼、潘琪昌编:《当代西欧社会民主党》，东方出版社1987年版，第48页。

[3] 参见郑海祥:《从2019年大选看英国政党政治新变化与英国工党的现实困境》,《当代世界与社会主义》2020年第3期。

[4] Ministère de l'Intérieur, "Résultats de l'élection présidentielle 2017", https://www.interieur.gouv.fr/Elections/Les-resultats/Presidentielles/elecresult__presidentielle-2017/(path)/presidentielle-2017/FE.html.

[5] The Federal Returning Officer, "2017 Bundestag Election: Final Result", https://www.bundeswahlleiter.de/en/info/presse/mitteilungen/bundestagswahl-2017/34_17_endgueltiges_ergebnis.html.

[6] 参见唐君、辛易主编:《国外政党执政镜鉴》，浙江人民出版社2005年版，第234页。

中右翼的英国保守党、加拿大保守党、丹麦自由党、挪威保守党等也在明显走衰，今不如昔。这些大党、老党的走衰是多种因素综合作用的结果，执政损耗、自我革新动力弱化、财政状况恶化、党群联系疏远、基层组织空心化等，使其自身实力不断衰减，最终导致民意下滑。

二、国外百年政党兴衰的经验教训

国外百年政党在长期兴衰起伏中，既积累了丰富的历史经验，也留下了深刻教训。

（一）国外百年政党发展的历史经验

第一，大都坚守相对明晰的指导思想或价值观，并能适时而灵活地调整和兼容。意识形态是政党的灵魂。而一个党“政治意识形态中的价值理念与政治信仰”[1]是党凝聚政治力量的主要工具，世界上没有哪一个政党能够仅靠利益交易而无思想感召存续百年。既坚持指导思想的原则性，同时又保持意识形态的张力，是国外百年政党存续的一个重要经验。具体表现为：一是长期坚守其指导思想。乌拉圭红党 185 年来一直以自由、民主和社会正义为基础的巴特列主义为指导。[2] 印度国大党自立党以来就将世俗主义作为党的核心价值观，并表示只有自己才是真正致力于一个统一和世俗主义印度的政党。美国、葡萄牙、希腊和智利等国家的共产党百年来坚持马克思主义的指导，长期秉持公正、平等、正义、进步的思想理念，以此来动员民众，寻求和扩大支持者。二是与时俱进地兼收并蓄其他思想与合理主张。德国、瑞典、英国、奥地利、葡萄牙等国的社会党在坚守社会民主主义指导思想，坚持公平、正义、互助等核心理念的同时，自 20 世纪 80 年代以来吸收了生态主义、女权主义等思想，拓展了社

[1] 周敬青等:《中外执政党治党与理政研究论纲》，上海人民出版社 2017 年版，第 24 页。

[2] 指该党的创始人何塞 · 巴特列 – 奥多涅斯的基本思想。

会民主主义的思想内涵。新西兰工党长期坚守“公平国家”的政治文化观[1]，使其获得较稳定的中产阶级和中下层民众的支持。20 世纪 80 年代初的德国民意调查显示，80% 的被调查者认为必须采取有效措施来制止环境恶化。[2] 德国社民党及时捕捉到民众心态的变化，较早地吸纳了生态主义理念。蒙古人革党在苏东剧变期间的转型中，从信仰科学社会主义“改奉社会民主主义，同时也吸纳部分社会主义的思想”[3]，并把蒙古传统文化的精髓“中道思想”纳入其中，力求增强其意识形态的包容性和兼容力。

第二，注重拓展社会基础，增强政策包容性，扩大政治影响范围。这主要体现在两个维度上：一是拓展党的社会基础。第二次世界大战后，面对国内外形势变化，国外不少百年政党为争取更多支持者，相对淡化其阶级属性。挪威工党在 20 世纪 40 年代中后期就将自己定位为代表大多数民众的“全民党”。20 世纪五六十年代以来，为了适应德国社会阶级结构的变化，德国社民党不再是仅依靠传统的工人阶级，而是着眼于使自身的“政治口号和信息”同时满足多个社会群体的需求。根据德国社会学家的分类，在 20 世纪末的德国共有大小各异的 12 个“社会群体”[4]，社民党赢得了所有群体不同程度的支持，也由此实现了从左翼向中间地带靠拢的政治转型。奥地利社民党几十年来在政治上“超越”左右，并在左右间寻找新的平衡点，走奥地利式的“第三条道路”。[5] 二是增强理念与政策的包容性和覆盖面。为了吸引更多选民，法国社会党在世纪之交曾倡导“要市场经济、不要市场社会”的理念；德国社民党提出过“相对公正”

[1] 参见向文华主编:《冷战后社会党研究》，中央编译出版社 2006 年版，第 195 页。

[2] 参见耿丽华编著:《当代世界政党研究》，辽宁大学出版社 2002 年版，第 22 页。

[3] 参见代金平、唐海军:《当今部分发展中国家执政党面临的政治民主压力及应对方略》，《当代世界与社会主义》2010 年第 5 期。

[4] 参见中联部研究室编:《外国政党建设的经验与教训》，当代世界出版社 2002 年版，第 373、374 页。

[5] 参见唐君、辛易主编:《国外政党执政镜鉴》，浙江人民出版社 2005 年版，第 232 页。

的思想，甚至提出过“创造更多公正的不平等”的口号。[1] 印度国大党提出包容理念，强调只有该党所主张的“世俗主义及自由民族主义才能真正包容印度的多样性”[2]，并在实践中提出“世俗包容、综合协调、促进和谐”的执政理论，推行“扶贫济困、合理分配、维护公平”的施政原则，致力于使国内大多数人分享发展红利。

第三，党内生活相对民主和宽容，较为重视改革创新。一些政党为增强自身的影响力和行动力，在管党治党方面投入了一定精力。其主要做法包括：一是重视发扬党内民主，营造良好的党内政治生态，激发党内活力，尤其尊重党内少数人的不同意见，如法国社会党允许党内派别存在并在党代会召开时向大会提交本派提案。当然，这种允许派别活动的模式，也在该党内产生严重后果，导致党的分裂。二是党的活动有明晰的规定，对党员干部以教育为主，慎用组织处理。西方国家社会党对党员干部在廉洁守纪上要求严格，注重培育党员干部的自觉性，如瑞典社民党、葡萄牙共产党等长期注重培养党员的自律与道德情操。德国社民党、奥地利社民党多是对一般党员进行提醒性的教育，即使发生某些违纪现象，也较少给予组织纪律处分。近些年来，澳大利亚工党主要领导人多次违反党纪，如前领袖马克·莱瑟姆（Mark Latham）曾公开向媒体爆料党的内幕，却未受到组织处分。当然，这种“宽大”政策也给其党内生活埋下了隐患。三是党的思想建设相对开明，重视在不同观点意见的碰撞中推动创新。如英国工党修改党章关于国有化的第四条款的讨论，持续 30 多年，进行过多次全党的长期辩论，在 20 世纪 90 年代党内共识度较高的情况下，才最终得以通过。四是注重基层党建，加强与党员及民众的联系。一些党强调与基层党员、支持者的沟通和交流，注重做年轻人、妇女、老年人等群体的工作。例如，美国民主、共和两党议员经常要通过打电话、发邮件、登门拜访和举行集会等形

[1] 参见章德彪、唐海军:《变革：西欧社会党发展运行的主基调》,《中国社会科学报》2011 年 9 月 27 日。

[2] 陈金英:《印度国大党：支持者、意识形态与组织建设》,《复旦学报（社会科学版）》2013 年第 4 期。

式，与选民保持密切联系，一位州参议员甚至“大概能叫得出4000到5000人的名字。要进行一对一交流，与选民建立起私人关系”[1]。

第四，为国家发展和民族大业作出了突出贡献，留下可圈可点的历史遗产。大多数百年政党都在本国政治经济社会发展进程中留下了深刻印迹，成为国家稳定和发展繁荣不可或缺的重要政治力量。乌拉圭红党领袖何塞·巴特列（José Batlley）在执政期间实现了政教分离，建立了比较完善的资产阶级代议制民主政体，为国家后来的长期稳定打下了重要基础。南非非国大在反对种族隔离政策、实现民族和解、建设新南非的历史进程中作出了重大而特殊的贡献，因此一段时期内得到南非大多数民众的认同和支持。印度国大党和巴基斯坦穆斯林联盟都在其建国、推动国家发展进步进程中起到决定性作用，成为本国政治体制、经济和社会发展模式的主要设计者和推动者。西欧多数国家的社会党在为争取和实现民众的政治普选权以及经济社会平等权上作出了重大贡献，特别是为本国福利国家建设发挥了决定性作用。瑞典社民党的“人民之家”构想、职能社会主义理论、基金社会主义理论奠定了其在福利国家建设中的“功勋地位”，这也是该党20世纪长期执政的重要原因。目前国外有不少百年政党依然在引领国家未来发展、凝聚民众团结和实现社会稳定上发挥着重要作用，这是其他政党尤其是新兴政党难以做到的。

第五，致力于维系有利于百年政党存续的政治制度特别是选举制度。对于国外一些百年政党来说，本国政治制度的相对稳定是助其长期存续的一个重要条件。在美国、新西兰、乌拉圭、哥伦比亚、洪都拉斯、马耳他等国家，政党制度和选举制度的设置有利于两党坐大、长期轮替，而对新党建立、小党入局则门槛较高，这对于防止或减缓政党碎片化起到了一定作用。百年政党依托其掌控的国内政治资源，竭力维护有利于自身的政党制度和选举规则，立足于对其小改、缓改。美国当初在进行制度构建时，就设立了有利于大党的“赢者通吃”

[1] 赵忆宁：《探访美国政党政治：美国两党精英访谈》，中国人民大学出版社2014年版，第268页。

的选举制度，第三党和小党虽然可以存在，但却极难赢得选举，掌权的两大党又通过维护和修订各项制度不断巩固和加强自身的优势地位。[1]1992 年大选，美国第三党的独立候选人罗斯·佩罗（Rose Perot）在声势浩大的舆论支持下，参与总统的角逐，尽管得到了 19% 的普选票，但却未得到一张选举人票，原因就在于选举规则有利于两大传统政党。尽管美国社会舆论不时地呼吁要改变这种不公平的选举规则，但至今未能撼动。在新西兰，有利于大党的简单多数选举制度承袭了 140 多年才于 1995 年被混合比例制取代，从此小党才得以参政。

（二）国外百年政党发展的历史教训

第一，一些党的领袖治党乏术、缺乏能力魄力，由此产生了领导力危机和党内外对党的执政能力的质疑和担忧。受选举政治的短视策略等影响，国外许多百年政党把主要精力投放于每几年一次的选举中，弱化了对党的后备干部的培养，特别是对最高领导人的历练，导致党的领导层后继乏人、空心化现象明显。多数党的领袖从政资历浅、在党内缺乏根基且频繁更换，领袖威望无从谈起。帕梅拉·兰蒂－瓦格纳（Pamela Rendi-Wagner）在 2018 年当选奥地利社民党领袖后难孚众望，其权威在党内屡遭质疑。她率领该党参加 2019 年大选，遭遇第二次世界大战后的最大败绩，得票率降到 21.2%，党内外大都认为其难以带领社民党走出颓势。意大利民主党在 2008 年重组以来的 13 年间，更换了八任全国书记（最高领导），这种走马灯似的频繁更换难以树立领袖的权威。自施罗德辞职后，德国社民党四年更换了五任党主席，领导层近几年来仍在频繁换帅，甚至在 2019 年有近半年时间陷入“群龙无首”状态，最终选出两位政坛新人担任党的双主席，这是其历史上罕见的。德国媒体表示，70% 的德国民众质疑两人的领导能力，认为其无法带领社民党走出困境。总体看来，当前国外百年政党领袖的平庸化似成一种趋势。

---

[1] 参见马辉、周余云、周荣国主编:《美国政党政治透视》，当代世界出版社 2016 年版，第 7 页。

第二，党内纷争不断，对一些党产生伤筋动骨的冲击，导致党的持续分化。正如本·克利夫特（Ben Clift）指出的："党派曾经是内部讨论的积极和富有生气的因素，因为它可以带来新的思想和进行讨论"，但是现在"只剩下组织权力的斗争和分裂"。[1] 国外多数百年政党偏重发展党内民主，而对党的政治纪律要求宽松，激烈的思想争论、路线斗争及权力争斗后，随之产生的多是组织的分化甚至党的分裂。对于这些政党而言，因为形势与环境的不断发展变化，党内对不同问题的争论在所难免，但对于如何掌控度，使争论向良性方向发展，在争论中实现党的政治路线的正确和党的统一，多数党有过深刻教训。乌拉圭红党100多年来分裂了五六次，菲律宾国民党、芬兰共产党等不少党均发生过多次分裂。印度国大党自建立到20世纪70年代就曾发生过"三次大分裂"。[2] 英国工党右翼力量也在1981年另立社会民主党，此事在当时震动了英国和整个国际舆论界，被认为是20世纪英国政局的最大变化之一。法国社会党党内长期派别林立，21世纪以来党内存在至少五六个派别，2017年败选后，许多党内精英、党员干部转到共和国前进党或"不屈的法兰西"等组织，致使社会党迅速衰落。

第三，权力腐败造成的消极影响损害党的肌体。国外百年政党中除共产党外大都在政坛长期执政，由于权力交易及垄断所引发的各种丑闻对这些政党带来了严重伤害。印度国大党在2009—2014年任期内发生的电信腐败案，导致国大党政府的电信部长入狱，总理和内政部长等十几名高官也受牵连，并引发了大规模的反腐抗议运动。印度草根反腐运动领袖安纳·哈扎尔（Anan Hazare）于2011年8月开展了连续12天的绝食抗议运动，给国大党造成严重冲击，也是导致国大党在2014年大选中惨败的重要原因。近几十年中，英、法、奥、比、加、澳、乌拉圭、哥伦比亚等国的百年政党都出现过严重腐败甚至集体腐败，如英国两党议员大规模的集体腐败，由此损害了政党形象。

[1] 李姿姿:《法国社会党执政经验教训及启示》，《当代世界与社会主义》2012年第2期。

[2] 参见钟清清主编:《世界政党大全》，贵州教育出版社1994年版，第274页。

第四，政策左右摇摆幅度偏大，弱化了政党的支持基础。不少百年政党在调整变革过程中，屡屡发生分寸把控失据情况。英国工党在布莱尔执政时明显右转，借搞“第三条道路”推行新自由主义政策，而在科尔宾领导时期急剧左转，抛出“21世纪社会主义”，增加了党内外摇摆群体的疑虑。德国社民党在施罗德执政后期推出“2010议程”的经济社会改革政策，这是右翼政党执政时都不敢推行的激进改革，不仅损害了社民党大量支持群体的基本利益，还因此导致该党前主席奥斯卡·拉封丹（Oscar Lafontaine）率领党内左翼力量于2005年另立新党——德国劳动与社会公正抉择党。[1] 乌拉圭红党在世纪之交执政后，大幅转向新自由主义，不仅导致2002年金融危机的爆发，而且在2004年总统选举中因下滑为第三大党而下台在野。

第五，一些有着家族统治和世袭传统的百年政党弊端日显。国外百年政党中，有些政党长期浸透着浓重的个人和家族色彩，权力世代传承或者隔代继承的特点明显，逐渐形成封闭小圈子，滋生不健康的政治生态，阻塞党内有为干部的上升通道，妨碍党内民主。家族政治所催生的裙带关系大都产生严重的腐败行为，在一定程度上损害了党的生机活力，遭到党内强烈质疑和国内政敌的攻击。印度国大党被认为是“家族王国”和“王朝政治”，近期党内不少中高层领导干部密集辞职，退党转党。作为印度国大党第五代领导人的拉胡尔·甘地（Rahul Gandhi），饱受党内外争议，被印度人民党及媒体讽刺和指责为“纨绔子弟”。他在2019年辞职更是敲响了国大党陷入迷茫和衰落的警钟。

三、对百年政党兴衰历程的几点思考

梳理国外百年政党的发展历程、总结其经验教训，有助于我们更为准确地理解和把握政党的发展规律，也可以为我们党的建设发展提供有益的镜鉴。

---

[1] 参见王家瑞主编:《当代国外政党概览》，当代世界出版社2009年版，第556页。

（一）对理想和目标的坚守与不懈追求是一些百年政党的强大精神支撑

尽管在苏东剧变后有相当一部分共产党衰落甚至消亡，但也要看到，当今世界存续至今的百年政党中，仍有超过 1/3 是一些国家非执政的共产党，其中许多共产党不仅未能公平享受到本国制度规则的红利，而且长期成为国内主流势力特别是保守政党的打压对象，生存发展环境总体严酷。但是，它们经受住冷战特别是苏东剧变的各种严峻考验，顽强生存下来，创造了弱党长存的奇迹。坚持理想、追求社会进步、不畏强权打压、敢于斗争，是这些政党存在至今的重要精神力量。

（二）领袖作用的发挥对政党兴衰有着直接影响

从国外百年政党兴衰演进的历史来看，不少政党走向兴旺之时，正是其领袖大有作为的时候。20 世纪 80 年代，英国保守党能走出重围，重振英国，与党的领袖撒切尔夫人的个人理念、政策、魄力等因素有直接关系。印度国大党在第二次世界大战后几十年中能独领风骚、“一党独大”，尼赫鲁功不可没。在当今世界百年未有之大变局的背景下，由于大多数国家现行政治体制与政党制度的制约，尤其是受选举政治、党的干部培养与遴选、媒体选秀的诱导与驱动等各种政治短视行为的局限，许多党较难培育出能够驾驭全党的领袖。当前，国外一些百年政党出现的危机，在某种程度上说也是有为领袖缺位的危机，领袖没有权威、能不配位的状况在相当程度上制约着党未来的生存和发展。西班牙工人社会党总书记费利佩·冈萨雷斯·马克斯（Felipe González Márquez）在 1996 年离开政坛多年后，依然被评为历史上最重要的十个西班牙人之一，在党内仍有重要影响。由于多年缺乏强有力的领袖，党内十分盼望再次出现冈萨雷斯式的人物。

（三）党的团结是确保党生存发展的生命线

在近代以来的世界政党政治发展中，由于党内不团结而导致分裂并退出历史舞台的现象不在少数。当今国外的百年政党几乎都出现过党内不团结的问题，甚至经历过惨痛的分裂。主要原因在于，它们大都未能较好地处理民主与集中、纪律与自由、发挥党的活力与实现党的团结统一等关系，党的领导层缺乏足够的政治领导艺术，管党治党未能实现以维护党的团结稳定为目标导向，如阿根廷正义党、希腊共产党、芬兰共产党等不少政党都出现过此类情况。因此，加强党的领导力是各国政党普遍面临的时代课题。

（四）与时俱进的思维和自我革新的精神是一个党长盛不衰、行稳致远的关键

在当今世界各国政党政治演进中，政党相互竞争、优胜劣汰是自然规律。那些能够胜出、延续至今的老党，一般都注重自我批判、自我革新，有的党甚至进行了脱胎换骨的变革，实现浴火重生。历史表明，僵化保守、不能与时俱进的党就会走下坡路，甚至遭到民众抛弃。菲律宾国民党在 20 世纪的大多数时间里是本国主要政党，但后来由于找不准定位，跟不上时代发展变化潮流，在本国政党政治的博弈中逐渐走向没落。但是，如果过度革新、走向极端，也会对党带来严重伤害，德国社民党的改革就是一个例证。因此，度的把握十分重要。

（五）强大的执行力是一个党赢得民众支持和筑牢根基的重要保障

国外众多百年政党的实践表明，一个只会空喊口号、好高骛远的党得不到民众真正和持久的信任。一些政党缺乏治党治国的过硬本领，为赢得选举而在竞选中作出不切实际的允诺，在执政中却难以兑现，因此失信于民，最终落幕下台，加速走衰。法国社会党在 2012—2017 年当政时提出的征收富人税、引入

公民税、减轻医保负担、保障男女同工同酬等施政承诺，要么虎头蛇尾，要么中途夭折，基本未予实行。例如，“巨额财产税”未实施多久就在压力下停止，在执政5年内创造50万个代际合同岗位、新增6万个教师岗位的承诺均未实现，这引发了支持群体的严重不满，导致该党被多数选民所抛弃。加拿大保守党、阿根廷正义党也出现过类似情况。当然也要看到，一些百年政党尽管当前处于衰势，但并未没落，仍有一定的自我修复能力，其党内已经有较强的危机与重振意识，并在努力自救中。

习近平总书记在庆祝中国共产党成立100周年大会上的讲话中指出，中国共产党立志于中华民族千秋伟业，百年恰是风华正茂。100年来，中国共产党团结带领中国人民，以“为有牺牲多壮志，敢教日月换新天”的大无畏气概，书写了中华民族几千年历史上最恢宏的史诗。中国共产党向人民、向历史交出了一份优异的答卷。比较和审视国外一些百年政党的兴衰沉浮，我们作为世界上最大的马克思主义执政党，有理由为百年创造的光辉业绩而骄傲，有底气为实现第二个百年奋斗目标而自信。在前进的征程中，我们应以史为鉴，努力开创未来。

（原文刊载于《当代世界与社会主义》2021年第5期）